한 번에 합격,
자격증은 이기

KB022505

이렇게
기막힌
적중률

함께 공부하고 특별한 혜택까지!
이기적 스터디 카페 　🔍

구독자 13만 명, 전강 무료!
이기적 유튜브 　🔍

자격증 독학, 어렵지 않다!
수험생 합격 전담마크

이기적 스터디 카페

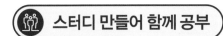 스터디 만들어 함께 공부

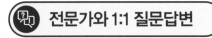 전문가와 1:1 질문답변

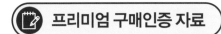 프리미엄 구매인증 자료

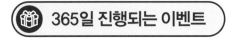 365일 진행되는 이벤트

이기적 스터디 카페

인증만 하면, **고퀄리티 강의가 무료!**

100% 무료 강의

STEP 1		STEP 2		STEP 3		STEP 4
이기적 홈페이지 접속하기	>	무료동영상 게시판에서 과목 선택하기	>	ISBN 코드 입력 & 단어 인증하기	>	이기적이 준비한 명품 강의로 본격 학습하기

1년 365일 이기적이 쏜다!

365일 진행되는 이벤트에 참여하고 다양한 혜택을 누리세요.

EVENT ❶

기출문제 복원

- 이기적 독자 수험생 대상
- 응시일로부터 7일 이내 시험만 가능
- 스터디 카페의 링크 클릭하여 제보

이벤트 자세히 보기 ▶

EVENT ❷

합격 후기 작성

- 이기적 스터디 카페의 가이드 준수
- 네이버 카페 또는 개인 SNS에 등록 후
  이기적 스터디 카페에 인증

이벤트 자세히 보기 ▶

EVENT ❸

온라인 서점 리뷰

- 온라인 서점 구매자 대상
- 한줄평 또는 텍스트 & 포토리뷰 작성 후
  이기적 스터디 카페에 인증

이벤트 자세히 보기 ▶

EVENT ❹

정오표 제보

- 이름, 연락처 필수 기재
- 도서명, 페이지, 수정사항 작성
- book2@youngjin.com으로 제보

이벤트 자세히 보기 ▶

N Pay
네이버페이
포인트 쿠폰
20,000원

영진닷컴 쇼핑몰
30,000원

- N페이 포인트 5,000~20,000원 지급
- 영진닷컴 쇼핑몰 30,000원 적립
- 30,000원 미만의 영진닷컴 도서 증정

※이벤트별 혜택은 변경될 수 있으므로 자세한 내용은 해당 QR을 참고하세요.

필기 저자 **홍태성**

현 이기적 컴활 필기 저자 & 강사
현 강원교육과학정보원 SME
현 고용노동부 직훈 교사
현 이패스코리아 컴활 강의

컴활은 이기적

명품 저자진의 교재 & 강의로 빠르게 합격

실기 저자 **박윤정**

현 이기적 컴활 실기 저자 & 강사
현 이패스코리아 컴활 강의
전 경기도인재개발원 강의
전 서울데이터센터 강의

기억나는 문제 제보하고 N페이 포인트 받자!
기출 복원 EVENT

성명	이기적

수험번호 ㄹ ㅇ ㄹ ㄴ ㅣ ㅣ ㅣ ㅋ

Q. 응시한 시험 문제를 기억나는 대로 적어주세요!

①365일 진행되는 이벤트   ②참여자 100% 당첨   ③우수 참여자는 N페이 포인트까지

영진닷컴 쇼핑몰
30,000원

N Pay
네이버페이 포인트 쿠폰   20,000원

적중률 100% 도서를 만들어주신 여러분을 위한 감사의 선물을 준비했어요.

신청자격 이기적 수험서로 공부하고 시험에 응시한 모든 독자님

참여방법 이기적 스터디 카페의 이벤트 페이지를 통해 문제를 제보해 주세요.
※ 응시일로부터 7일 이내의 시험 복원만 인정됩니다.

유의사항 중복, 누락, 허위 문제를 제보한 경우 이벤트 대상에서 제외됩니다.

참여혜택 영진닷컴 쇼핑몰 30,000원 적립
정성껏 제보해 주신 분께 N페이 포인트 5,000~20,000원 차등 지급

이벤트 페이지 확인하기 ▶

이기적이
다 드립니다

여러분은 합격만 하세요! 이기적 합격 성공세트 BIG 4

저자가 직접 알려주는, 무료 동영상 강의

도서와 연계된 동영상 강의 제공!
책으로만 이해하기 어려웠던 내용을 영상으로 쉽게 공부하세요.

무엇이든 물어보세요, 1:1 질문답변

1:1 질문답변부터 다양한 이벤트까지~
이기적 스터디 카페에 접속하여 시험에 관련된 정보들을 받아 가세요.

마지막까지 이기적과 함께, 핵심요약 PDF

시험장에서 많이 떨리실 거예요.
마지막으로 가장 많이 출제되었던 핵심 개념을 정리해 보세요.

더 많은 문제를 원한다면, 시험대비 모의고사

문제를 더 풀고 연습하고 싶으시다고요?
걱정마세요. 적중률 100% 모의고사까지 아낌없이 드립니다.

※ 〈2025 이기적 컴퓨터활용능력 2급 실기 기본서〉를 구매하고 인증한 회원에게만 드리는 자료입니다.

스터디 카페 바로가기 ▶

설치 없이 쉽고 빠르게 채점하는

컴활 자동 채점 서비스

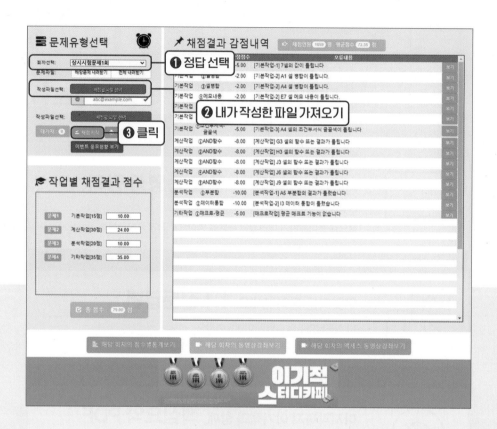

이용 방법

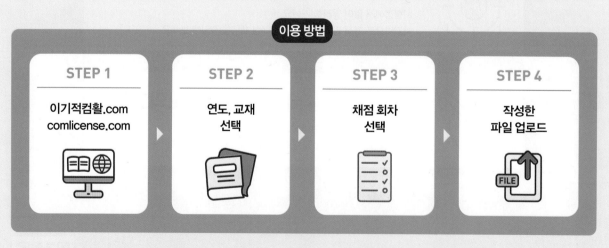

- 인터넷이 연결되어 있지 않을 시 사용할 수 없으며 개인 인터넷 속도, 접속자 수에 따라 채점 속도가 다를 수 있습니다.
- 부가 서비스로 제공되는 부분이며, 업체 등의 변경으로 제공이 중단될 수 있습니다.

이렇게 기막힌 적중률

컴퓨터활용능력 2급
실기 기본서

1권 · 이론서

"이" 한 권으로 합격의 "기적"을 경험하세요!

YoungJin.com Y.
영진닷컴

차례

난이도에 따라 분류하였습니다.
- 🔴 (상) : 반드시 보고 가야 하는 이론
- 🟡 (중) : 보편적으로 다루어지는 이론
- 🔵 (하) : 알고 가면 좋은 이론

▶ 표시된 부분은 동영상 강의가 제공됩니다.
이기적 홈페이지(license.youngjin.com)에 접속하여 시청하세요.

▶ 제공하는 동영상은 1판 1쇄 기준 2년간 유효합니다.
단, 출제기준안에 따라 동영상 내용은 변경될 수 있습니다.

이 책의 구성	1-9
시험의 모든 것	1-10
시험 출제 경향	1-12
실습 파일 사용 방법	1-15
회별 숨은 기능 찾기	1-16
자동 채점 서비스	1-18
Q&A	1-20

PART 01 합격 이론

1권

CHAPTER 01 기본작업 ▶

🔵	SECTION 01 자료 입력	1-24
🔴	SECTION 02 셀 서식	1-27
🔴	SECTION 03 조건부 서식	1-48
🟡	SECTION 04 고급 필터/자동 필터	1-53
🟡	SECTION 05 텍스트 나누기	1-61
🟡	SECTION 06 외부 데이터 가져오기	1-66
🟡	SECTION 07 그림 복사/붙여넣기/연결하여 붙여넣기	1-71

CHAPTER 02 계산작업 ▶

🟡	SECTION 01 계산식	1-76
🔴	SECTION 02 데이터베이스 함수	1-79
🔴	SECTION 03 수학과 삼각 함수	1-84
🟡	SECTION 04 통계 함수	1-90
🔴	SECTION 05 찾기/참조 함수	1-99
🟡	SECTION 06 날짜/시간 함수	1-106
🔴	SECTION 07 문자열 함수	1-113
🟡	SECTION 08 논리 함수	1-118

CHAPTER 03 분석작업 ▶

중 SECTION 01 정렬   1-126

상 SECTION 02 부분합   1-131

상 SECTION 03 데이터 표   1-139

상 SECTION 04 목표값 찾기   1-145

중 SECTION 05 시나리오   1-150

중 SECTION 06 피벗 테이블   1-159

상 SECTION 07 통합   1-172

CHAPTER 04 기타작업 ▶

중 SECTION 01 매크로   1-180

중 SECTION 02 차트   1-200

PART
02 **대표 기출 따라하기**

대표 기출 따라하기 ▶   1-214

PART
03 **자주 출제되는
    함수사전**

자주 출제되는 함수사전 ▶   1-238

PART
04 **자주 출제되는
    계산작업**

계산작업 문제 ▶

• 계산작업 문제 01회   1-290

• 계산작업 문제 02회   1-293

• 계산작업 문제 03회   1-296

• 계산작업 문제 04회   1-299

• 계산작업 문제 05회   1-302

• 계산작업 문제 06회   1-305

• 계산작업 문제 07회   1-308

• 계산작업 문제 08회   1-311

• 계산작업 문제 09회   1-314

• 계산작업 문제 10회   1-317

PART 01 상시 기출 문제

2권

상시 기출 문제 ▶

• 상시 기출 문제 01회	2-4
• 상시 기출 문제 02회	2-16
• 상시 기출 문제 03회	2-28
• 상시 기출 문제 04회	2-41
• 상시 기출 문제 05회	2-53
• 상시 기출 문제 06회	2-64
• 상시 기출 문제 07회	2-76
• 상시 기출 문제 08회	2-88
• 상시 기출 문제 09회	2-100
• 상시 기출 문제 10회	2-112

PART 02 기출 유형 문제

기출 유형 문제 ▶

• 기출 유형 문제 01회	2-128
• 기출 유형 문제 02회	2-138
• 기출 유형 문제 03회	2-150
• 기출 유형 문제 04회	2-162
• 기출 유형 문제 05회	2-174
• 기출 유형 문제 06회	2-186
• 기출 유형 문제 07회	2-196
• 기출 유형 문제 08회	2-208
• 기출 유형 문제 09회	2-219
• 기출 유형 문제 10회	2-231

구매 인증 PDF

시험대비 모의고사 01~03회
PDF 추가 제공

시험장까지 함께 가는
핵심 요약 PDF

※ **참여 방법** : '이기적 스터디 카페' 검색 → 이기적 스터디
카페(cafe.naver.com/yjbooks) 접속 → '구매 인증 PDF
증정' 게시판 → 구매 인증 → 메일로 자료 받기

STEP 01 출제유형으로 이론으로 학습, 유형 파악

난이도
각 섹션을 상/중/하 등급으로 나누었습니다.

작업 파일
각 섹션에서 사용하는 파일의 경로를 안내합니다.

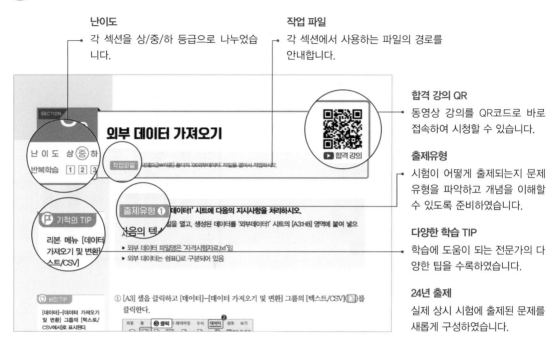

합격 강의 QR
동영상 강의를 QR코드로 바로 접속하여 시청할 수 있습니다.

출제유형
시험이 어떻게 출제되는지 문제 유형을 파악하고 개념을 이해할 수 있도록 준비하였습니다.

다양한 학습 TIP
학습에 도움이 되는 전문가의 다양한 팁을 수록하였습니다.

24년 출제
실제 상시 시험에 출제된 문제를 새롭게 구성하였습니다.

STEP 02 상시 기출 문제와 기출 유형 문제로 실전 대비

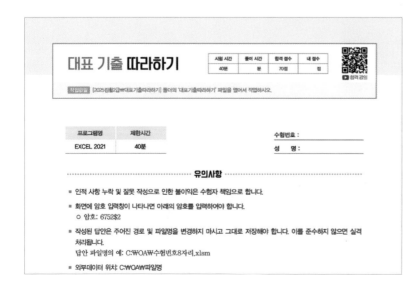

기출 문제
다양한 유형의 많은 문제를 접해 보고 실전 감각을 키우세요.

자동 채점 서비스
문제를 풀고 자동 채점 프로그램을 통해 내 점수를 확인할 수 있습니다.

버전 Tip
MS Office LTSC 2021 버전과 MS Office 2021 버전의 차이를 Tip으로 안내하였습니다.

계산작업
수험생들이 어려워하는 함수와 새롭게 추가된 함수를 추가하여 문제를 구성하였습니다.

응시 자격 조건

남녀노소 누구나 응시 가능

원서 접수하기

- license.korcham.net에서 접수
- 상시 검정 : 시험 시간 조회 후 원하는 날짜와
  시간에 응시(21년부터 상시 검정만 시행)

시험 응시

- 신분증과 수험표 지참
- 1급 90분(과목별 45분), 2급 40분 시행
- 컴퓨터 작성형

합격자 발표

license.korcham.net에서 합격자 발표

01 응시 자격

자격 제한 없음

02 원서 접수

필기 : 20,500원, 실기 : 25,000원
(인터넷 접수 시 수수료 별도, 계좌 이체 및 신용카드 결제 가능)

03 합격 기준

필기 시험	각 과목 100점 만점에 과목당 40점 이상, 전체 평균 60점 이상
실기 시험	100점 만점에 70점 이상(1급은 두 과목 모두 70점 이상)

04 합격자 발표

- 대한상공회의소 홈페이지(license.korcham.net)에서 발표
- 상시 검정 실기 : 시험 응시 주간을 제외한 2주차 금요일 오전 10시 발표

05 자격증 수령

- 휴대할 수 있는 카드 형태의 자격증 발급
- 취득(합격)확인서를 필요로 하는 경우 취득(합격)확인서 발급

형태	• 휴대하기 편한 카드 형태의 자격증 • 신청자에 한해 자격증 발급
신청 절차	인터넷(license.korcham.net)을 통해서만 자격증 발급 신청 가능
수수료	• 인터넷 접수 수수료 : 3,100원 • 등기우편 수수료 별도
수령 방법	방문 수령은 진행하지 않으며, 우편 등기배송으로만 수령할 수 있음
신청 접수 기간	자격증 신청 기간은 따로 없으며 신청 후 10~15일 후 수령 가능

*취득(합격)확인서를 필요로 하는 경우 취득(합격)확인서 발급

06 실기 버전 안내

출제 기준 상세 보기

- **실기 시험 공식 버전 : Windows 10, MS Office LTSC Professional Plus 2021**
- Office Professional 2021 : 가정이나 직장에서 사용하기 위해 한 대의 PC에 기본 Office 앱과 전자 메일을 설치하려는 가족 및 소규모 기업용을 위한 제품입니다.
- Office LTSC : 상용 및 정부 고객을 위한 Microsoft 365의 최신 영구 버전으로, 두 플랫폼(Windows 및 Mac)에서 모두 이용 가능한 일회성 "영구" 구매로 사용할 수 있는 디바이스 기반 라이선스입니다.
- **MS Office 2021 프로그램의 업데이트 버전을 사용하는 경우, LTSC 버전과 일부 명칭 및 메뉴가 다를 수 있습니다.** 본 도서는 시험장에서 사용하는 MS Office LTSC 2021 버전으로 작성되었으며, 일반 사용자 프로그램인 MS Office 2021의 업데이트 버전을 사용하고 계신 독자분들을 위해 본문의 '버전 Tip'과 '버전 해설' 두 가지 버전의 차이점을 알려드리고 있습니다. 다만 업데이트는 계속될 수 있으며, 이후 추가되는 업데이트로 인해 내용이 달라질 수 있음을 알려드립니다. 본 도서에서 제공하는 '버전 Tip' QR 코드는 MS Office Professional Plus 2021 기준으로 작성되었습니다.
- 프로그램 버전 확인 경로 : [파일]-[계정]

컴퓨터활용능력 엑셀 2급 실기시험은 다음과 같이 크게 4종류의 작업유형으로 출제됩니다.

기본작업(3문항 20점), 계산작업(5문항 40점), 분석작업(2문항 20점) 그리고 기타작업(2문항 20점)입니다.

각 작업유형별로 주요 출제 문제를 분석하여 정리하면 표와 같습니다. 각 세부 문항별로 하위문제도 있으며, 문항별 배점은 2~10점까지 다양하게 구성되어 있습니다. 총 100점 만점으로, 합격은 최소 70점 이상을 받아야 합니다. 시험시간 40분 안에 작성을 완료하고 저장해야 하기 때문에, 시험을 준비하실 때에는 다양한 엑셀 기능들에 대한 이해와 유형별로 여러 번의 연습이 요구되어 집니다.

작업유형	세부항목	배점	목표점수
기본작업	기본작업 1 – 자료 입력 기본작업 2 – 서식 지정 5문항 기본작업 3 – 조건부 서식, 필터, 그림 복사/연결하여 붙여넣기, 외부 데이터 가져오기 중 1문항	20점	15점 이상
계산작업	함수와 수식 5문항	40점	24점 이상
분석작업	부분합, 피벗 테이블, 시나리오, 목표값 찾기, 통합, 데이터 표, 정렬 중 2문항	20점	20점 이상
기타작업	기타작업 1 – 매크로(기록, 도형 또는 버튼에 연결) 기타작업 2 – 차트 서식 5문항	20점	15점 이상
합계		100점	74점 이상

기본작업

기본작업은 3문항(입력, 서식, 조건부 서식 또는 필터 외)이 출제가 되는데 5점, 10점, 5점으로 배점되어 있습니다.

'기본작업–1'은 문제에 제시된 데이터를 서식 지정 없이 입력하는 문제로 어렵지 않게 해결할 수 있습니다. 타자가 느리다면 다른 작업을 모두 하고 나서 마지막에 하는 것도 방법입니다.

'기본작업–2'는 5문항의 서식을 지정하는 문제로 각 2점씩 총 10점이 배점되어 있습니다. 자주 출제되는 문제는 글꼴 서식, 병합하고 가운데 맞춤 서식, 사용자 지정 서식, 테두리, 색 채우기, 정렬, 셀 스타일, 한자 변환 등이 있습니다. 모의고사와 기출문제 실습을 꾸준히 한다면 어렵지 않게 점수를 얻을 수 있습니다.

'기본작업–3'은 1문항이 출제되며 배점은 5점입니다. 조건부 서식과 고급 필터 문제가 가장 많이 출제되고 있고 간혹 텍스트 외부 데이터 가져오기, 그림 복사하여 연결하여 붙여넣기, 데이터를 정렬하는 문제가 출제되고 있습니다. 기본작업에서 난이도가 가장 높은 문항이므로, 각 유형별로 확실한 이해와 실습을 해두어야 높은 점수를 얻을 수 있습니다.

구성요소	세부항목
입력	약 60여 개의 셀에 데이터 입력
조건부 서식	수식을 이용하여 조건 설정한 후 전체 행에 서식 지정
필터	단순 자동 필터, AND, OR 조건으로 조건 입력 후 다른 위치에 데이터 추출하는 고급 필터
외부 데이터	텍스트 파일 불러오기
그림 복사	특정 영역을 복사하여 그림으로 붙여넣기, 연결하여 붙여넣기

계산작업

계산작업은 5문항이 출제되는데 각 8점씩 40점의 높은 비중을 차지하고 있습니다. 시험장에서는 우선 자신 있는 문제부터 작성하고 새로 접하거나 어렵게 느껴지는 문제는 기타작업까지 모든 문제를 작성하고 나서 시간을 가지고 해결하면 좋을 것 같습니다. 간혹 계산작업에 너무 매달리다가 분석작업과 기타작업을 미처 작성하지 못하고 나오는 경우가 있으니 주의하시기 바랍니다. 계산작업에서 높은 점수를 얻기 위해서는 많은 문제를 접해 보는 경험이 중요합니다.

1. 이론 & 함수 사전

이론에는 함수 범주별(날짜/시간, 논리, 텍스트, 수학/삼각...)로 구분하여 함수에 대한 설명, 함수 인수, 간단한 예제를 이론상으로 설명된 내용을 참조하여 실제 제시된 문제를 실습을 통해 학습을 하면 도움이 됩니다. 자주 출제되는 함수 사전은 그동안 실제로 시험장에서 출제되었던 문제들을 모아서 작성된 함수로, 반복해서 실습하면 목표한 점수를 얻는데 도움이 됩니다.

2. 기출 유형 문제와 상시 기출 문제

교재에 수록된 기출 유형 문제와 상시 기출 문제, PDF로 제공되는 문제까지 제시된 계산작업을 모두 실습해야 합니다.

3. 동영상 강좌

교재 모든 내용이 동영상 강좌로 제공되고 있습니다. 어려운 문제에 대해서 동영상 강의를 시험하세요.

4. 함수 마법사 활용

함수는 엑셀을 실제 사용할 때 매우 유용하게 쓰이는 기능입니다. 따라서 기본적인 함수사용법을 학습하고, 실습을 통해 친숙해 져야 합니다. 그동안 오피스 프로그램이 버전업되면서 함수명 첫글자만 입력해도 함수 목록도 표시가 되고 함수에 들어가는 인수도 영문으로 제시가 되기 때문에 적극 활용하시면 도움이 됩니다. 실습을 통해 직접 입력하는 것이 익숙하다면 직접 입력하여 작성하시는 것이 가장 좋고, 처음 접하는 문제나 익숙하지 않다면 함수 마법사를 통해 함수에 대한 설명을 보면서 작성하는 것도 좋은 방법입니다.

5. 중첩 함수

함수를 단독으로 사용하지 않고 2개 이상의 함수를 이용하여 작성해야 하는 경우에는, 가장 기본이 되는 함수를 먼저 작성한 후에 살을 붙여가면서 함수식을 작성해 보시기 바랍니다. 예를 들어 VLOOKUP 함수에 찾는 값이 셀을 참조하지 않고, LEFT등의 함수를 통해 값을 추출해야 한다면, 먼저 LEFT함수를 통해 값을 구하시고 그 값을 범위 지정해서 잘라내기를 하신 후에 VLOOKUP 함수에 값을 넣어 사용하는 방법입니다.

함수 출제 범위

범주별	함수명
날짜/시간 함수	DATE, DAY, DAYS, EDATE, EOMONTH, HOUR, MINUTE, MONTH, NOW, SECOND, TIME, TODAY, WEEKDAY, WORKDAY, YEAR
논리 함수	AND, FALSE, IF, IFERROR, NOT, OR, TRUE, IFS, SWITCH
데이터베이스 함수	DAVERAGE, DCOUNT, DCOUNTA, DMAX, DMIN, DSUM
문자열 함수	FIND, LEFT, LEN, LOWER, MID, PROPER, RIGHT, SEARCH, TRIM, UPPER
수학/삼각 함수	ABS, INT, MOD, POWER, RAND, RANDBETWEEN, ROUND, ROUNDDOWN, ROUNDUP, SUM, SUMIF, SUMIFS, TRUNC
찾기 참조 함수	CHOOSE, COLUMN, COLUMNS, HLOOKUP, INDEX, MATCH, ROW, ROWS, VLOOKUP
통계 함수	AVERAGE, AVERAGEA, AVERAGEIF, AVERAGEIFS, COUNT, COUNTA, COUNTBLANK, COUNTIF, COUNTIFS, LARGE, MAX, MAXA, MEDIAN, MIN, MINA, MODE.SNGL, RANK.EQ, SMALL, STDEV.S, VAR.S

분석작업

피벗 테이블, 부분합, 데이터 통합, 데이터 표, 시나리오, 목표값 찾기, 정렬에서 분석작업은 2문항이 출제가 됩니다. 각 10점씩 총 20점인데, 유의할 점은 이 문항들은 부분 점수가 없습니다. 문제를 작성할 때 조금 천천히 작성하더라도 꼼꼼하게 문제에서 제시된 내용을 확인하면서 작성하는 것이 중요합니다. 분석작업은 개념만 정확하게 파악했다면 실습을 통해 어렵지 않게 점수를 얻을 수 있을 겁니다.

구성요소	세부항목
피벗 테이블	피벗 테이블 위치, 레이아웃, 그룹, 옵션(빈 셀, 행/열 총합계 표시), 피벗 스타일
부분합	데이터 정렬, 단일 필드를 기준으로 부분합 작성, 2개의 이상의 부분합 표시
데이터 통합	분산된 데이터를 하나로 통합, 함수 선택, 통합할 필드명 직접 입력
데이터 표	하나의 변수에 의한 값의 변화, 두 개의 변수에 의한 값의 변화
시나리오	이름 정의, 입력 값의 변수에 따른 시나리오 요약 보고서
목표값 찾기	단일 셀의 값의 변화

기타작업

기타작업은 매크로와 차트 문제로 2문항이 출제가 되고 있고, 각 10점씩 총 20점입니다. 단, 각 문제에 대해 부분점수가 있습니다. 매크로 문제는 다시 2문항으로 나누어 각 5점씩 점수를 제공하고, 차트 문제는 5문항으로 나누어 각 2점씩 부분 점수가 있습니다.

매크로 문제는 매크로 기록을 시작하기 전에 항상 비어 있는 셀을 선택한 후 매크로 기록을 눌러 매크로 이름을 입력하고 문제에서 제시된 위치 또는 범위를 지정하는 작업을 해야 합니다. 간혹 처음부터 함수식을 작성할 위치, 서식을 지정할 위치의 범위를 지정해 놓고 매크로 기록을 시작한 후에 오류가 발생하는 경우가 있습니다. 이점을 주의해야 하며, 또한 매크로가 잘못 기록되었을 때에는 수정하려고 하지 말고 [개발 도구] 탭의 [매크로]를 클릭하여 잘못 기록된 매크로를 선택한 후 삭제하고 나서 새롭게 기록하여 사용하는 것이 좋습니다. 두 번째 주의할 점은 매크로 기록을 다 작성한 후에 [기록 중지]를 하고 나서 도형이나 단추 만드는 작업을 해야 합니다.

차트 문제의 경우, 문제에 제시된 내용을 하나하나 확인하고 순서대로 작성한다면 어렵지 않게 해결할 수 있습니다.

구성요소	세부항목
매크로(2문항)	매크로 기록 – 합계, 평균 등의 계산 – 셀 서식(채우기, 테두리, 셀 스타일) 매크로 연결 – 실행 버튼 – 도형
차트(5문항)	차트 작성, 차트 서식 변경(데이터 범위 변경, 차트 종류 변경, 차트 제목, 축 제목, 축 서식, 차트 영역 서식)

실습 파일 사용 방법

01 다운로드하기

① 이기적 영진닷컴 홈페이지(license.youngjin.com)에 접속하세요.

② [자료실]-[컴퓨터활용능력] 게시판으로 들어가세요.

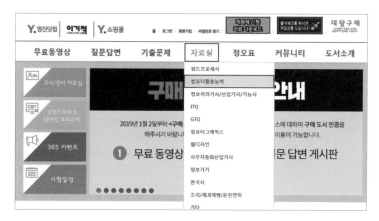

③ '[7591] 2025년 컴퓨터활용능력 2급 실기 기본서_부록 자료' 게시글을 클릭하여 첨부파일을 다운로드하세요.

02 사용하기

① 다운로드받은 '7591' 압축 파일에서 마우스 오른쪽 버튼을 눌러 '7591'에 압축풀기를 눌러 압축을 풀어주세요.

② 압축이 완전히 풀린 후에 '7591' 폴더를 더블 클릭하세요.

③ 압축이 제대로 풀렸는지 확인하세요. 아래의 그림대로 파일이 들어있어야 합니다. 그림의 파일과 다르다면 압축 프로그램이 제대로 설치되어 있는지 확인해 주세요.

회별 숨은 기능 찾기

[1권] 대표 기출 따라하기

	기본작업	계산작업	분석작업	기타작업
대표 기출 따라하기	고급필터	TIME/HOUR/MINUTE, IF/LARGE, DAVERAGE, RANDBETWEEN/&, CHOOSE/LEFT	시나리오 통합	매크로, 차트

[2권] 상시 기출 문제

	기본작업	계산작업	분석작업	기타작업
1회	텍스트 나누기	HOUR/MINUTE/IF, ROUNDDOWN/DAVERAGE, COUNTIFS/COUNTA, IF/YEAR, IFERROR/VLOOKUP/LEFT	정렬, 시나리오	매크로, 차트
2회	조건부 서식	IF/COUNTIF, CHOOSE/WEEKDAY, COUNTIFS/&, LARGE/SMALL, HLOOKUP/ RIGHT/&	부분합, 피벗테이블	매크로, 차트
3회	조건부 서식	IF/WEEKDAY, HLOOKUP/AVERAGE, ROUND/DAVERAGE, COUNTIFS, PROPER/LEFT/YEAR/&	부분합, 통합	매크로, 차트
4회	조건부 서식	ROUNDUP/DSUM, COUNTIFS/AVERAGE/&, CHOOSE/MID, IF/LARGE, IFERROR/HLOOKUP/LEF	시나리오, 정렬	매크로, 차트
5회	조건부 서식	IF/LEFT, HLOOKUP/MID, AVERAGE/DMIN, COUNTIFS/COUNT, HOUR/ MINUTE/SECOND/SMALL /&	부분합, 통합	매크로, 차트
6회	고급 필터	IF/RIGHT/TIME, CHOOSE/RIGHT, IF/COUNTIF, ROUNDUP/AVERAGE/DMAX, COUNTIFS/LARGE/&	피벗 테이블, 시나리오	매크로, 차트
7회	고급 필터	ROUNDDOWN/DAVERAGE, IF/RANK.EQ/CHOOSE, DMAX/VLOOKUP, IF/ AND/AVERAGE, ABS/SUMIF	목표값 찾기, 시나리오	매크로, 차트
8회	조건부 서식	IF/RANK.EQ, ROUND/VLOOKUP, COUNTIF/&, DMAX/DMIN, TRUNC/INDEX/ MATCH	부분합, 피벗 테이블	매크로, 차트
9회	조건부 서식	DSUM, ROUNDUP/AVERAGE/IF, IF/MAX/MIN, PROPER/UPPER/&, HLOOKUP/ AVERAGE	부분합, 목표값 찾기	매크로, 차트
10회	텍스트 나누기	COUNTIFS/AVERAGE/&, DAVERAGE/ROUND, PROPER/DAY/&, IF/LARGE, VLOOKUP/ MOD	데이터 표, 부분합	매크로, 차트

[2권] 기출 유형 문제

	기본작업	계산작업	분석작업	기타작업
1회	조건부 서식	IFERROR/CHOOSE/RANK.EQ, IF/AND/SUM, COUNTIFS/LARGE/&, ABS/AVERAGE/DAVERAGE, IFERROR/VLOOKUP	통합, 데이터 표	매크로, 차트
2회	그림 복사	LARGE/SMALL, SUMIF/SUM, DSUM/SUM, DATE/LEFT/MID, HOUR/MINUTE/TIME	데이터 표, 시나리오	매크로, 차트
3회	외부 데이터 가져오기	IF/RANK.EQ, ROUNDUP/DAVERAGE, HOUR/MINUTE, AVERAGE/HLOOKUP, IF/DAY	데이터 표, 목표값 찾기	매크로, 차트
4회	외부 데이터 가져오기	DAYS/&, MID/SEARCH, IF/RIGHT/TIME, MATCH, HLOOKUP/RIGHT/&	부분합, 목표값 찾기	매크로, 차트
5회	조건부 서식	INDEX/MATHC/LEFT, DSUM/DCOUNTA, ROUNDUP/SUMIF, IF/POWER, IF/AND/COUNTIF/AVERAGE	데이터 표, 피벗 테이블	매크로, 차트
6회	조건부 서식	SWITCH/RIGHT, IFS, IFS/WEEKDAY, SUMIF/COUNTIF, ROUNDUP/DAVERAGE	피벗 테이블, 통합	매크로, 차트
7회	조건부 서식	TRUNC/VLOOKUP, CHOOSE/RANK.EQ, TIME/HOUR/MINUTE, SUMIF, UPPER/RIGHT/&	부분합, 시나리오	매크로, 차트
8회	조건부 서식	VLOOKUP/RANK.EQ/COLUMN, IFERROR, DMAX/DMIN/&, ROW, SUMIFS	부분합, 통합	매크로, 차트
9회	고급 필터	CHOOSE/RANK.EQ, IF/COUNTBLANK, HLOOKUP/LEFT, MATCH/&, DSUM/&	피벗 테이블, 시나리오	매크로, 차트
10회	고급 필터	IF/AVERAGE, UPPER/PROPER/&, ROUNDDOWN/DMAX/DMIN, CHOOSE/MOD, INDEX/MATCH/MAX	피벗 테이블, 통합	매크로, 차트

[구매인증] 시험대비 모의고사 PDF

	기본작업	계산작업	분석작업	기타작업
1회	고급 필터	COUNTIFS/&, IF/MID/MOD, CHOOSE/COUNTA, UPPER/MONTH/&, HLOOKUP/RANK.EQ	피벗테이블, 데이터 표	매크로, 차트
2회	외부 데이터 가져오기	IF/RANK.EQ, YEAR/TODAY/LEFT, COUNTIFS, HLOOKUP/LEFT, DCOUNT/&	시나리오, 부분합	매크로, 차트
3회	조건부 서식	IF/YEAR/TODAY/&, ROUND/STDEV.S, SUMIF/COUNTIF, DCOUNT/&, VLOOKUP/MID	피벗테이블, 부분합	매크로, 차트

자동 채점 서비스

01 설치용

① 다운로드받은 '채점프로그램.exe' 파일에서 마우스 오른쪽 버튼을 클릭한 후 **[관리자 권한으로 실행]**을 선택합니다.

② 설치 대화상자에서 [다음], [설치시작]을 클릭하여 설치를 완료합니다.

③ [시작]-[모든 프로그램]-[영진닷컴]-[2025컴활2급 채점프로그램]을 선택합니다.

④ '정답파일선택'에서 회차를 선택, '작성파일선택'에서 [찾기]를 클릭하여 사용자가 작성한 파일을 가져옵니다. [채점시작]을 클릭하여 채점합니다.

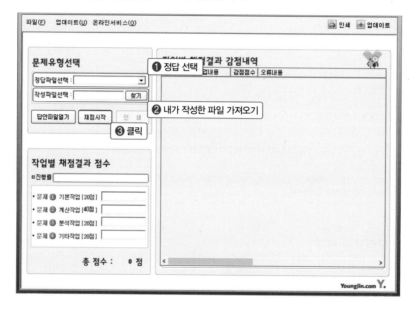

> ⚠ **PC 버전 채점프로그램 주의사항**
> – 컴퓨터 환경에 따라 채점 프로그램 아이콘을 더블클릭했을 때 설치 및 실행이 안 될 수도 있습니다. 이런 경우 채점 프로그램 아이콘에서 마우스 오른쪽 버튼을 눌러 [관리자 권한으로 실행]을 클릭하세요.
> – 자동 채점 프로그램을 사용하려면 windows 프로그램 및 MS Office 정품이 설치되어 있어야 합니다. 정품이 아닐 경우 설치 및 실행 시 에러가 발생할 수 있습니다.
> – 업데이트가 있을 경우, 인터넷이 연결되어 있지 않은 컴퓨터는 채점 프로그램이 업데이트되지 않습니다.

① 인터넷 검색 창에 **comlicense.co.kr** 또는 **이기적컴활.com**을 입력하여 사이트에 접속합니다.

② '년도선택: 2025', '교재선택: 이기적 컴퓨터활용능력 2급 기본서'를 선택한 후 [교재 선택 완료]를 클릭합니다.

③ '회차선택'에서 정답 파일을 선택, '작성파일선택'에서 [찾아보기]를 클릭하여 수험자가 작성한 파일을 가져온 후, [채점시작]을 버튼을 클릭합니다.

⚠ **웹 사이트 채점 프로그램 주의사항**
 – 인터넷이 연결되어 있지 않은 컴퓨터는 웹 사이트 채점을 이용할 수 없습니다.
 – 개인 인터넷 속도, 수험생의 접속자 수에 따라 채점 속도가 다를 수 있습니다.
 – 웹 채점 서비스는 부가 서비스로 제공되는 부분이며, 광고 제공 업체 등의 변경으로 웹 채점 프로그램 제공이 중단될 수 있습니다.
 – 본 도서에서 제공하는 웹 채점 서비스는 1판 1쇄 기준 2년간 유효합니다.

실기 시험에 대한 일반 사항

Q 필기와 실기는 서로 다른 지역에서 응시 가능한가요?

A 필기 합격 지역과 관계없이 실기를 접수한 지역에서 응시하실 수 있습니다.

Q 필기시험에 합격 후 실기시험에 불합격하면 실기시험을 몇 회까지 응시할 수 있나요?

A 필기시험 면제기간은 2년이며 실기시험은 횟수에 관계없이 필기시험 면제기간동안 계속 접수하여 응시하실 수 있습니다. 필기시험 합격 후 시간이 많이 지나 면제기간이 지났는지의 여부를 확인하려면 대한상공회의소 검정사업단 홈페이지에 접속하여 이름, 주민등록번호를 입력하면 알 수 있습니다.

Q 점수 및 채점 확인은 어떻게 하나요?

A 당락여부는 합격자발표를 통해 이루어지며, 점수 및 채점 확인을 위해서는 상공회의소에 직접 문의하셔야 합니다.

Q 실기 점수 확인은 어떻게 하나요?

A 인터넷 '대한상공회의소 홈페이지 〉 마이페이지 〉 시험결과'에서 확인할 수 있습니다. 단, 합격자발표일로부터 60일 동안만 제공되며 60일이 경과하면 대한상공회의소에 직접 문의해야 합니다.

Q 컴퓨터활용능력시험의 응시수수료는 얼마인가요?

A 필기시험은 20,500원, 실기시험은 25,000원이고 급수에 관계없이 동일합니다.(인터넷 접수 시 수수료 별도)

Q 컴퓨터활용능력 실기시험의 과목과 합격하기 위해 필요한 점수는 몇 점인가요?

A 컴퓨터활용능력 2급 실기 시험의 경우에는 '스프레드시트 실무' 한 과목이며 70점 이상 득점하면 합격입니다. 1급 실기 시험은 '스프레드시트 실무'와 '데이터베이스 실무'의 두 과목으로 구성되어있으며 각 과목당 70점 이상 득점해야 합격할 수 있습니다.

Q 상시 검정은 무엇인가요?

A 상시 검정은 수시로 접수하여 상공회의소에 마련된 상시 시험장에서 시험을 볼 수 있도록 한 제도입니다. 상시 검정은 원칙적으로 인터넷으로만 접수할 수 있으며 접수일 현재 개설되어있는 시험일자 및 시험시간 내에서 선택하여 응시할 수 있습니다.

Q 컴퓨터활용능력 실기시험에서 사용하는 프로그램의 버전은 어떻게 되나요?

A 2024년 1월부터 시행되는 시험은 Microsoft Office LTSC Professional Plus 2021으로 응시할 수 있습니다.

Q 실기시험 응시 후 합격자 발표 이전에 다시 상시 검정에 응시할 수 있나요?

A 상시 검정은 합격자 발표 전까지는 얼마든지 접수하여 응시할 수 있습니다. 그리고 이미 실기시험에서 합격이 되었다면 그 이후에 응시한 시험결과는 무효처리 됩니다.

작업 방법에 관련된 사항

Q **매크로가 실행되지 않는데 어떻게 해야 하나요?**

A [파일] 탭의 [옵션]을 선택합니다. [Excel 옵션]에서 [보안센터]–[보안센터 설정]을 클릭하여 '매크로 설정'에서 'VBA 매크로 사용(권장 안 함, 위험한 코드가 시행될 수 있음)'에 체크해주세요.

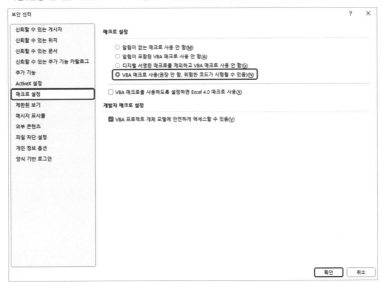

Q **원하는 셀로 가기 위해 방향키를 눌렀는데 스크롤바가 움직여요. 어떻게 해야 하나요?**

A 키보드의 Scroll Lock 이 켜져있기 때문입니다. 다시 한번 Scroll Lock 을 눌러 꺼주세요.

Q **함수 입력 시 도움을 주는 스크린 팁이 보이게 하려면 어떻게 하나요?**

A [파일]–[옵션]–[고급]–[표시]에 '함수 화면 설명 표시'에 체크해주세요.

Q **셀에 서식을 지정하거나 함수를 입력하고 나니 값이 '####'으로 되었습니다. 어떻게 하나요?**

A 문제에서 별도의 지시사항이 없으면 그대로 두거나, 해당 열의 너비를 조정하여 데이터가 보이게 해도 됩니다.

Q **색상이나 차트 등에 마우스를 올렸을 때 이름이나 설명이 표시되지 않는 경우는 어떻게 해야 하나요?**

A [Excel 옵션]–[일반] 탭에서 '실시간 미리보기 사용'에 체크, 화면 설명 스타일을 '화면 설명에 기능 설명 표시'를 선택하세요.

합격 이론

CHAPTER 01

기본작업

학습 방향

자료 입력, 서식 지정, 고급 필터 또는 조건부 서식, 텍스트 나누기 등의 문제가 출제가 됩니다. 자료 입력은 평소에 타자 연습을 하시면 도움이 되실 것 같습니다. 서식 지정은 사용자 지정 서식에 대한 연습이 필요합니다. 고급 필터는 AND, OR 조건 입력하는 방법과 조건부 서식에 수식을 사용하는 방법 등의 학습이 필요합니다.

자료 입력

▶ 합격 강의

작업파일   [2025컴활2급₩이론] 폴더의 '01자료입력' 파일을 열어서 작업하시오.

기적의 TIP

데이터를 입력할 때는 문제에 제시된 셀에 그대로 입력해야 한다.

출제유형 ❶ '기본작업1-1' 시트에 다음의 자료를 주어진 대로 입력하시오.

	A	B	C	D	E	F
1	상공약국 약품 매입표					
2						
3	매입일자	구분	약품명	제조사	매입수량	매입단가
4	2025-03-06	항히스타민제	코미(comy)정	하나약품	100	3500
5	2025-03-06	항바이러스제	팜시쿨(famcicle)정	한국제약	120	5000
6	2025-03-06	제산제	에디(edee)정	튼튼제약	100	4000
7	2025-03-13	해열진통제	아미펜(amiphen)정	하나약품	150	2500
8	2025-03-13	소염진통제	미셀(misel)정	한국제약	200	2500
9	2025-03-13	소화제	베아제(bearse)정	튼튼제약	150	2000
10	2025-03-20	안질환제	톨론(tolon)점안액	하나약품	100	3000
11	2025-03-20	해열진통제	이브미(eveme)정	튼튼제약	120	2500
12	2025-03-20	소화제	판크렌(pancrent)정	한국제약	200	2500
13						

기적의 TIP

셀에 데이터를 입력한 후에 ####으로 표시되면 열 머리글에서 더블클릭하여 열 너비를 조절하면 된다.

기적의 TIP

데이터 입력 시 주의 사항
셀에 데이터를 입력한 후에 한 칸의 스페이스가 입력되지 않도록 한다.
데이터 입력 문제는 부분 점수가 없다. 불필요한 스페이스 한 칸으로 전체 5점이 감점이 될 수 있다.

출제유형 ❷ '기본작업1-2' 시트에 다음의 자료를 주어진 대로 입력하시오.

	A	B	C	D	E	F
1	상공 휘트니스 회원 관리					
2						
3	프로그램	회원명	성별	가입일	주소	연락처
4	Health	김용성	남	2020-03-05	서초구 서초동	010-9214-6842
5	Health	김은소	여	2022-01-03	서초구 방배동	010-4561-3541
6	Health	유하은	여	2023-12-18	서초구 양재동	010-7488-4618
7	Health	김예소	여	2021-11-27	서초구 내곡동	010-5431-6865
8	Yoga	김지혜	여	2019-06-07	서초구 반포동	010-1654-0847
9	Yoga	유가온	여	2023-10-22	서초구 잠원동	010-2435-6789
10	Yoga	윤석남	남	2018-05-31	서초구 양재동	010-1987-3223
11	Yoga	강명환	남	2017-09-16	서초구 서초동	010-0178-9399
12	Boxing	이향기	여	2022-06-21	서초구 내곡동	010-7238-4155
13	Boxing	한정훈	남	2024-03-25	서초구 방배동	010-1897-0347
14	Boxing	김어중	남	2025-07-29	서초구 반포동	010-3481-2986
15	Boxing	윤소정	여	2022-10-09	서초구 우면동	010-1678-3534
16						

출제유형 ❸ '기본작업1-3' 시트에 다음의 자료를 주어진 대로 입력하시오.

	A	B	C	D	E	F
1	주요 유튜브 시청 현황					
2						
3	채널명	카테고리	가입일	구독자수	재생 목록수	총조회수
4	todaymovie	영화/애니메이션	2022-06-21	1.4만명	652	954천회
5	allsports	스포츠	2023-07-25	2.6만명	617	732천회
6	ricekim	게임	2024-12-01	1.9만명	539	1193천회
7	ballzzang	스포츠	2021-03-17	2.1만명	377	885천회
8	movieplus	영화/애니메이션	2022-04-03	3.2만명	518	813천회
9	musicbox	음악	2023-08-23	3.8만명	604	1067천회
10	screenking	영화/애니메이션	2024-03-02	2.7만명	461	946천회
11	battleteam	게임	2021-09-19	2.8만명	592	706천회
12	goodmusic	음악	2025-08-20	1.5만명	433	744천회
13						

🅑 기적의 TIP

[E3] 셀의 '재생목록수'를 2줄로 입력할 때에는 「재생」을 입력한 후 Alt + Enter 를 누른 후에 「목록수」를 입력한다.

출제유형 ❹ '기본작업1-4' 시트에 다음의 자료를 주어진 대로 입력하시오.

	A	B	C	D	E	F
1	상반기 문화 수강생 모집 현황					
2						
3	수강코드	수강명	신청대상	모집인원	수강요일	수강비
4	SANG-001	Hot Music School	전체	30	월요일	120000
5	SANG-002	어린이 발리 댄스	초등학생	25	토요일	80000
6	SANG-003	High Easy English	고등학생	30	월요일	100000
7	SANG-004	수학의 정석	중학생	35	금요일	100000
8	SANG-005	집밥! 어렵지 않아요!	전체	20	수요일	120000
9	SANG-006	피로를 풀어주는 요가	전체	25	수요일	150000
10	SANG-007	창의력을 키워주는 미술	초등학생	30	목요일	100000
11	SANG-008	톡톡 튀는 독서 토론 논술	고등학생	30	토요일	100000
12	SANG-009	좋은 습관 독서법	중학생	25	토요일	120000
13						

🅑 기적의 TIP

'0'을 입력하면 왼쪽 상단에 초록색 표시가 보이는데 그냥 두어도 된다.
단, 신경이 쓰인다면 자료를 모두 입력한 후에 범위를 지정한 후에 [오류 메시지]를 클릭하여 [오류 무시]를 클릭하면 된다.

출제유형 ❺ '기본작업1-5' 시트에 다음의 자료를 주어진 대로 입력하시오.

	A	B	C	D	E	F	G
1	상품코드 매장 관리현황						
2							
3	순번	지역	관리코드	매장위치	담당자	개장일	직원수
4	01	강원도	gangwon#01	원주시 단계동	강하늬	2022-04-05	29
5	02	전라북도	jeonbuk#06	군산시 경암동	송하율	2027-05-01	23
6	03	제주도	jeju#04	제주시 도남동	박주호	2023-08-09	20
7	04	경기도	gyeonggi#05	안산시 신길동	서현진	2019-11-17	24
8	05	충청남도	chugnam#02	천안시 동남구 구룡동	한지민	2020-08-11	22
9	06	경상남도	gyeongnam#07	진주시 가좌동	이중희	2025-11-30	24
10	07	전라남도	jeonnam#08	여수시 교동	김상욱	2024-06-11	21
11	08	충청북도	chugbuk#03	청주시 서원구 모충동	강정호	2021-07-26	30
12	09	경상북도	gyeongbuk#09	경주시 구정동	유지민	2022-12-01	25
13	10	서울	seoul#10	마포구 성산동	김재철	2023-06-24	31
14							

데이터 입력과 수정

1 한 셀에 두 줄 이상의 데이터 입력하기

첫 번째 줄을 입력한 후에 Alt + Enter 를 눌러 다음 줄에 해당한 내용을 입력하고 Enter 를 눌러 완성한다.

2 0으로 시작하는 숫자 입력하기

작은따옴표(')를 입력한 후 0으로 시작하는 숫자를 입력한다. (예 001)

3 날짜 데이터 입력하기

'년–월–일' 또는 '년/월/일' 형태로 입력한다. 날짜는 –(하이픈) 또는 /(슬래시)로 구분한다.

4 시간 데이터 입력하기

'시:분:초'의 형태로 입력한다. 시간은 :(콜론)으로 구분한다.

5 백분율 입력하기

숫자 뒤에 %를 직접 입력한다. (예 70%)

6 데이터 수정하기

① F2 를 눌러 데이터의 일부를 수정할 수 있다.
② 셀을 더블 클릭하여 수정할 수 있다.
③ 수식 입력줄을 클릭하여 데이터 일부를 수정할 수 있다.
④ 새로운 데이터를 입력하면 기존 데이터는 삭제된다.

▶ 합격 강의

작업파일 [2025컴활2급₩이론] 폴더의 '02셀서식' 파일을 열어서 작업하시오.

출제유형 ❶ '기본작업2-1' 시트에 다음의 지시사항을 처리하시오.

	A	B	C	D	E	F	G	H	I	J
1		영진유통 7월 라면류 매출현황								
2										
3		제품군	제품명	강남		강북	경기		제품별합계	
4				서초마트	방배마트	미아마트	수운마트	용인마트		
5		짜장	왕짜장면	125	156	204	157	347	989	
6			첨짜장면	52	36	27	47	36	198	
7		짬뽕	왕짬뽕면	25	58	56	32	24	195	
8			첨짬뽕면	34	62	62	34	82	274	
9			핫짬뽕면	85	36	75	64	28	288	
10		비빔면	열무비빔면	68	92	51	73	54	338	
11			고추장면	31	30	42	17	25	145	
12			메밀면	106	88	124	64	72	454	
13		마트별합계		526	558	641	488	668		
14		마트별평균		65.75	69.75	80.125	61	83.5		
15										

▲ '기본작업2-1' 시트

❶ [B5:B6], [B7:B9], [B10:B12], [B13:C13], [B14:C14] 영역은 '병합하고 가운데 맞춤'을 지정하고, [D4:H4] 영역은 '가로 가운데 맞춤', 글꼴 스타일 '굵게', 채우기 색 '표준 색 – 주황'으로 지정하시오.

❷ [D5:H12] 영역은 사용자 지정 표시 형식을 이용하여 '1000 단위 구분 기호'와 숫자 뒤에 '개'를 예와 같이 표시하고 [표시 예 : 5678 → 5,678개, 0 → 0개], [D14:H14] 영역은 소수 둘째 자리까지 표시하시오. [표시 예 : 65.8 → 65.80]

❸ [B3:I14] 영역에 '모든 테두리(⊞)'를 적용한 후 '굵은 바깥쪽 테두리(⊡)'를 적용하여 표시하고, [I13:I14] 영역은 '대각선(×)'으로 적용하여 표시하시오.

❹ A열의 너비를 2로 조정하고, [C5:C12] 영역의 이름을 '제품명'으로 정의하고, [B13:B14] 영역의 텍스트 맞춤은 '가로 균등분할'로 지정하시오.

❺ [I5] 셀에 '최고인기품목'이라는 메모를 삽입한 후 항상 표시되도록 지정하고, 메모 서식에서 맞춤 '자동 크기'를 설정하시오.

B 기적의 TIP

셀 서식은 시험에 빠지지 않고 나오는 기능으로 작업이 비교적 쉬운 편이다. 특히, 사용자 지정 표시 형식 부분을 정확히 이해한다면 나머지 부분은 점수를 쉽게 얻을 수 있다.

24년 출제

[B1:I1] 영역은 '선택 영역의 가운데로'를 적용하시오.
[셀 서식]의 [맞춤] 탭에서 가로 '선택 영역의 가운데로'

24년 출제

[D4:H4] 영역은 셀 스타일 '강조색 2'를 적용하시오.
[홈] 탭의 [셀 스타일]에서 '강조색 2'를 선택

01 셀 병합

① [B5:B6] 영역을 드래그하여 범위를 지정하고 [Ctrl]을 누른 상태에서 [B7:B9], [B10:B12], [B13:C13], [B14:C14] 영역을 차례로 드래그하여 범위를 지정한 후, [홈]–[맞춤] 그룹에서 [병합하고 가운데 맞춤](🖾)을 클릭한다.

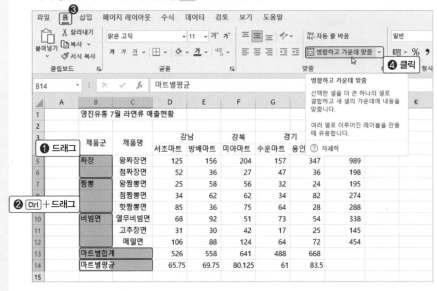

02 사용자 지정 서식

① [D4:H4] 영역을 드래그하여 범위를 지정한 후, [홈]–[맞춤] 그룹에서 [가운데 맞춤](≡)을 클릭하고 [글꼴] 그룹에서 글꼴 스타일 '굵게', [채우기 색](◇▾) 도구를 클릭하여 '표준 색 – 주황'을 선택한다.

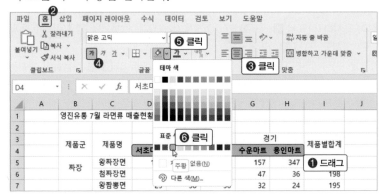

② [D5:H12] 영역을 드래그하여 범위를 지정한 후 **Ctrl**+**1**을 누르고, [셀 서식]에서
[표시 형식] 탭의 '사용자 지정'에 **#,##0"개"**를 입력하고 [확인]을 클릭한다.

기적의 TIP

셀 서식 바로가기
• 바로 가기 키 : **Ctrl**+**1**
• 셀에서 오른쪽 마우스 버튼 클릭 후, **F**

기적의 TIP

#,###과 #,##0의 차이점

서식	#,###	#,##0
1234	1,234	1,234
0		0

#은 유효하지 않은 0은 표시하지 않는다.

③ [D14:H14] 영역을 드래그하여 범위를 지정한 후 **Ctrl**+**1**을 누르고, [셀 서식]에서
[표시 형식] 탭의 '사용자 지정'에 **#.00**을 입력하고 [확인]을 클릭한다.

03 테두리

① [B3:I14] 영역을 드래그하여 범위를 지정한 후, [홈]-[글꼴] 그룹에서 [테두리](⊞▾)
도구의 [모든 테두리](⊞)를 클릭한 후 [굵은 바깥쪽 테두리](⬚)를 클릭한다.

② [I13:I14] 영역을 드래그하여 범위를 지정한 후 **Ctrl**+**1**을 누르고, [셀 서식]에서 [테두리] 탭의 대각선(◺, ◹)을 각각 클릭하고 [확인]을 클릭한다.

기적의 TIP

#.##과 #.00의 차이점

서식	#.##	#.00
12.3412	12.34	12.34
12	12	12.00

0은 유효하지 않은 자릿수는 0으로 표시한다.

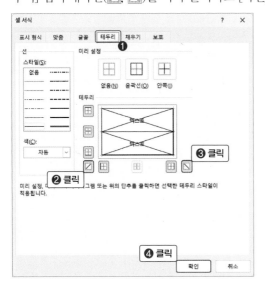

04 열 너비

① A열 머리글에서 마우스 오른쪽 버튼을 눌러 [열 너비]를 선택한다.

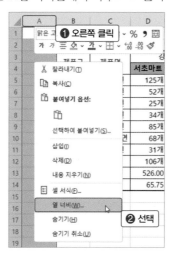

② [열 너비] 대화상자에 2를 입력하고 [확인]을 클릭한다.

05 이름 정의

① [C5:C12] 영역을 드래그하여 범위를 지정한 후 '이름 상자'에 **제품명**을 입력하고 Enter 를 누른다.

이름 정의를 삭제할 때

① [수식]–[정의된 이름] 그룹에서 [이름 관리자]를 클릭한다.

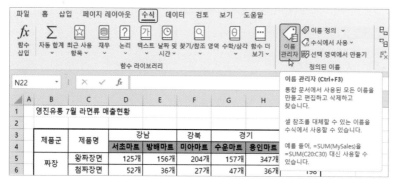

② 삭제할 이름을 선택한 후 [삭제]를 클릭한다.

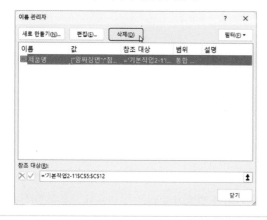

06 텍스트 맞춤

① [B13:B14] 영역을 드래그하여 범위를 지정한 후 Ctrl + 1 을 누른다.
② [셀 서식] 대화상자의 [맞춤] 탭에서 '가로'의 '균등 분할 (들여쓰기)'를 선택하고 [확인]
을 클릭한다.

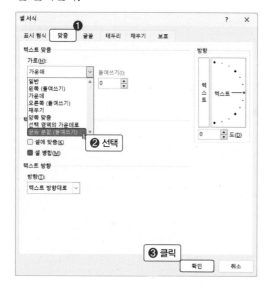

07 메모 삽입[새 노트]

① [I5] 셀에서 마우스 오른쪽 버튼을 눌러 [메모 삽입]을 선택한다.
② 기존 사용자 이름은 지우고 **최고인기품목** 입력한다.
③ [I5] 셀에서 마우스 오른쪽 버튼을 눌러 [메모 표시/숨기기]를 선택한다.

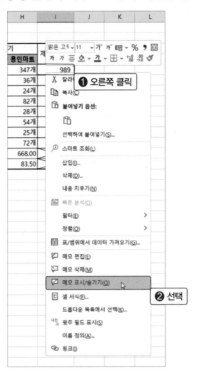

④ 메모 상자의 경계라인을 클릭하여 커서가 깜박이지 않은 상태에서 오른쪽 버튼을 클
  릭하여 [메모 서식]을 선택한다.

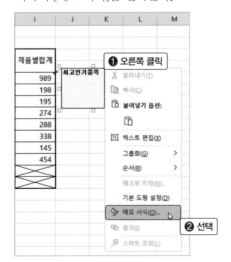

⑤ [메모 서식] 대화상자의 [맞춤] 탭에서 '자동 크기'를 체크하고 [확인]을 클릭한다.

풀이결과

	A	B	C	D	E	F	G	H	I	J	K
1	영진유통 7월 라면류 매출현황										
2											
3	제품군	제품명		강남		강북	경기		제품별합계		
4			서초마트	방배마트	미아마트	수운마트	용인마트			최고인기품목	
5	짜장	왕짜장면	125개	156개	204개	157개	347개	989			
6		첨짜장면	52개	36개	27개	47개	36개	198			
7	짬뽕	왕짬뽕면	25개	58개	56개	32개	24개	195			
8		첨짬뽕면	34개	62개	62개	34개	82개	274			
9		핫짬뽕면	85개	36개	75개	64개	28개	288			
10	비빔면	열무비빔면	68개	92개	51개	73개	54개	338			
11		고추장면	31개	30개	42개	17개	25개	145			
12		메밀면	106개	88개	124개	64개	72개	454			
13	마 트 별 합 계		526	558	641	488	668				
14	마 트 별 평 균		65.75	69.75	80.13	61.00	83.50				
15											

▲ '기본작업2-1(결과)' 시트

 더 알기 TIP

1 [홈] 탭의 [표시 형식]

① 표시 형식 종류

② 회계 표시 형식 : 통화 기호(₩)를 표시([셀 서식]-[표시 형식] 탭의 '회계'와 동일)

③ 백분율 스타일 : 셀 값에 100을 곱한 값이 백분율 기호(%)와 함께 표시

④ 쉼표 스타일 : 천 단위마다 쉼표(,)를 표시([셀 서식]-[표시 형식] 탭의 기호 없는 '회계'와 동일)

⑤ 자릿수 늘림 : 소수 이하 자릿수를 늘림

⑥ 자릿수 줄임 : 소수 이하 자릿수를 줄임

⑦ [셀 서식] 대화상자 : [셀 서식] 대화상자를 표시

② [셀 서식]의 [표시 형식] 탭

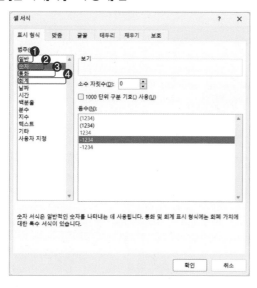

① 일반 : 서식을 없애고 기본 표시 형식으로 지정
② 숫자 : 천 단위 구분 기호, 음수/양수 서식 등을 지정
③ 통화 : 숫자 옆에서 붙여서 통화 기호를 표시 (₩1,000)
④ 회계 : 소수점에 맞추어 열 정렬 (₩ 1,000)

	A	B	C
1	숫자	1000	
2	통화	₩1,000	
3	회계	₩ 1,000	
4			

③ [홈] 탭의 [맞춤]

① 위쪽 맞춤/가운데 맞춤/아래쪽 맞춤
② 방향
③ 텍스트 줄 바꿈
④ 왼쪽/가운데/오른쪽 맞춤
⑤ 내어쓰기/들여쓰기
⑥ 병합하고 가운데 맞춤
⑦ [셀 서식] 대화상자 : [셀 서식] 대화상자를 표시

	A	B	C	D
1				
2	위쪽	가운데	아래쪽	
3	엑셀	엑셀	엑셀	
4				
5				
6	왼쪽	가운데	오른쪽	
7	엑셀	엑셀	엑셀	
8				

④ [셀 서식]의 [맞춤] 탭

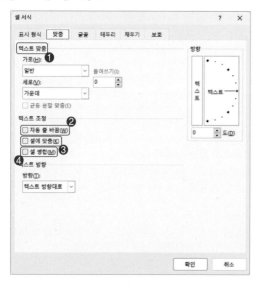

① 텍스트 맞춤 : 데이터의 가로/세로 정렬 방식을 지정
② 자동 줄 바꿈 : 두 줄 이상으로 나누어 표시([Alt]+[Enter] 동일한 기능)
③ 셀에 맞춤 : 셀 너비에 맞추어 글자 크기를 줄여서 표시

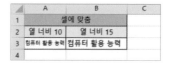

	A	B	C
1	셀에 맞춤		
2	열 너비 10	열 너비 15	
3	컴퓨터 활용 능력	컴퓨터 활용 능력	
4			

④ 셀 병합 : 선택한 범위의 셀들을 하나의 셀로 병합

5 [홈] 탭의 [글꼴]

① 글꼴 종류

② 글꼴 크기

③ 글꼴 크기 크게/작게

④ 굵게/기울임꼴/밑줄

⑤ 테두리

⑥ 채우기 색

⑦ 글꼴 색

⑧ 윗주 필드 표시/숨기기

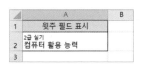

⑨ [셀 서식] 대화상자 : [셀 서식] 대화상자를 표시

6 [셀 서식]의 [글꼴] 탭

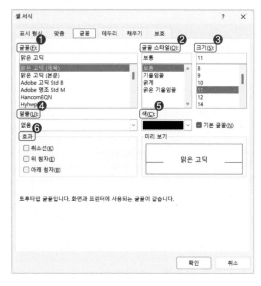

① 글꼴 종류

② 글꼴 스타일

③ 글꼴 크기

④ 밑줄

⑤ 글꼴 색

⑥ 효과(취소선, 위 첨자, 아래 첨자)

	A	B	C	D
1	취소선	위 첨자	아래 첨자	
2	취소선	X^2	H_2O	
3				

☑ 사용자 지정 서식

① 숫자와 문자에 관한 코드

서식 코드	의미	서식 지정	결과
#	유효 자릿수만 표시하고 유효하지 않은 0은 표시하지 않음	#"개" #.##	0 → 개 123.4 → 123.4
0	유효하지 않은 자릿수는 0으로 표시	0"개" 0.0	0 → 0개 123 → 123.0
,(쉼표)	1,000 단위 구분 기호	#,### #,"천원"	10000 → 10,000 10000 → 10천원
;(세미콜론)	섹션 구분 서식 양수;음수;0;문자서식 조건이나 글꼴 색을 지정할 때에는 대괄호 ([ ]) 안에 입력	[파랑];[빨강];-;[녹색]	양수는 파랑, 음수는 빨강, 0은 -(하이픈), 문자는 녹색 표현
@	문자를 대신하는 기호	@"님"	홍길동 → 홍길동님

② 날짜에 관한 코드

서식 코드	의미	서식 코드	의미
yy yyyy	연도를 2자리로 표시 연도를 4자리로 표시	d dd	일을 1 ~ 31 일을 01 ~ 31
m mm mmm mmmm	월을 1 ~ 12 월을 01 ~ 12 월을 Jan ~ Dec 월을 January ~ December	ddd dddd aaa aaaa	요일을 Sun ~ Sat 요일을 Sunday ~ Saturday 요일을 한글로 일 ~ 월 요일을 한글로 일요일 ~ 월요일

출제유형 ② **'기본작업2-2' 시트에 다음의 지시사항을 처리하시오.**

▲	A	B	C	D	E	F	G
1	인성인증 항목 및 배점표						
2							
3	인증영역	인증항목	내용	배점	회수	최대배점	
4	기본영역	출석률	95~100	45	2	90	
5			90~95	40	2		
6			80~89	40	2		
7	인성점수	문화관람	영화/연극/전시회	3	10	30	
8		헌혈	헌혈참여	10	5		
9		교외봉사	봉사시간	2	35		
10							

▲ '기본작업2-2' 시트

❶ [A1:F1] 영역은 '병합하고 가운데 맞춤', 글꼴 'HY견고딕', 글꼴 크기 '16', 글꼴 스타일 '굵게', 밑줄 '이중 밑줄'으로 지정하시오.

❷ [A4:A6], [A7:A9], [B4:B6], [F4:F6], [F7:F9] 영역은 '병합하고 가운데 맞춤'을 지정하고, [A3:F3] 영역은 셀 스타일 '황금색, 강조색4'를 적용하시오.

❸ [C4:C6] 영역은 사용자 지정 표시 형식을 이용하여 문자 뒤에 '%'를 [표시 예]와 같이 표시하고 [표시 예 : 80~90 → 80~90%], [C7] 셀의 '연극'을 한자 '演劇'으로 변환하고, [C7] 셀은 '셀에 맞춤'으로 지정하시오.

❹ [D4:D9] 영역의 이름을 '배점'으로 정의하고, [E4:E9] 영역은 사용자 지정 표시 형식을 이용하여 숫자 뒤에 '회'를 [표시 **예**]와 같이 표시하시오. [표시 **예** : 2 → 2회, 0 → 0회]

❺ [A3:F9] 영역에 '모든 테두리(田)'를 적용한 후 '굵은 바깥쪽 테두리(⊞)'를 적용하여 표시하시오.

01 제목 서식

① [A1:F1] 영역을 드래그하여 범위를 지정한 후 [홈]-[맞춤] 그룹의 [병합하고 가운데 맞춤](⊞)을 클릭하고, [글꼴] 그룹에서 'HY견고딕', 크기 '16', '굵게', 밑줄 '이중 밑줄'을 선택한다.

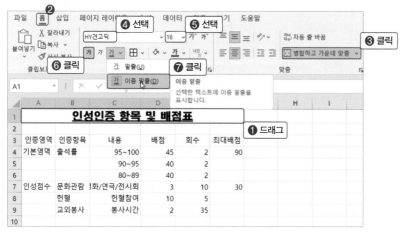

02 셀 병합

① [A4:A6] 영역을 드래그하여 범위를 지정한 후 Ctrl 을 누른 상태에서 [A7:A9], [B4:B6], [F4:F6], [F7:F9] 영역을 차례로 범위를 지정하고, [홈]-[맞춤] 그룹에서 [병합하고 가운데 맞춤](⊞)을 클릭한다.

② [A3:F3] 영역을 드래그하여 범위를 지정한 후 [홈]-[스타일] 그룹에서 [셀 스타일]의 '황금색, 강조색4'를 클릭한다.

03 셀 서식

① [C4:C6] 영역을 드래그하여 범위를 지정한 후 Ctrl + 1 을 누른다.

	A	B	C	D	E	F
1			인성인증 항목 및 배점표			
2						
3	인증영역	인증항목	내용	배점	회수	최대배점
4			95~100	45	2	
5	기본영역	출석률	90~95	40	2	90
6			80~89	40	2	
7		문화관람	화/연극/전시회	3	10	
8	인성점수	헌혈	헌혈참여	10	5	30
9		교외봉사	봉사시간	2	35	

기적의 TIP

95~100은 숫자가 아닌 문자
이기 때문에 '@'를 사용한다.

② [셀 서식]에서 [표시 형식] 탭의 '사용자 지정'에 @"%"를 입력하고 [확인]을 클릭한다.

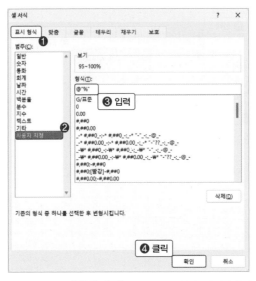

③ [C7] 셀에서 Ctrl + 1 을 누르고, [셀 서식]에서 [맞춤] 탭의 '텍스트 조정'에서 '셀에 맞춤'을 체크하고 [확인]을 클릭한다.

04 한자 변환

① [C7] 셀에서 '연극'만 드래그하여 범위를 지정한 후 키보드의 [한자]를 누른다.

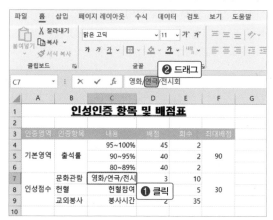

기적의 TIP

演劇을 한글로 변환할 때에도 범위 지정한 후 [한자]를 눌러 변환한다.
한글 ⇔ 한자

② [한글/한자 변환]에서 '演劇'을 선택하고 [변환]을 클릭한다.

05 이름 정의

① [D4:D9] 영역을 드래그하여 범위를 지정한 후 '이름 상자'에 **배점**을 입력하고 [Enter]를 누른다.

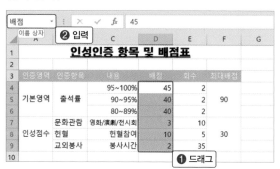

기적의 TIP

이름 정의를 잘못하여 삭제하고자 할 때에는 [수식] 탭의 [이름 관리자]를 클릭하여 잘못 정의한 이름을 선택한 후 [삭제]를 클릭한 후 새롭게 이름을 정의한다.

06 사용자 지정 서식

① [E4:E9] 영역을 드래그하여 범위를 지정한 후 Ctrl + 1 을 누른다.
② [셀 서식]에서 [표시 형식] 탭의 '사용자 지정'에 0"회"를 입력하고 [확인]을 클릭한다.

07 테두리

① [A3:F9] 영역을 드래그하여 범위를 지정한 후 [홈]-[글꼴] 그룹의 [테두리](⊞ ⋅) 도구의 [모든 테두리](⊞)를 클릭한 후 [굵은 바깥쪽 테두리](⊞)를 클릭한다.

풀이결과

인증영역	인증항목	내용	배점	회수	최대배점
기본영역	출석률	95~100%	45	2회	90
		90~95%	40	2회	
		80~89%	40	2회	
인성점수	문화관람	영화/演劇/전시회	3	10회	30
	헌혈	헌혈참여	10	5회	
	교외봉사	봉사시간	2	35회	

제목: 인성인증 항목 및 배점표

▲ '기본작업2-2(결과)' 시트

출제유형 ❸ **'기본작업2-3' 시트에 대하여 다음의 지시사항을 처리하시오.**

	A	B	C	D	E	F	G	H	I	J	K
1	반려동물 간식 판매 현황										
2											
3	구분	제품명	제품코드	단위	유통기한	판매가	판매량	비고		추가 판매량	
4	쿠키	허니버터링쿠키	CK01	150g	2026년 5월	5000	95	일반		5	
5		바우바우콤보쿠키	CK02	300g	2025년 3월	12500	45	대형견		3	
6		유기농치즈쿠키	CK03	100g	2025년 3월	15000	86	소형견		10	
7	육포	통가슴살육포	BJ01	250g	2026년 8월	10000	12	대형견		15	
8		오리오리육포	BJ02	70g	2025년 10월	6500	57	소형견		14	
9		톨톨치킨육포	BJ03	120g	2025년 10월	8500	68	일반		7	
10	껌	왈왈크런치껌	GU01	65g	2026년 5월	6500	33	일반		5	
11		울트라지킨껌	GU02	350g	2025년 12월	13500	84	대형견		3	
12		칼슘가득껌	GU03	85g	2026년 8월	7000	51	소형견		9	
13	간식	웰빙훈제케어간식	SN01	120g	2027년 12월	15000	62	기능성		4	
14		건강한오리육포	SN02	100g	2027년 12월	18500	83	기능성		10	
15		덴탈케어스틱	SN03	95g	2027년 12월	16000	44	기능성		21	
16											
17				작성일	2024-12-31						
18											

▲ '기본작업2-3' 시트

❶ [A1:H1] 영역은 '병합하고 가운데 맞춤', 셀 스타일 '제목 1', 행의 높이를 30으로 지정하고, [C4:C15] 영역 데이터의 문자와 숫자 사이에 '-'를 넣으시오.

❷ [A4:A6], [A7:A9], [A10:A12], [A13:A15] 영역은 '병합하고 가운데 맞춤'을, [A3:H3], [A4:A15] 영역은 채우기 색을 '표준 색 – 노랑'으로 지정하시오.

❸ 제목의 문자열 앞뒤에 특수문자 'o'을 삽입하고, 판매가[F4:F15] 영역은 '통화(₩)' 기호로 표시하는 '통화' 서식으로, [J4:J15] 영역을 복사하여 판매량[G4:G15] 영역에 '연산(더하기)' 기능으로 '선택하여 붙여넣기'를 하시오.

❹ [E4:E15] 영역은 사용자 지정 표시 형식을 이용하여 문자 뒤에 '까지'를 [표시 예]와 같이 표시하시오. [표시 예 : 2025년 1월 → 2025년 1월까지]

❺ [A3:H15] 영역은 '모든 테두리(田)', 선 스타일 '실선', 테두리 색 '표준 색 – 파랑'으로 적용하여 표시하고, [E17] 셀은 사용자 지정 표시 형식을 이용하여 'yyyy年 mm月 dd日' 형식으로 표시하시오.

24년 출제

[G4:G15] 영역은 '선택하여 붙여넣기'를 이용하여 [J4] 셀에 있는 값 '5'를 곱하여 표시하시오.

① [J4] 셀을 선택한 후 Ctrl + C 를 누른다.

② [G4:G15] 영역을 범위 지정한 후 마우스 오른쪽 버튼을 클릭하여 [선택하여 붙여넣기]를 클릭한다.

③ 붙여넣기 '값', 연산 '곱하기'를 선택한다.

24년 출제

사용자 지정 서식을 이용하여 '2025년 3월 3일 월요일' 형식으로 표시하시오.

yyyy년 m월 d일 aaaa

01 제목 서식

① [A1:H1] 영역을 드래그하여 범위를 지정한 후 [홈]–[맞춤] 그룹의 [병합하고 가운데 맞춤](🔘)을 클릭하고, [스타일]–[셀 스타일]의 '제목1'을 선택한다.

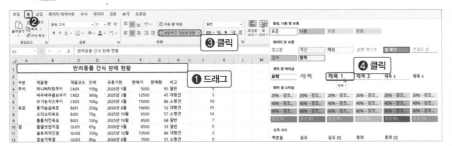

24년 출제

사용자 지정 서식을 이용하여 '05월(일요일)' 형식으로 표시하시오.

mm"월"(aaaa)

② 1행 머리글에서 마우스 오른쪽 버튼을 눌러 [행 높이]를 선택한다.

③ [행 높이] 대화상자에 **30**을 입력하고 [확인]을 클릭한다.

02 '–' 삽입하기

① [C4] 셀의 'CK' 뒤에서 더블 클릭하여 –을 입력한다. 같은 방법으로 [C5:C15] 영역에도 –을 입력한다.

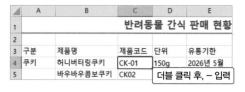

03 셀 병합

① [A4:A6], [A7:A9], [A10:A12], [A13:A15] 영역을 드래그하여 범위를 지정한 후 [홈]–[맞춤] 그룹에서 [병합하고 가운데 맞춤](📧)을 클릭한다.

② [A3:H3], [A4:A15] 영역을 드래그하여 범위를 지정하고, [홈]–[글꼴] 그룹에서 [채우기 색](◇ ▾) 도구를 클릭한 후 '표준 색 – 노랑'으로 지정한다.

04 특수문자 입력

① [A1] 셀의 '반' 앞에서 더블 클릭하여 ㅁ을 입력하고 키보드의 [한자]를 눌러 '○'를 마우스로 선택한다.

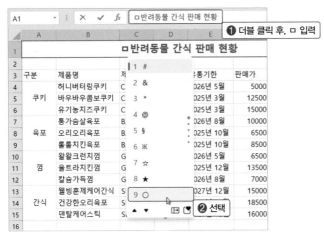

② 같은 방법으로 [A1] 셀의 '황' 뒤에서 더블 클릭하여 ㅁ을 입력하고 키보드의 [한자]를 눌러 '○'를 마우스로 클릭한다.

1 특수문자 목록

자음	특수문자	등록된 특수문자	자음	특수문자	등록된 특수문자
ㄱ	기술 기호	! ˚ ´ , / : ; ^	ㅇ	영문 표제 기호	ⓐ ⓑ ⓒ ⓓ ⓔ ① ② ③ ④
ㄴ	괄호 기호	" ( ) [ ] { } ' " "	ㅈ	로마 숫자	ⅰ ⅱ ⅲ ⅳ ⅴ ⅵ ⅶ ⅷ
ㄷ	학술 기호	± ÷ ≠ ∴ ∞ <	ㅊ	분수/첨자 기호	½ ¼ ¾ ⅛
ㄹ	단위 기호	$ % ₩ F ℃ Å ¢	ㅋ	한글 현대 자모	ㄱ ㄲ ㄳ ㄴ ㄵ ㄶ ㄷ ㄸ ㄹ
ㅁ	일반 기호	# & @ ※ ☆ ★ ○ ●	ㅌ	한글 고어 자모	ㅥ ㅦ ㅧ ㅨ ㅩ ㅪ ㅫ
ㅂ	괘선 조각	─ │ ┌ ┐ ┘ └ ├ ┬	ㅍ	로마 문자	A B C D E F
ㅅ	한글 표제 기호	㉠ ㉡ ㉢ ㉣ ㉤ ㉥	ㅎ	그리스 문자	Α Β Γ Δ Ε Ζ Η

2 한 셀에 두 줄 이상의 데이터 입력하기

• 바로 가기 키(Alt + Enter)

'영진'을 입력하고 Alt + Enter를 누른 후 '출판사'를 입력한다.

• [셀 서식] 대화상자 이용(Ctrl + 1)

① 한 셀에 '영진출판사'를 입력한다.

② Ctrl + 1을 누른 후 [맞춤] 탭에서 '자동 줄 바꿈'을 체크한 후 [확인]을 클릭한다.

05 셀 서식

① [F4:F15] 영역을 드래그하여 범위를 지정한 후 [홈]-[표시 형식] 그룹에서 '통화'를 선택한다.

기적의 TIP

'통화'는 Ctrl + 1 을 눌러 [셀 서식] 대화상자의 [표시 형식] 탭의 '통화'를 선택해도 된다.

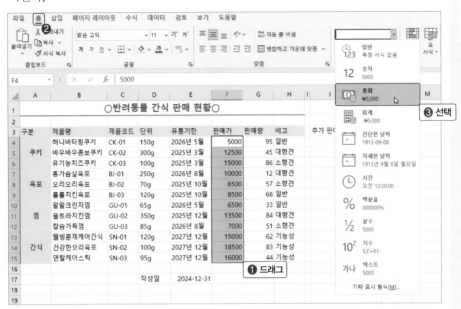

② [J4:J15] 영역을 드래그하여 범위를 지정한 후 Ctrl + C 를 눌러 복사하고, [G4:G15] 영역을 드래그하여 범위를 지정한 후 마우스 오른쪽 버튼을 눌러 [선택하여 붙여넣기]를 선택한다.

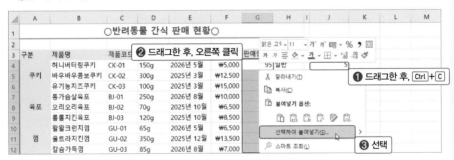

③ [선택하여 붙여넣기]에서 '더하기'를 선택하고 [확인]을 클릭한다.

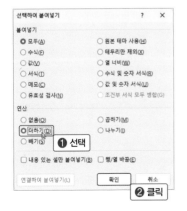

06 사용자 지정 서식

① [E4:E15] 영역을 드래그하여 범위를 지정한 후 **Ctrl** + **1**을 누르고, [셀 서식]에서 [표시 형식] 탭의 '사용자 지정'에 @"**까지**"를 입력하고 [확인]을 클릭한다.

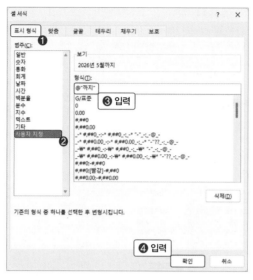

② [E17] 셀을 클릭한 후 **Ctrl** + **1**을 누르고, [셀 서식]에서 [표시 형식] 탭의 '사용자 지정'에 yyyy年 mm月 dd日을 입력하고 [확인]을 클릭한다.

07 테두리

① [A3:H15] 영역을 드래그하여 범위를 지정한 후 Ctrl+1을 누르고, [셀 서식]에서 [테두리] 탭의 '색'은 '파랑', '선'은 '실선', 미리 설정에서 '윤곽선', '안쪽'을 각각 클릭하고 [확인]을 클릭한다.

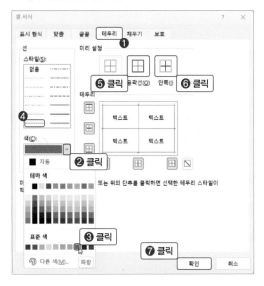

풀이결과

	A	B	C	D	E	F	G	H	I	J	K
1				○반려동물 간식 판매 현황○							
2											
3	구분	제품명	제품코드	단위	유통기한	판매가	판매량	비고		추가 판매량	
4	쿠키	허니버터링쿠키	CK-01	150g	2026년 5월까지	₩5,000	100	일반		5	
5		바우바우콤보쿠키	CK-02	300g	2025년 3월까지	₩12,500	48	대형견		3	
6		유기농치즈쿠키	CK-03	100g	2025년 3월까지	₩15,000	96	소형견		10	
7	육포	통가슴살육포	BJ-01	250g	2026년 8월까지	₩10,000	27	대형견		15	
8		오리오리육포	BJ-02	70g	2025년 10월까지	₩6,500	71	소형견		14	
9		폴폴치킨육포	BJ-03	120g	2025년 10월까지	₩8,500	75	일반		7	
10	껌	왈왈크런치껌	GU-01	65g	2026년 5월까지	₩6,500	38	일반		5	
11		울트라치킨껌	GU-02	350g	2025년 12월까지	₩13,500	87	대형견		3	
12		칼슘가득껌	GU-03	85g	2026년 8월까지	₩7,000	60	소형견		9	
13	간식	웰빙훈제케어간식	SN-01	120g	2027년 12월까지	₩15,000	66	기능성		4	
14		건강한오리육포	SN-02	100g	2027년 12월까지	₩18,500	93	기능성		10	
15		덴탈케어스틱	SN-03	95g	2027년 12월까지	₩16,000	65	기능성		21	
16											
17				작성일	2024년 12월 31일						
18											

▲ '기본작업2-3(결과)' 시트

조건부 서식

▶ 합격 강의

작업파일 [2025컴활2급₩이론] 폴더의 '03조건부서식' 파일을 열어서 작업하시오.

출제유형 ❶ '조건부1' 시트에 다음의 지시사항을 처리하시오.

[A4:H18] 영역에서 학번이 '2024'로 시작하는 행 전체에 대하여 글꼴 색을 '표준 색 – 파랑'으로 지정하는 조건부 서식을 작성하시오.

▶ LEFT 함수 사용
▶ 단, 규칙 유형은 '수식을 사용하여 서식을 지정할 셀 결정'을 사용하고, 한 개의 규칙으로만 작성하시오.

📗 기적의 TIP

범위를 잘못 지정하거나, 범위를 거꾸로 지정하지 않도록 주의한다.

📗 기적의 TIP

조건부 서식 주의 사항
• 조건부 서식은 제목행 [A3:H3] 영역은 범위에 포함하지 않는다.
• 범위를 [H19:A4]로 범위를 아래에서 위로 범위를 지정하지 않는다.

① [A4:H18] 영역을 드래그하여 범위를 지정한 후, [홈]-[스타일] 그룹의 [조건부 서식]-[새 규칙]을 선택한다.

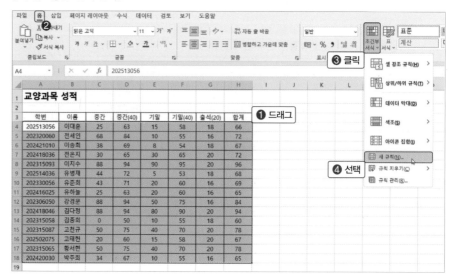

② '▶ 수식을 사용하여 서식을 지정할 셀 결정'을 선택하고, =LEFT($A4,4)="2024"를 입력하고 [서식]을 클릭한다. [글꼴] 탭에서 '색'에서 '표준 색 – 파랑'을 선택하고 [확인]을 클릭한다. [새 서식 규칙]에서 [확인]을 클릭한다.

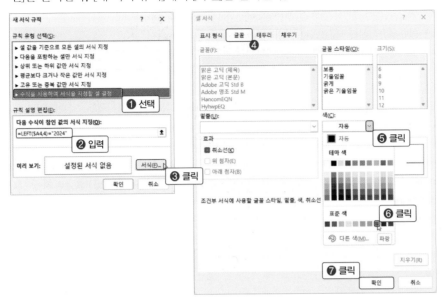

기적의 TIP

조건부 서식을 잘못 작성하여 삭제하고자 할 때에는 [조건부 서식]-[규칙 지우기]를 클릭하여 [시트 전체에서 규칙 지우기]를 클릭한다.
만약, 전체를 지우지 않고 수정하고자 할 때에는 조건부 서식을 지정한 영역을 범위 지정한 후 [조건부 서식]-[규칙 관리]를 클릭하여 작성한 조건부 서식을 선택한 후 [규칙 편집]을 클릭하여 수정한다.

기적의 TIP

=LEFT($A4,4)="2024"
: [A4] 셀에서 왼쪽에서 시작하여 4글자를 추출한 값이 '2024'와 같은지를 비교

$A4 : 범위를 지정한 영역에서 A4, A5, A6, A7, ... 셀의 값을 이용하기 때문에 공통적인 A는 고정시켜주기 위해 $를 앞에 붙여준다.

"2024" : [A4] 셀에서 LEFT 함수를 통해 추출한 값은 숫자가 아닌 문자이기 때문에 큰 따옴표(" ")로 묶어서 비교한다.

풀이결과

	A	B	C	D	E	F	G	H	I
1	**교양과목 성적**								
2									
3	학번	이름	중간	중간(40)	기말	기말(40)	출석(20)	합계	
4	202513056	이대훈	25	63	15	58	18	66	
5	202320060	전세인	68	84	10	55	16	72	
6	202421010	이송희	38	69	8	54	18	67	
7	202418036	전은지	30	65	30	65	20	72	
8	202315093	이지수	88	94	90	95	20	96	
9	202514036	유병재	44	72	5	53	18	68	
10	202330056	유준희	43	71	20	60	16	69	
11	202416025	유하늘	25	63	20	60	16	65	
12	202306050	강경문	88	94	50	75	16	84	
13	202418046	김다정	88	94	80	90	20	94	
14	202315058	김종희	0	50	10	55	18	60	
15	202315087	고천규	50	75	40	70	20	78	
16	202502075	고태헌	20	60	15	58	20	67	
17	202315065	황서현	50	75	40	70	20	78	
18	202420030	박주희	34	67	10	55	16	65	
19									

▲ '조건부1(결과)' 시트

[A4:G15] 영역에 대하여 직위가 '차장'이면서 총급여가 5,000,000 미만인 행 전체에 대하여
글꼴 스타일을 '굵게', 글꼴 색을 '표준 색 – 빨강'으로 지정하는 조건부 서식을 작성하시오.

▶ AND 함수 사용
▶ 단, 규칙 유형은 '수식을 사용하여 서식을 지정할 셀 결정'을 사용하고, 한 개의 규칙으로만
   작성하시오.

① [A4:G15] 영역을 드래그하여 범위를 지정한 후 [홈]-[스타일] 그룹의 [조건부 서
   식]-[새 규칙]을 클릭한다.
② '▶ 수식을 사용하여 서식을 지정할 셀 결정'을 선택하고, =AND($C4="차장",$G4〈
   5000000)를 입력하고 [서식]을 클릭한다. [글꼴] 탭에서 '글꼴 스타일'은 '굵게', '색'에
   서 '표준 색 – 빨강'을 선택하고 [확인]을 클릭한다. [새 서식 규칙]에서 [확인]을 클릭
   한다.

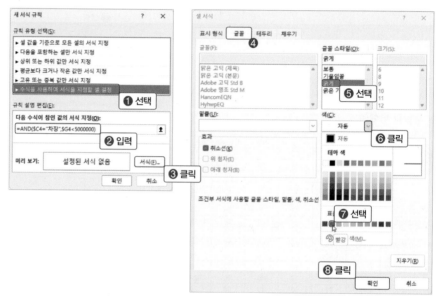

풀이결과

▲	A	B	C	D	E	F	G	H
1	영진상사 5월분 급여지급명세서							
2								
3	사번	성명	직위	기본급	제수당	상여금	총급여	
4	YJ01-023	김윤필	부장	4,273,000	882,000	1,068,250	6,223,250	
5	YJ04-012	이일형	과장	3,697,000	724,000	924,250	5,345,250	
6	YJ11-002	윤선영	차장	4,056,000	760,000	1,014,000	5,830,000	
7	YJ10-021	박김준	대리	3,047,000	524,000	761,750	4,332,750	
8	YJ09-015	최세연	차장	3,140,000	480,000	785,000	4,405,000	
9	YJ13-007	장태현	사원	2,510,000	320,000	627,500	3,457,500	
10	YJ06-019	유양선	차장	3,506,000	542,000	876,500	4,924,500	
11	YJ08-004	강종현	대리	3,200,000	360,000	800,000	4,360,000	
12	YJ12-031	김이리	차장	3,834,000	524,000	958,500	5,316,500	
13	YJ12-012	이정선	사원	2,473,000	268,000	618,250	3,359,250	
14	YJ13-003	박청국	차장	3,510,000	302,000	877,500	4,689,500	
15	YJ09-001	김평순	대리	2,980,000	347,000	745,000	4,072,000	
16								

◀ '조건부2(결과)' 시트

[A4:F14] 영역에서 체험코드가 'P' 또는 'S'로 시작하는 행 전체에 대하여 배경색을 '표준 색 − 녹색'으로 지정하는 조건부 서식을 작성하시오.

▶ OR, LEFT 함수 사용
▶ 단, 규칙 유형은 '수식을 사용하여 서식을 지정할 셀 결정'을 사용하시오.

① [A4:F14] 영역을 드래그하여 범위를 지정한 후 [홈]-[스타일] 그룹의 [조건부 서식]-[새 규칙]을 클릭한다.

② '▶ 수식을 사용하여 서식을 지정할 셀 결정'을 선택하고, =OR(LEFT($C4,1)="P", LEFT($C4,1)="S")를 입력하고 [서식]을 클릭한다. [채우기] 탭에서 '녹색'을 선택하고 [확인]을 클릭한다. [새 서식 규칙]에서 [확인]을 클릭한다.

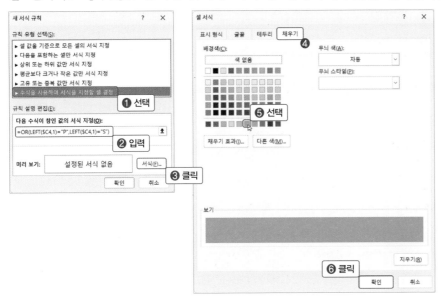

풀이결과

◀ '조건부3(결과)' 시트

수식과 참조

1 F4를 이용한 참조 형태 변경

① 수식에서 절대참조나 상대참조 형태의 셀 주소를 입력할 때 $를 직접 입력할 수도 있지만, F4를 이용하면 좀 더 편리하게 입력할 수 있다.

② [A1] → (F4 누름) → [$A$1] → (F4 누름) → [A$1] → (F4 누름) → [$A1] → (F4 누름) → [A1]

③ F4를 누르면 상대참조 → 절대참조 → 혼합참조(행 절대참조) → 혼합참조(열 절대참조) → 상대참조 순으로 바뀐다.

2 수식

① 일반 수식이나 함수를 입력하는 경우처럼 수식을 입력할 경우에는 반드시 '='를 먼저 입력해야 한다.

② 조건부 서식에는 '=' 대신 '+'를 사용해도 적용된다.

③ 수식 입력 시 셀 주소에 '$'를 붙이는 이유는 조건에 맞는 데이터가 있는 셀과 같은 행 전체에 서식을 적용하기 위한 것이다.

[채우기] 탭의 색상명을 확인하는 방법

'배경색'의 색상표에 마우스 포인터를 두어도 색상명을 확인할 수 없어 문제에서 요구한 색상명을 정확하게 지정하기 위해서는 '무늬 색'을 클릭하여 문제에서 요구한 색상에 마우스 포인터를 두고 색상명을 확인만 하고 실제 서식은 배경색에서 해당 색상을 선택해야 한다.

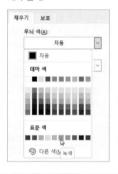

상위/하위 규칙

예시 : 학생수 중에서 상위 10%만 서식 지정

① [홈] 탭의 [스타일] 그룹 [조건부 서식]-[상위/하위 규칙]-[상위 10%]

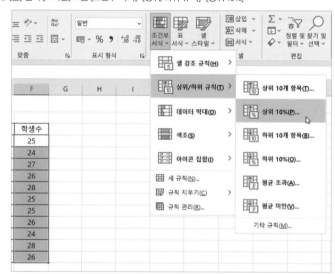

② [상위 10%]에 표시할 퍼센트 값을 입력하고, 적용할 서식을 선택하여 지정

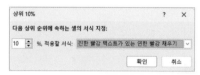

고급 필터/자동 필터

▶ 합격 강의

작업파일 [2025컴활2급₩이론] 폴더의 '04고급필터' 파일을 열어서 작업하시오.

출제유형 ① '고급필터1' 시트에 다음의 지시사항을 처리하시오.

'상공호텔 예약 현황' 표에서 구분이 '비회원'이고 할인금액이 70,000 이하인 데이터를 고급 필터를 사용하여 검색하시오.

▶ 고급 필터 조건은 [A18:D20] 범위 내에 알맞게 입력하시오.
▶ 고급 필터 결과 복사 위치는 동일 시트의 [A22] 셀에서 시작하시오.

	A	B	C	D	E	F	G	H
1			상공호텔 예약 현황					
2								
3	상품명	구분	예약자명	인원수	숙박일수	이용금액	할인금액	
4	프리미엄	회원	고숙자	2	1박2일	240,000	96,000	
5	골드	비회원	양정원	4	3박4일	600,000	90,000	
6	일반	회원	이호원	3	2박3일	320,000	128,000	
7	프리미엄	비회원	박정훈	5	2박3일	480,000	72,000	
8	일반	비회원	유현민	4	1박2일	160,000	24,000	
9	프리미엄	비회원	한인국	4	1박2일	240,000	36,000	
10	일반	비회원	강주봉	3	3박4일	480,000	72,000	
11	골드	회원	김원래	4	1박2일	200,000	80,000	
12	프리미엄	회원	최희선	5	2박3일	480,000	192,000	
13	일반	비회원	정영희	2	2박3일	320,000	48,000	
14	골드	비회원	김성은	4	1박2일	200,000	30,000	
15	일반	회원	이성열	2	1박2일	160,000	64,000	
16								

▲ '고급필터1' 시트

① 조건을 그림과 같이 [A18:B19] 영역에 입력한다.

	A	B	C
17			
18	구분	할인금액	
19	비회원	<=70000	
20			입력

기적의 TIP

조건을 직접 입력하다보면 오타가 발생할 수 있어 데이터에서 복사(Ctrl + C), 붙여넣기(Ctrl + V)를 활용한다.

기적의 TIP

• 이상 >=
• 이하 <=
• 초과 >
• 미만 <

② 데이터 영역에 마우스 포인트를 두고 [데이터]-[정렬 및 필터] 그룹의 [고급](🔽)을 클릭한다.

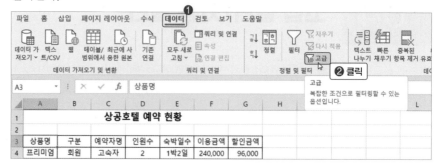

③ [고급 필터]에서 결과는 '다른 장소에 복사'를 선택하고, 목록 범위 $A$3:$G$15, 조건 범위 $A$18:$B$19, 복사 위치 $A$22를 입력하고 [확인]을 클릭한다.

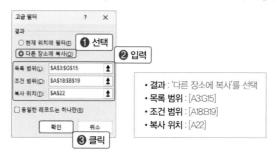

- **결과** : '다른 장소에 복사'를 선택
- **목록 범위** : [A3:G15]
- **조건 범위** : [A18:B19]
- **복사 위치** : [A22]

풀이결과

	A	B	C	D	E	F	G	H
17								
18	구분	할인금액						
19	비회원	<=70000						
20								
21								
22	상품명	구분	예약자명	인원수	숙박일수	이용금액	할인금액	
23	일반	비회원	유현민	4	1박2일	160,000	24,000	
24	프리미엄	비회원	한인국	4	1박2일	240,000	36,000	
25	일반	비회원	정영희	2	2박3일	320,000	48,000	
26	골드	비회원	김성은	4	1박2일	200,000	30,000	
27								

◀ '고급필터1(결과)' 시트

➕ 더 알기 TIP

[고급 필터] 대화상자

- **목록 범위** : [A3:G15] 영역 안쪽에 커서를 두고 [데이터] 탭의 [고급]을 클릭하면 자동으로 인식
- **조건 범위** : 조건 범위를 입력할 텍스트 상자를 마우스로 한번 클릭한 후 [A18:B19] 영역을 드래그하
면 자동으로 범위가 추가됨
- **복사 위치** : 흰 텍스트 상자를 마우스로 클릭한 후 [A22] 셀을 클릭하면 자동으로 셀 주소가 입력됨

'신입사원 합격 현황' 표에서 성별이 '남'이면서 총점이 250 이상인 데이터의 '응시번호', '성명', '서류', '필기', '면접'을 고급 필터를 사용하여 검색하시오.

▶ 고급 필터 조건은 [A20:C23] 범위 내에 알맞게 입력하시오.
▶ 고급 필터 결과 복사 위치는 동일 시트의 [A25] 셀에서 시작하시오.

	A	B	C	D	E	F	G	H
1			**신입사원 합격 현황**					
2								
3	응시번호	성명	성별	서류	필기	면접	총점	
4	2503001	이용현	남	84	88	90	262	
5	2503002	이현승	여	96	97	95	288	
6	2503003	조유미	여	75	77	80	232	
7	2503004	강한성	남	59	52	62	173	
8	2503005	변기용	남	62	69	80	211	
9	2503006	하숙지	여	81	84	90	255	
10	2503007	최고주	남	91	90	84	265	
11	2503008	오영심	여	97	95	92	284	
12	2503009	임희선	여	83	86	90	259	
13	2503010	고소연	여	85	88	82	255	
14	2503011	김만석	남	96	94	95	285	
15	2503012	백치미	여	77	76	78	231	
16	2503013	진성유	여	57	52	60	169	
17	2503014	한지석	남	68	69	62	199	
18	2503015	송우민	남	85	87	87	259	
19								

◀ '고급필터2' 시트

① 조건을 그림과 같이 [A20:B21] 영역에 입력하고, 추출할 필드명을 [A25:E25] 영역에 입력한다.

> **기적의 TIP**
>
> 조건과 추출할 필드명은 가능한 직접 입력하지 않고, 데이터에서 복사/붙여넣기를 하면 오타를 줄일 수 있고, 오류도 줄일 수 있다.

② 데이터 영역에 마우스 포인트를 두고 [데이터]–[정렬 및 필터] 그룹의 [고급](🔽)을 클릭한다.

③ [고급 필터]에서 결과는 '다른 장소에 복사'를 선택하고, 목록 범위 $A$3:$G$18, 조건 범위 $A$20:$B$21, 복사 위치 $A$25:$E$25를 입력하고 [확인]을 클릭한다.

- **결과** : '다른 장소에 복사'를 선택
- **목록 범위** : [A3:G18]
- **조건 범위** : [A20:B21]
- **복사 위치** : [A25:E25]

	A	B	C	D	E	F
19						
20	성별	총점				
21	남	>=250				
22						
23						
24						
25	응시번호	성명	서류	필기	면접	
26	2503001	이용현	84	88	90	
27	2503007	최고주	91	90	84	
28	2503011	김만석	96	94	95	
29	2503015	송우민	85	87	87	
30						

▲ '고급필터2(결과)' 시트

➕ 더 알기 TIP

고급 필터 조건

1 AND 조건 : 조건을 같은 행에 입력한다.

구분	할인금액
비회원	<=70000

구분이 '비회원'이면서 할인금액이 70000 이하

상품명	구분	할인금액
일반	비회원	<=70000

상품명이 '일반'이고 구분이 '비회원'이면서 할인금액이 70000 이하

2 OR 조건 : 조건을 다른 행에 입력한다.

상품명	구분
일반	
	비회원

상품명이 '일반'이거나 구분이 '비회원'

상품명	구분	할인금액
일반		
	비회원	
		<=70000

상품명이 '일반'이거나 구분이 '비회원'이거나 할인금액이 70000 이하

상품명
일반
골드

상품명이 일반이거나 골드

3 AND와 OR 결합 조건 : 하나의 필드에 여러 조건을 지정할 수 있다. AND 조건이 먼저 계산된다.

상품명	인원수
일반	<=4
골드	<=4

상품명이 '일반'이면서 인원수가 4 이하이거나 상품명이 '골드'이면서 인원수가 4 이하

출제유형 ❸ '고급필터3' 시트에 다음의 지시사항을 처리하시오.

'상공주식회사 인사 관리 현황' 표에서 부서가 경리부이거나 급여가 4,000,000 이상인 데이터를 고급 필터를 사용하여 검색하시오.

▶ 고급 필터 조건은 [A18:C20] 범위 내에 알맞게 입력하시오.
▶ 고급 필터 결과 복사 위치는 동일 시트의 [A23] 셀에서 시작하시오.

	A	B	C	D	E	F	G
1			상공주식회사 인사 관리 현황				
2							
3	사원명	성별	부서	직위	입사년도	급여	
4	최민지	여	기획부	대리	2018	3,300,000	
5	한선택	남	홍보부	대리	2020	3,000,000	
6	황철수	남	영업부	사원	2022	2,400,000	
7	조인성	남	기획부	사원	2024	2,450,000	
8	신유선	여	경리부	부장	2013	4,950,000	
9	배영수	남	홍보부	사원	2023	2,500,000	
10	정유라	여	경리부	대리	2020	3,200,000	
11	김진우	남	기획부	부장	2012	4,800,000	
12	김윤아	여	영업부	과장	2017	4,200,000	
13	박기주	남	경리부	사원	2023	2,500,000	
14	이재희	여	홍보부	과장	2016	3,950,000	
15	임준표	남	영업부	대리	2019	3,150,000	
16							

▲ '고급필터3' 시트

① 조건을 그림과 같이 [A18:B20] 영역에 입력한다.

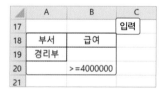

② 데이터 영역에 마우스 포인트를 두고 [데이터]-[정렬 및 필터] 그룹의 [고급](🔽)을 클릭한다.

③ [고급 필터]에서 결과는 '다른 장소에 복사'를 선택하고, 목록 범위 $A$3:$F$15, 조건 범위 $A$18:$B$20, 복사 위치 $A$23을 입력하고 [확인]을 클릭한다.

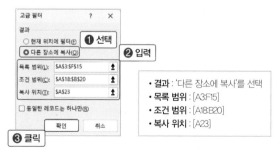

	A	B	C	D	E	F	G
17							
18	부서	급여					
19	경리부						
20		>=4000000					
21							
22							
23	사원명	성별	부서	직위	입사년도	급여	
24	신유선	여	경리부	부장	2013	4,950,000	
25	정유라	여	경리부	대리	2020	3,200,000	
26	김진우	남	기획부	부장	2012	4,800,000	
27	김윤아	여	영업부	과장	2017	4,200,000	
28	박기주	남	경리부	사원	2023	2,500,000	
29							

▲ '고급필터3(결과)' 시트

➕ 더 알기 TIP

고급 필터 조건에 수식 이용

고급 필터 조건에 수식을 이용할 때에는 데이터 안쪽에 있는 필드명과 동일하게 사용할 수 없다.
예) '고급필터2' 시트에서 필기 점수가 면접 점수보다 높은 데이터만 추출할 때

〈조건〉

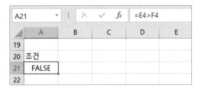

A21		▾	:	×	✓	f_x	=E4>F4

	A	B	C	D	E
19					
20	조건				
21	FALSE				
22					

① 필드명은 '필기', '면접'이 아닌 '조건'으로 사용자가 임의로 필드명을 작성하면 된다.
② =E4>F4 : 필기 데이터의 첫 번째 셀[E4], 면접 데이터의 첫 번째 셀[F4]를 조건으로 작성하면 E4>F4, E5>F5, E6>F6, .. 등으로 셀을 비교하여 조건에 만족한 데이터를 추출할 수 있다.

〈결과〉

	A	B	C	D	E	F	G	H
22								
23	응시번호	성명	성별	서류	필기	면접	총점	
24	2503002	이현승	여	96	97	95	288	
25	2503007	최고주	남	91	90	84	265	
26	2503008	오영심	여	97	95	92	284	
27	2503010	고소연	여	85	88	82	255	
28	2503014	한지석	남	68	69	62	199	
29								

필기점수가 면접점수보다 높은 데이터만 추출된 결과를 확인할 수 있다.

출제유형 ④ '자동필터' 시트에 다음의 지시사항을 처리하시오.

'합격 현황' 표에서 성별이 '여'이면서 총점이 250 이상인 데이터만 자동 필터를 사용하여 검색하시오.

① 데이터 안쪽에서 커서를 두고 [데이터]-[정렬 및 필터] 그룹의 [필터](▽)를 클릭한다.

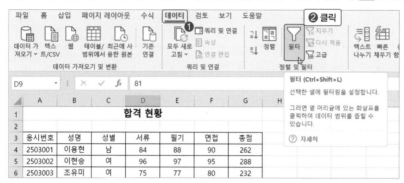

② [C3] 셀에서 목록 단추를 클릭하여 '(모두 선택)'을 클릭하여 선택을 해제한 후에 '여'만을 선택하고 [확인]을 클릭한다.

③ [G3] 셀의 목록 단추를 클릭하여 [숫자 필터]-[크거나 같음]을 선택한다.

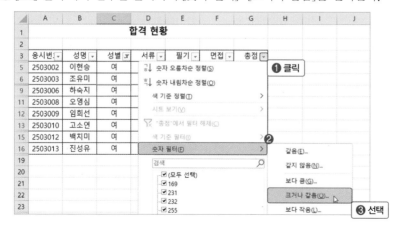

기적의 TIP

성별에서 조건을 지정한 필드명[C3]의 목록 단추가 ▽에서 ⫪로 표시된다.

기적의 TIP

자동 필터를 해제할 때에는 [데이터]–[정렬 및 필터] 탭에서 [필터]를 클릭하여 해제할 수 있다.

기적의 TIP

필터의 조건만을 지울 때에는 [지우기]를 클릭한다.

④ [사용자 지정 자동 필터]에서 250을 입력하고 [확인]을 클릭한다.

풀이결과

	A	B	C	D	E	F	G	H
1				합격 현황				
2								
3	응시번	성명	성별	서류	필기	면접	총점	
5	2503002	이현승	여	96	97	95	288	
9	2503006	하숙지	여	81	84	90	255	
11	2503008	오영심	여	97	95	92	284	
12	2503009	임희선	여	83	86	90	259	
13	2503010	고소연	여	85	88	82	255	
19								

▲ '자동필터(결과)' 시트

➕ 더 알기 TIP

사용자 지정 조건

목록 사용	예제	설명
=		같다
◇		같지 않다
〉		크다(초과)
〉=		크거나 같다(이상)
〈		작다(미만)
〈=		작거나 같다(이하)
시작 문자	=비*	시작 문자가 '비'로 시작하는 데이터
제외할 시작 문자	◇삼*	시작 문자가 '삼'으로 시작하지 않는 데이터
끝 문자	=*오	마지막 문자가 '오'인 데이터
제외할 끝 문자	◇*삼	마지막 문자가 '삼'으로 끝나지 않는 데이터
포함	=*디*	'디'라는 문자열을 포함하는 데이터
포함하지 않음	◇*디*	'디'라는 문자열을 포함하지 않는 데이터
한 문자 대표	=?????	한 문자를 대표(다섯 글자)

텍스트 나누기

▶ 합격 강의

작업파일 [2025컴활2급₩이론] 폴더의 '05텍스트나누기' 파일을 열어서 작업하시오.

출제유형 ❶ '텍스트1' 시트에 다음의 지시사항을 처리하시오.

[B4:B19] 영역의 데이터를 텍스트 나누기를 실행하여 나타내시오.

▶ 데이터는 쉼표(,)로 구분되어 있음
▶ '번역' 열은 제외할 것

① [B4:B19] 영역을 범위 지정한 후, [데이터]-[데이터 도구] 그룹의 [텍스트 나누기] (📳)를 클릭한다.

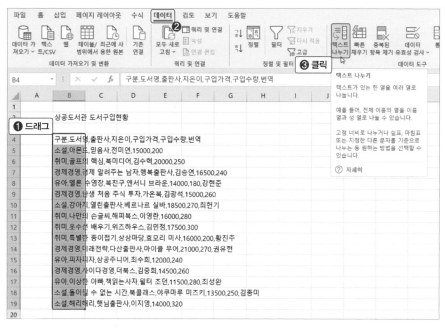

② [텍스트 마법사 – 3단계 중 1단계] 중에서 '구분 기호로 분리됨'을 선택하고 [다음]을 클릭한다.

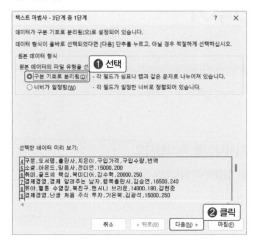

③ [텍스트 마법사 – 3단계 중 2단계] 중에서 구분 기호 '쉼표'만 선택하고 [다음]을 클릭한다.

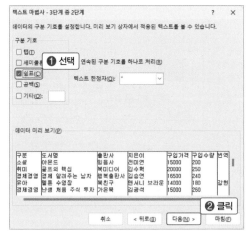

기적의 TIP

열 머리글 C에서 E까지 드래 그한 후 E와 F 사이의 경계라 인을 더블클릭하면 한 번에 조절할 수 있다.

④ [텍스트 마법사 – 3단계 중 3단계] 중에서 '번역'을 선택하고 '열 가져오지 않음(건너뜀)'을 선택한 후 [마침]을 클릭한다.

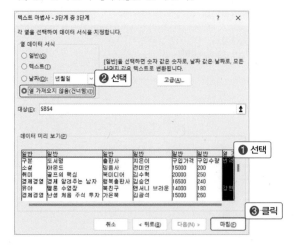

⑤ 열 머리글(C, D, E)을 이용하여 내용이 표시되지 않은 열의 경계라인을 더블 클릭하여 모든 내용을 표시한다.

	A	B	C	D	E	F	G	H
1							더블 클릭	
2		상공도서관	도서구입현황					
3								
4		구분	도서명	출판사	지은이	구입가격	구입수량	
5		소설	아몬드	믿음사	전미연	15000	200	
6		취미	골프의 핵심	북미디어	김수혁	20000	250	
7		경제경영	경제 알려줄	행복출판사	김승연	16500	240	
8		유아	멜론 수영장	북친구	앤서니 브라	14000	180	

풀이결과

	A	B	C	D	E	F	G	H
1								
2		상공도서관 도서구입현황						
3								
4		구분	도서명	출판사	지은이	구입가격	구입수량	
5		소설	아몬드	믿음사	전미연	15000	200	
6		취미	골프의 핵심	북미디어	김수혁	20000	250	
7		경제경영	경제 알려주는 남자	행복출판사	김승연	16500	240	
8		유아	멜론 수영장	북친구	앤서니 브라운	14000	180	
9		경제경영	난생 처음 주식 투자	가온북	김광석	15000	260	
10		소설	강아지	열린출판사	베르나르 실바	18500	270	
11		취미	나만의 손글씨	해피북스	이영란	16000	280	
12		취미	옷수선 배우기	위즈하우스	김민정	17500	300	
13		취미	특별한 종이접기	상상마당	효모리 미사	16000	200	
14		경제경영	미래전략	다산출판사	마이클 무어	21000	270	
15		유아	피자피자	상공주니어	최수희	12000	240	
16		경제경영	사이다경영	더북스	김중희	14500	260	
17		유아	이상한 아빠	책읽는사자	월터 조던	11500	280	
18		소설	돌이킬 수 없는 시간	북클래스	야쿠마루 미즈키	13500	250	
19		소설	해리해리	햇님출판사	이지영	14000	320	
20								

▲ '텍스트1(결과)' 시트

출제유형 ❷ '텍스트2' 시트에 다음의 지시사항을 처리하시오.

[A3:A10] 영역의 데이터를 텍스트 나누기를 실행하여 나타내시오.

▶ 데이터는 세미콜론(;)으로 구분되어 있음

▶ '연고지' 열은 제외할 것

① [A3:A10] 영역을 범위 지정한 후, [데이터]-[데이터 도구] 그룹의 [텍스트 나누기] (🔛)를 클릭한다.

② [텍스트 마법사 – 3단계 중 1단계] 중에서 '구분 기호로 분리됨'을 선택하고 [다음]을 클릭한다.

③ [텍스트 마법사 – 3단계 중 2단계] 중에서 구분 기호 '세미콜론(;)'만 선택하고 [다음]을 클릭한다.

④ [텍스트 마법사 – 3단계 중 3단계] 중에서 '연고지'를 선택하고 '열 가져오지 않음(건너뜀)'을 선택한 후 [마침]을 클릭한다.

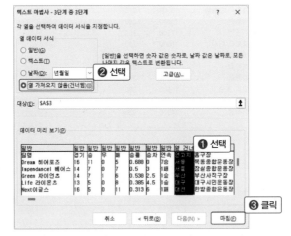

⑤ 열 머리글 A와 B, I와 J 사이의 경계라인을 이용하여 모든 내용이 표시되도록 조절한다.

풀이결과

	A	B	C	D	E	F	G	H	I	J
1	한국프로야구 팀별 성적									
2										
3	팀명	경기	승	무	패	승률	승차	연속	홈구장	
4	Dream 히어로즈	16	11	0	5	0.688	0	7승	목동종합운동장 야구장	
5	Impendance 베어스	14	7	0	7	0.5	3	1패	잠실종합운동장 야구장	
6	Green 자이언츠	14	7	1	6	0.538	2.5	1승	부산사직구장	
7	Life 라이온츠	13	5	0	8	0.385	4.5	1승	대구시민운동장 야구장	
8	Next이글스	16	5	0	11	0.313	6	1패	한밭종합운동장 야구장	
9	Mirror 타이거즈	17	7	0	10	0.412	4.5	2패	광주-Mi 챔피언스 필드	
10	Seoul 트윈스	14	4	1	9	0.308	5.5	1승	잠실종합운동장 야구장	
11										

▲ '텍스트2(결과)' 시트

출제유형 ③ '텍스트3' 시트에 다음의 지시사항을 처리하시오.

[A2:A14] 영역의 데이터를 텍스트 나누기를 실행하여 나타내시오.

▶ 데이터는 공백( )으로 구분되어 있음
▶ '할부기간(월)' 열은 제외할 것

① [A2:A14] 영역을 범위 지정한 후, [데이터]–[데이터 도구] 그룹의 [텍스트 나누기]
(📑)를 클릭한다.
② [텍스트 마법사 – 3단계 중 1단계] 중에서 '구분 기호로 분리됨'을 선택하고 [다음]을
클릭한다.
③ [텍스트 마법사 – 3단계 중 2단계] 중에서 구분 기호 '공백'만 선택하고 [다음]을 클릭
한다.
④ [텍스트 마법사 – 3단계 중 3단계] 중에서 '할부기간(월)'을 선택하고 '열 가져오지 않
음'을 선택한 후 [마침]을 클릭한다.

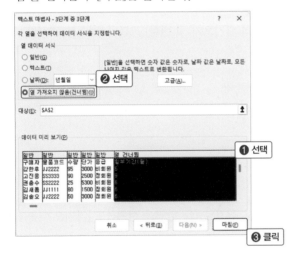

풀이결과

	A	B	C	D	E	F
1						
2	구매자	물품코드	수량	단가	등급	
3	강한후	JJ2222	95	3000	비회원	
4	고진웅	SS3333	90	2500	정회원	
5	권충수	SS2222	25	5300	비회원	
6	김새롬	JJ1111	80	1500	정회원	
7	김솔오	JJ2222	50	3000	정회원	
8	김진상	SS2222	60	5300	비회원	
9	배사공	SS1111	100	2000	준회원	
10	오덕우	SS3333	110	3000	정회원	
11	유벼리	SS2222	21	5300	비회원	
12	이구름	SS3333	50	2500	정회원	
13	한마식	JJ1111	45	1500	준회원	
14	한아름	SS1111	20	2000	비회원	
15						

◀ '텍스트3(결과)' 시트

외부 데이터 가져오기

▶ 합격 강의

작업파일 [2025컴활2급₩이론] 폴더의 '06외부데이터' 파일을 열어서 작업하시오.

출제유형 ❶ '외부데이터1' 시트에 다음의 지시사항을 처리하시오.

다음의 텍스트 파일을 열고, 생성된 데이터를 '외부데이터1' 시트의 [A3:H8] 영역에 붙여 넣으
시오.

▶ 외부 데이터 파일명은 '자격시험자료.txt'임

▶ 외부 데이터는 쉼표(,)로 구분되어 있음

① [A3] 셀을 클릭하고 [데이터]–[데이터 가져오기 및 변환] 그룹의 [텍스트/CSV](🗋)를
클릭한다.

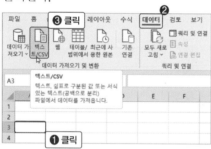

② '2025컴활2급₩이론' 폴더에서 '자격시험자료.txt' 파일을 선택하고 [가져오기]를 클릭
한다.

③ 구분 기호(쉼표)를 확인하고 [로드]–[다음으로 로드]를 클릭한다.

④ [데이터 가져오기]에서 '기존 워크시트'의 [A3] 셀을 지정하고 [확인]을 클릭한다.

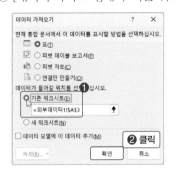

기적의 TIP

외부 데이터 가져오기를 실행하기 전에 [A3] 셀을 선택한 후 실행했다면 별도로 위치를 지정할 필요가 없다. 하지만 [A3] 셀을 먼저 선택하지 않았다면, '기존 워크시트'를 선택한 후 마우스로 워크시트의 [A3] 셀을 클릭하여 위치를 지정해야 한다.

풀이결과

	A	B	C	D	E	F	G	H	I
1									
2									
3	수험번호	이름	장소	직업	주소	필기시험	실기시험	합격여부	
4	20251212	김승진	대구	공무원	대구시	80	70	합격	
5	20251213	이소라	서울	회사원	수원시	50	60	불합격	
6	20251214	최승엽	광주	군인	광주시	70	70	합격	
7	20251215	이유리	인천	의사	부천시	80	75	합격	
8	20251216	김동철	부산	교사	부산시	50	60	불합격	
9									

▲ '외부데이터1(결과)' 시트

출제유형 ② **'외부데이터2' 시트에 다음의 지시사항을 처리하시오.**

다음의 텍스트 파일을 열고, 새 워크시트를 삽입하여 '외부데이터2' 시트의 뒤에 삽입하시오.

▶ 외부 데이터 파일명은 '판매실적.txt'임
▶ 외부 데이터는 공백( )으로 구분되어 있음
▶ 시트 이름은 '판매실적'으로 하시오.
▶ [파일]-[옵션]의 '데이터'에서 '텍스트에서(레거시)'를 체크한 후 [레거시 마법사]를 이용하시오.

① [파일]-[옵션]을 클릭하여 '데이터'에서 '텍스트에서(레거시)'를 체크하고 [확인]을 클릭한다.

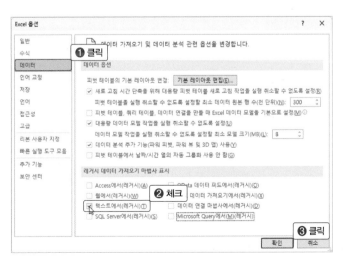

② [데이터]-[데이터 가져오기 및 변환] 그룹의 [레거시 마법사]-[텍스트에서(레거시)]를
클릭한다.

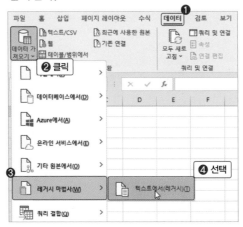

③ '2025컴활2급W이론' 폴더에서 '판매실적.txt' 파일을 선택하고 [가져오기] 버튼을 클
릭한다.

④ [텍스트 마법사 – 3단계 중 1단계]에서 '원본 데이터 형식'은 '구분 기호로 분리됨'을
선택하고 [다음] 버튼을 클릭한다.

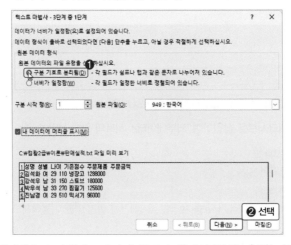

⑤ [텍스트 마법사 – 3단계 중 2단계]에서 '구분 기호'는 '공백'을 체크하고 [다음] 버튼을
클릭한다.

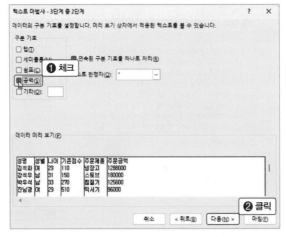

⑥ [텍스트 마법사 – 3단계 중 3단계]에서 [마침] 버튼을 클릭한다.

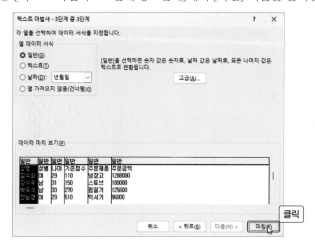

⑦ [데이터 가져오기]에서 '새 워크시트'를 선택하고 [확인] 버튼을 클릭한다.

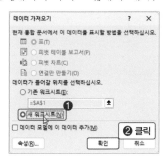

⑧ 삽입된 시트에서 시트 이름을 더블 클릭한 후 **판매실적**을 입력한다.
⑨ '판매실적' 시트를 선택한 후 '외부데이터2' 시트 뒤로 드래그한다.

풀이결과

	A	B	C	D	E	F	G
1	성명	성별	나이	기존점수	주문제품	주문금액	
2	김석화	여	29	110	냉장고	1288000	
3	강석우	남	31	150	스토브	180000	
4	박우석	남	33	270	찜질기	125600	
5	진남경	여	29	510	믹서기	96000	
6	우경하	여	33	1200	토스터	35000	
7							

▲ '판매실적(결과)' 시트

출제유형 ③ **'외부데이터3' 시트에 다음의 지시사항을 처리하시오.**

다음의 텍스트 파일을 열고, 생성된 데이터를 '외부데이터3' 시트의 [A1:D12] 영역에 붙여 넣으시오.

- ▶ 외부 데이터 파일명은 '신입사원현황.txt'임
- ▶ 외부 데이터는 탭으로 구분되어 있음
- ▶ 범위로 변환하여 표시하시오.

① [A1] 셀을 선택하고 [데이터]-[데이터 가져오기 및 변환] 그룹의 [텍스트/CSV]를 클릭한 후 '2025컴활2급₩이론' 폴더에서 '신입사원현황.txt' 파일을 선택하고 [가져오기]를 클릭한다.

② 구분 기호(탭)을 선택하고 [로드]-[다음으로 로드]를 클릭한다.

③ [데이터 가져오기]에서 '기존 워크시트'의 [A1] 셀을 선택하고 [확인]을 클릭한다.

④ [테이블 디자인]-[도구] 그룹에서 [범위로 변환]을 클릭한다.

⑤ 메시지에서 [확인]을 클릭한다.

	A	B	C	D	E
1	출신지역	이름	나이	성별	
2	서울	최보라	26	여	
3	부산	임미나	23	여	
4	경기	윤지덕	25	남	
5	충청	추하영	22	여	
6	강원	지영은	21	여	
7	제주	김영찬	25	남	
8	전라	안광식	26	남	
9	대구	유호경	27	남	
10	인천	이청우	28	여	
11	대전	김미나	29	여	
12	광주	심재훈	24	남	
13					

▲ '외부데이터3(결과)' 시트

그림 복사/붙여넣기/연결하여 붙여넣기

▶ 합격 강의

난 이 도 상 ⑤ 하
반복학습 ① ② ③

작업파일 [2025컴활2급₩이론] 폴더의 '07그림복사' 파일을 열어서 작업하시오.

출제유형 ❶ '그림1' 시트에서 그림 복사 기능을 이용하여 문제에서 주어진 양식조각으로 다음 그림과 같은 양식을 만드시오.

	A	B	C	D	E	F	G	H	I	J	K
1											
2		작성일	10-Mar			결	담당	대리	부서장	이사	
3		작성자	김유신			재					
4											
5											
6		한 국				미 국			일 본		
7		반도체	상승		반도체	보합		반도체	강세		
8		조선			조선			조선			
9		건설			건설			건설			
10											

▲ '그림1(결과)' 시트

① [H21:I22] 영역을 드래그하여 범위를 지정한 후, [홈]–[클립보드] 그룹의 [복사]를 클릭한다.

② [B2] 셀을 클릭한 후, [홈]–[클립보드] 그룹의 [붙여넣기]–[기타 붙여넣기 옵션]–[그림]을 클릭한다.

ⓑ 기적의 TIP

그림 복사한 후 문제에서 원본을 삭제하라는 언급이 없다면 삭제하지 않는다.

③ [B18:F19] 영역을 드래그하여 범위를 지정한 후, [홈]-[클립보드] 그룹의 [복사]를 클릭한다.

④ [F2] 셀을 선택한 후, [홈]-[클립보드] 그룹의 [붙여넣기]-[기타 붙여넣기 옵션]-[그림]을 클릭한다.

⑤ [D12:L15] 영역을 드래그하여 범위를 지정한 후, [홈]-[클립보드] 그룹의 [복사]를 클릭한다.

⑥ [B6] 셀을 선택한 후, [홈]-[클립보드] 그룹의 [붙여넣기]-[기타 붙여넣기 옵션]-[그림]을 클릭한다.

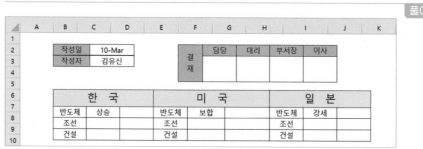

▲ '그림1(결과)' 시트

출제유형 ❷ '그림2' 시트에서 그림 복사 기능을 이용하여 문제에서 주어진 양식조각으로 다음 그림과 같은 양식을 만드시오.

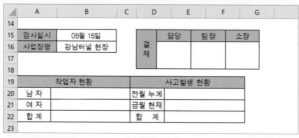

▲ '그림2(결과)' 시트

① [A2:B3] 영역을 드래그하여 범위를 지정한 후, [홈]-[클립보드] 그룹의 [복사]를 클릭한다.

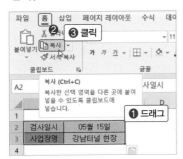

② [A15] 셀을 클릭한 후, [홈]-[클립보드] 그룹의 [붙여넣기]-[기타 붙여넣기 옵션]-[그림]을 클릭한다.

③ [C6:F7] 영역을 드래그하여 범위를 지정한 후, [홈]-[클립보드] 그룹의 [복사](📋)를 클릭한다.

④ [D15] 셀을 선택한 후, [홈]-[클립보드] 그룹의 [붙여넣기]-[기타 붙여넣기 옵션]-[그림]을 클릭한다.

⑤ [G10:J13] 영역을 드래그하여 범위를 지정한 후, [홈]-[클립보드] 그룹의 [복사](📋)를 클릭한다.

⑥ [A19] 셀을 선택한 후, [홈]-[클립보드] 그룹의 [붙여넣기]-[기타 붙여넣기 옵션]-[그림]을 클릭한다.

풀이결과

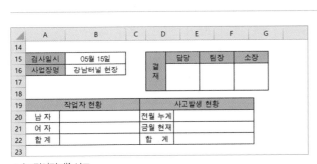

▲ '그림2(결과)' 시트

'그림3' 시트의 [H16:L17] 영역을 복사한 다음 [D4] 셀에 '연결하여 그림 붙여넣기'를 이용하여 붙여 넣으시오.

▶ 단, 원본 데이터는 삭제하지 마시오

① [H16:L17] 영역을 드래그하여 범위를 지정한 후, [홈]–[클립보드] 그룹의 [복사]를 클릭한다.

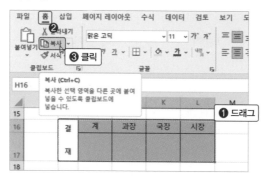

② [D4] 셀을 클릭한 후, [홈]–[클립보드] 그룹의 [붙여넣기]–[기타 붙여넣기 옵션]–[연결된 그림]을 클릭한다.

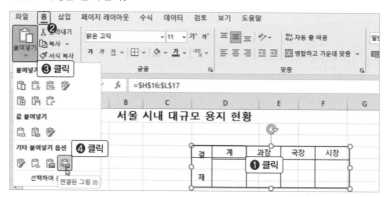

풀이결과

	A	B	C	D	E	F	G
1		서울 시내 대규모 용지 현황					
2							
3							
4				결	계	과장	국장	시장	
5							
6				재			
7							
8		공공용지			민간용지		
9	종류	개소	면적(만 m²)	종류	개소	면적(만 m²)	
10	차량기지, 민자 역사	11	115	공장	24	66	
11	군부대, 공공기관 이전지	27	113	차고지 터미널	10	35	
12	학교, 도서관(미집행)	11	18	유통업무 설비	2	12	
13	기타	8	24	기타	3	11	
14	계	57	270	계	39	124	
15							

▲ '그림3(결과)' 시트

CHAPTER 02

계산작업

5문항의 계산작업 문제가 출제되는데, 자주 출제되는 함수를 파악하여 반복학습과 다양한 형식의 문제를 접해보는 것이 필요합니다. 또한, 2개 이상의 함수가 중첩되어 출제되고 있는데, 각각의 함수가 구하는 값과 필요한 인수가 무엇인지를 파악하면서 연습하면 실전에 도움이 됩니다.

▶ 합격 강의

작업파일 [2025컴활2급₩이론] 폴더의 '08계산작업' 파일을 열어서 작업하시오.

● **산술 연산자 :** 수치 데이터에 대한 사칙 연산을 수행한다.

연산자	기능	연산자	기능	연산자	기능
+	더하기	*	곱하기	^	거듭제곱
−	빼기	/	나누기	%	백분율

● **비교 연산자 :** 데이터의 크기를 비교하여 식이 맞으면 TRUE(참), 그렇지 않으면 FALSE(거짓)로 결과를 표시한다.

연산자	기능	연산자	기능	연산자	기능
〉	크다(초과)	〉=	크거나 같다(이상)	=	같다
〈	작대(미만)	〈=	작거나 같다(이하)	〈 〉	같지 않다.

● **데이터 연결 연산자(&) :** 두 개의 데이터를 하나로 연결하여 표시한다.

수식	결과	수식	결과
="박달"&"나무"	박달나무	=100&"점"	100점

● **상대참조/절대참조 :** 수식에서 다른 셀에 입력된 데이터를 사용할 때 셀 주소를 입력하는 것을 참조라고 한다.

상대참조	수식이 복사되는 위치에 따라 입력된 수식의 참조범위가 자동으로 변경된다.
절대참조	특정 셀을 고정하게 되면 수식을 복사하여도 참조하고 있는 셀이 변경되지 않게 하는 참조 방식으로 F4를 사용하여 $기호를 붙여준다. (예) $F$10)
혼합참조	열 문자와 행 번호 중 하나에만 $기호를 붙여 셀을 참조하는 것으로, $기호가 붙은 부분만 변하지 않는다. (예) $F10, F$10)

출제유형 ① '계산' 시트에 다음의 내용을 계산하시오.

	A	B	C	D	E	F	G	H	I	J
1	[표1]	품목별 판매 현황				[표2]	고공 낙하 회수별 인원			
2	품목명	판매수량	판매금액	이익금액		낙하회수	인원수	누적인원수	누계비율	
3	샤프	327	981,000			3000이상	5	5		
4	연필	370	129,500			1000이상	20	25		
5	만년필	450	2,925,000			500이상	15	40		
6	색연필	900	306,000			100이상	7	47		
7	볼펜	789	173,580			10이상	3	50		
8	플러스펜	670	368,500			합계	50			
9		마진율	25%							
10										
11	[표3]	사원별 수당지급현황					[표4]	펜던트 판매 현황		
12	성명	근무년수	기본급	상여비율	수당		월	판매량	매출총액	
13	홍기재	15	2,550,000	15%			1월	75		
14	이민찬	9	1,500,000	10%			2월	65		
15	가영수	10	2,000,000	12%			3월	56		
16	류민완	8	2,200,000	10%			4월	76		
17	강술래	4	1,300,000	7%			5월	56		
18	추가 상여율		6%				6월	85		
19										
20	[표5]	도서 포인트 관리					단가	할인율		
21	대출자	대출권수	연체권수	포인트 총계			250000	20%		
22	이원섭	50	23							
23	최준기	72	14							
24	구현서	85	29							
25	안유경	15	2							
26	강홍석	78	7							
27	조용욱	56	5							
28	대출포인트		11%							
29	연체포인트		-6%							
30										

▲ '계산' 시트

❶ [표1]에서 이익금액[D3:D8]을 계산하시오.
   ▶ 이익금액 = 판매금액 × 마진율[C9]
❷ [표2]에서 누계비율[I3:I7]을 계산하시오.
   ▶ 누계비율 = 누적인원수 ÷ 합계[G8]
❸ [표3]에서 수당[E13:E17]을 계산하시오.
   ▶ 수당 = 기본급 + 기본급 × (상여비율 + 추가 상여율)
❹ [표4]에서 매출총액[I12:I17]을 계산하시오.
   ▶ 매출총액 = (판매량 × 단가[G20]) × (1 − 할인율[H20])
❺ [표5]에서 대출포인트[C28]와 연체포인트[C29]에 따른 포인트 총계[D22:D27]를 구하시오.
   ▶ 포인트 총계 = 대출권수 × 대출포인트[C28] + 연체권수 × 연체포인트[C29]

① [D3] 셀에 =C3*$C$9를 입력하고 채우기 핸들을 이용하여 [D8] 셀까지 수식을 복사한다.

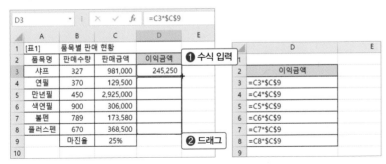

> **🎯 기적의 TIP**
>
> **상대참조**
> 상대참조는 '결과 셀의 위치에 따라 참조할 값의 위치를 바꾼다.'의 의미로, 이익금액 [D3]은 [D3] 셀의 바로 왼쪽에 있는 셀 [C3]을 참조하여 이익금액을 계산한다. [D3] 셀의 수식을 채우기 핸들을 이용하여 [D8] 셀까지 채우면 자동으로 참조하는 셀의 위치도 바뀌게 된다.

> **🎯 기적의 TIP**
>
> **절대참조**
> 절대참조는 '결과 셀의 위치에 따라 참조할 값의 위치가 바뀌지 않는다.'의 의미로 이익금액은 바로 왼쪽의 값을 마진율[C9]로 곱하여 계산한다. 마진율[C9]은 모든 값에 같은 값을 곱하기 때문에 고정된 값으로 절대참조를 해야한다. F4를 눌러 절대참조를 하면 행과 열 값 앞에 $기호가 붙여진다.

> **🎯 기적의 TIP**
>
> **수식 입력 방법**
> ① [D3] 셀을 선택한 후 「=」을 입력
> ② 마우스로 [C3] 셀 클릭
> ③ 「*」을 입력
> ④ 마우스로 [C9] 셀 클릭 후 F4

② [I3] 셀에 =H3/$G$8을 입력하고 채우기 핸들을 이용하여 [I7] 셀까지 수식을 복사한다.

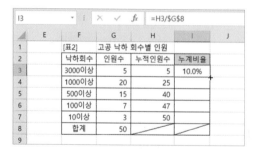

③ [E13] 셀에 =C13+C13*(D13+$C$18)을 입력하고 [E17] 셀까지 수식을 복사한다.
④ [I12] 셀에 =(H12*$G$20)*(1−$H$20)을 입력하고 [I17] 셀까지 수식을 복사한다.
⑤ [D22] 셀에 =B22*$C$28+C22*$C$29를 입력하고 [D27] 셀까지 수식을 복사한다.

	A	B	C	D	E	F	G	H	I	J
1	[표1]	품목별 판매 현황		이익금액		[표2]	고공 낙하 회수별 인원			
2	품목명	판매수량	판매금액	이익금액		낙하회수	인원수	누적인원수	누계비율	
3	샤프	327	981,000	245,250		3000이상	5	5	10.0%	
4	연필	370	129,500	32,375		1000이상	20	25	50.0%	
5	만년필	450	2,925,000	731,250		500이상	15	40	80.0%	
6	색연필	900	306,000	76,500		100이상	7	47	94.0%	
7	볼펜	789	173,580	43,395		10이상	3	50	100.0%	
8	플러스펜	670	368,500	92,125		합계	50			
9		마진율	25%							
10						[표4]	펜던트 판매 현황			
11	[표3]	사원별 수당지급현황					월	판매량	매출총액	
12	성명	근무년수	기본급	상여비율	수당		1월	75	15,000,000	
13	홍기재	15	2,550,000	15%	3,085,500		2월	65	13,000,000	
14	이민찬	9	1,500,000	10%	1,740,000		3월	56	11,200,000	
15	가영수	10	2,000,000	12%	2,360,000		4월	76	15,200,000	
16	류민완	8	2,200,000	10%	2,552,000		5월	56	11,200,000	
17	강술래	4	1,300,000	7%	1,469,000		6월	85	17,000,000	
18		추가 상여율	6%							
19							단가	할인율		
20	[표5]	도서 포인트 관리					250000	20%		
21	대출자	대출권수	연체권수	포인트 총계						
22	이원섭	50	23	4.12						
23	최준기	72	14	7.08						
24	구현서	85	29	7.61						
25	안유경	15	2	1.53						
26	강흥석	78	7	8.16						
27	조용욱	56	5	5.86						
28		대출포인트	11%							
29		연체포인트	-6%							
30										

▲ '계산(결과)' 시트

▶ 합격 강의

작업파일 [2025컴활2급₩이론] 폴더의 '08계산작업' 파일을 열어서 작업하시오.

DSUM	조건에 맞는 데이터의 합계를 구함
DAVERAGE	조건에 맞는 데이터의 평균을 구함
DCOUNT	조건에 맞는 데이터에서 숫자 개수를 구함
DCOUNTA	조건에 맞는 데이터에서 공백이 아닌 데이터의 개수를 구함
DMAX	조건에 맞는 데이터의 최대값을 구함
DMIN	조건에 맞는 데이터의 최소값을 구함
DSTDEV	조건에 맞는 데이터의 표준편차를 구함
DVAR	조건에 맞는 데이터의 분산을 구함

➕ 더 알기 TIP

데이터베이스 함수의 형식

| 형식 | =DSUM(데이터베이스 범위, 필드, 조건 범위)
　　　　　　　　 ①　　　　　 ②　　 ③

① 데이터베이스 범위 : 필드 제목과 데이터로 구성되어 있는 범위
② 필드 : 계산을 수행하고자 하는 필드(열)의 번호(첫 번째 열부터 1로 시작하여 번호가 매겨짐)
　 필드 번호 대신에 필드명의 주소를 지정해도 가능함('5' 대신에 [E2])
③ 조건 범위 : 필드 제목과 조건으로 구성되어 있는 범위

	A	B	C	D	E	F
1	제품 판매 현황					
2	제품분류	품명	판매가	판매량	매출액	❷ 필드
3	화장품	립스틱	13,524	45	608,580	
4	가전제품	면도기	7,200	89	640,800	
5	사무용품	만년필	2,900	230	667,000	
6	사무용품	타자기	18,000	30	540,000	
7	가전제품	선풍기	30,625	120	3,675,000	
8	화장품	비누	2,600	120	312,000	
9	화장품	샴푸	5,460	325	1,774,500	
10	가전제품	전기담요	66,120	60	3,967,200	
11						❶ 데이터베이스 범위
12			제품분류	매출액		
13			가전제품			
14			❸ 조건 범위			

| 예제 | =DSUM(A2:E10,5,D12:D13)

| 결과 | 8,283,000

	A	B	C	D	E	F	G	H	I	J	K	L	M	N	O
1	[표1]	공연 예매 현황							[표2]	영업사원별 판매현황					
2	구분	공연명	공연장	공연료	예매량				지점	사원명	판매량	판매총액			
3	연극	우리상회	호소극장	28,500	1,124				강남	김민서	585	7,020,000			
4	무용	마타하리	무용공간	39,000	1,351				강남	김강후	594	7,128,000			
5	연극	골든타임	상상마당	30,000	1,122				강남	이지우	696	8,352,000			
6	뮤지컬	굿마스크	아트센터	40,000	1,452				강남	강예준	857	10,284,000			
7	무용	바야데르	더홈	45,500	1,753				강북	최건우	584	7,008,000			
8	연극	시크릿	롤링홀	24,500	1,654		<조건>		강북	성우진	429	5,148,000			
9	뮤지컬	라이온킹	놀아트홀	35,800	1,324				강북	신서영	826	9,912,000			
10	무용	돈키호테	수무용	50,000	1,647				강북	이민재	701	8,412,000			
11		무용 예매량 합계								강북 우수사원 판매총액 평균					
12															
13	[표3]	봉사활동 지원 현황							[표4]	스마트폰 가격표					
14	사원명	부서명	사랑의집	나눔의집	평화의집				제품코드	제조회사	저장용량	판매가			
15	장서희	영업부			O				GA-100	상공전자	64GB	945,000			
16	유일우	홍보부	O		O				IP-100	대한전자	32GB	895,000			
17	전지영	기획부		O	O				NO-100	우리전자	64GB	920,000			
18	조규철	기획부		O					IP-200	대한전자	128GB	1,150,000			
19	정종인	영업부	O	O	O				GA-200	상공전자	64GB	980,000			
20	민지혜	홍보부		O					IP-300	대한전자	64GB	900,000			
21	김종욱	홍보부	O		O				NO-300	우리전자	32GB	885,000			
22	이신숙	기획부	O						IP-400	대한전자	64GB	985,000			
23	박en준	홍보부		O	O				GA-300	상공전자	128GB	1,200,000			
24	강지선	영업부			O				NO-400	우리전자	128GB	1,100,000	상공전자 최고-최저가 차이		
25		사랑의집에 지원한 홍보부 사원수							GA-400	상공전자	32GB	900,000			
26															
27	[표5]	경기도 동호회 현황							[표6]	중간고사 성적표					
28	회원명	성별	지역	가입년도					성명	성별	국어	영어	수학	총점	
29	김지인	여	안산	2024					이용해	여	88	89	90	267	
30	조명철	남	수원	2021					왕고집	남	79	85	69	233	
31	최윤희	여	수원	2021					안면상	여	92	90	89	271	
32	원미경	여	시흥	2022					경운기	남	94	95	89	278	
33	황만수	남	안산	2021					김치국	남	86	92	90	268	
34	조현우	남	화성	2024					오지람	여	90	95	92	277	
35	박예진	여	안양	2021					최고운	여	88	84	80	252	
36	유선호	남	안산	2024					남달리	남	77	80	79	236	
37	김환섭	남	화성	2023					오심판	남	80	85	90	255	
38	윤정희	여	수원	2024											
39		안산 회원수										조건에 맞는 학생의 총점 평균			
40															
41															

▲ '데이터베이스' 시트

❶ [표1]에서 구분[A3:A10]이 '무용'인 예매량[E3:E10]의 합계를 계산하여 [E11] 셀에 표시하시오.
   ▸ 조건은 [G9:G10] 영역에 입력
   ▸ 계산된 무용 예매량 합계 뒤에 '매'를 포함하여 표시 [표시 예 : 3매]
   ▸ DSUM, DCOUNT, DAVERAGE 함수 중 알맞은 함수와 & 연산자 사용

❷ [표2]에서 지점[I3:I10]이 "강북"이면서 판매량[K3:K10]이 700 이상인 사원들의 판매총액 [L3:L10] 평균을 [L11] 셀에 계산하시오.
   ▸ 조건은 [M9:N10] 영역에 입력
   ▸ DSUM, DCOUNT, DAVERAGE 함수 중 알맞은 함수 사용

❸ [표3]에서 사랑의 집[C15:C24]에 봉사활동을 지원한 부서[B15:B24] 중 "홍보부"의 사원수를 [E25] 셀에 계산하시오.
   ▸ 조건은 [G24:G25] 영역에 입력
   ▸ DCOUNT, DCOUNTA, DSUM 함수 중 알맞은 함수와 & 연산자 사용
   ▸ 숫자 뒤에 "명"을 표시 [표시 예 : 2명]

❹ [표4]에서 제조회사[J15:J25]가 '상공전자'인 스마트폰의 판매가[L15:L25] 최고와 최저 판매 가의 차이를 [M25] 셀에 계산하시오.
   ▸ DMAX와 DMIN 함수 사용

❺ [표5]에서 지역[C29:C38]이 '안산'인 동호회원수를 [D39] 셀에 계산하시오.
   ▸ DSUM, DCOUNT, DMAX 함수 중 알맞은 함수와 & 연산자 사용
   ▸ 숫자 뒤에 "명"을 표시 [표시 예 : 2명]

🏆 24년 출제

학과가 '정보통신과'에서 평점이 가장 높은 점수와 학과가 '컴퓨터학과'에서 평점이 가장 높은 점수의 평균을 올림하여 소수 이하 1자리까지 표시하시오.
=ROUNDUP(AVERAGE(DMAX(A2:C10,C2,A14:A15), DMAX(A2:C10,C2,A2:A3)), 1)

	A	B	C
1	[표1]		
2	학과	성명	평점
3	컴퓨터학과	유장상	3.45
4	경영학과	김한수	4.02
5	경영학과	한영주	3.67
6	컴퓨터학과	정수연	3.89
7	정보통신과	최강철	3.12
8	정보통신과	오태환	3.91
9	컴퓨터학과	임장미	4.15
10	경영학과	이민호	3.52
11	정보통신과, 컴퓨터학과 최고성적 평균		4.1
12			
13	<조건>		
14	학과		
15	정보통신과		

❻ [표6]에서 성별[J29:J37]이 "남"이면서 영어[L29:L37]가 90 이상이거나 성별[J29:J37]이 "여"이면서 수학[M29:M37]이 90 이상인 학생의 총점[N29:N37]에 대한 평균[L40]을 구하시오.

   ▶ [I39:K41] 영역에 조건 입력

   ▶ DAVERAGE, DSUM, DCOUNTA, DCOUNT 중 알맞은 함수 사용

① [G9:G10] 영역에 그림과 같이 **구분**, **무용**을 차례로 입력한다.

	F	G	H
7			
8		<조건>	
9		구분	
10		무용	
11			

② [E11] 셀에 =DSUM(A2:E10,5,G9:G10)&"매"를 입력한다.

   🔵 함수 설명 **=DSUM(A2:E10,5,G9:G10)&"매"**

[A2:E10] 영역에서 [G9:G10] 영역에 입력된 조건(구분이 '무용')에 만족한 값을 5번째 열(예매량)에서 찾아 합계를 구한 후에 '매'를 붙여서 표시한다.

「=DSUM(A2:E10,E2,G9:G10)&"매"」로 입력해도 된다.

③ [M9:N10] 영역에 그림과 같이 **지점**, **판매량**, **강북**, **>=700**을 차례로 입력한다.

	M	N	O
8			
9	지점	판매량	
10	강북	>=700	
11			

④ [L11] 셀에 =DAVERAGE(I2:L10,4,M9:N10)을 입력한다.

   🔵 함수 설명 **=DAVERAGE(I2:L10,4,M9:N10)**

[I2:L10] 영역에서 [M9:N10] 영역에 입력된 조건(지점이 '강북'이면서 판매량이 700 이상)에 만족한 값을 4번째 열(판매총액)에서 찾아 평균을 구한다.

「=DAVERAGE(I2:L10,L2,M9:N10)」로 입력해도 된다.

⑤ [G24:G25] 영역에 그림과 같이 **부서명**, **홍보부**를 차례로 입력한다.

	F	G	H
23			
24		부서명	
25		홍보부	
26			

수식을 작성한 후 수식을 복사할 때 공통으로 참조하는 영역은 절대참조를 반드시 해야 한다. 단, 수식을 하나의 셀만 작성한다면, 절대참조를 해도 되고, 안해도 결과에는 영향을 주지 않는다.

📘 기적의 TIP

데이터베이스 함수는 제목 행을 포함해서 범위를 지정한다.
=DSUM(제목 행을 포함한 범위, 합계를 구할 필드 위치, 제목을 포함한 조건)

기적의 TIP

DCOUNT와 DCOUNTA 함수의 차이는 개수를 구할 때, 숫자가 입력된 필드를 이용할 때에는 DCOUNT, 숫자가 입력된 필드가 없어 문자가 입력된 필드를 이용할 때에는 DCOUNTA 함수를 이용한다.

⑥ [E25] 셀에 =DCOUNTA(A14:E24,3,G24:G25)&"명"을 입력한다.

> **함수 설명** =DCOUNTA(A14:E24,3,G24:G25)&"명"
>
> [A14:E24] 영역에서 [G24:G25] 영역에 입력된 조건(부서명이 '홍보부')에 만족한 값을 3번째 열(사랑의 집)에서 찾아 개수를 구한 후에 '명'을 붙여서 표시한다.
>
> 「=DCOUNTA(A14:E24,C14,G24:G25)&"명"」로 입력해도 된다.

⑦ [M25] 셀에 =DMAX(I14:L25,4,J14:J15)−DMIN(I14:L25,4,J14:J15)을 입력한다.

> **함수 설명** =DMAX(I14:L25,4,J14:J15)−DMIN(I14:L25,4,J14:J15)
>
> [I14:L25] 영역에서 [J14:J15] 영역에 입력된 조건(제조회사가 '상공전자')에 만족한 값을 4번째 열(판매가)에서 찾아 최대값을 구한 후에 다시 최소값을 구하여 차액을 구한다.
>
> 「=DMAX(I14:L25,L14,J14:J15)−DMIN(I14:L25,L14,J14:J15)」로 입력해도 된다.

⑧ [D39] 셀에 =DCOUNT(A28:D38,4,C28:C29)&"명"을 입력한다.

> **함수 설명** =DCOUNT(A28:D38,4,C28:C29)&"명"
>
> [A28:D38] 영역에서 [C28:C29] 영역에 입력된 조건(지역이 '안산')에 만족한 값을 4번째 열(가입년도)에서 찾아 개수를 구한 후에 '명'을 붙여서 표시한다.
>
> 「=DCOUNT(A28:D38,D28,C28:C29)&"명"」로 입력해도 된다.

⑨ [I39:K41] 영역에 그림과 같이 **성별, 영어, 수학, 남, >=90, 여, >=90**을 차례로 입력한다.

H	I	J	K
38			
39	성별	영어	수학
40	남	>=90	
41	여		>=90
42			

⑩ [L40] 셀에 =DAVERAGE(I28:N37,6,I39:K41)을 입력한다.

> **함수 설명** =DAVERAGE(I28:N37,6,I39:K41)
>
> [I28:N37] 영역에서 [I39:K41] 영역에 입력된 조건(성별이 '남'이면서 영어가 90 이상이거나 성별이 '여'이면서 수학이 90 이상)에 만족한 값을 6번째 열(총점)에서 찾아 평균을 구한다.
>
> 「=DAVERAGE(I28:N37,N28,I39:K41)」로 입력해도 된다.

[표1] 공연 예매 현황

구분	공연명	공연장	공연료	예매량
연극	우리상회	호소극장	28,500	1,124
무용	마타하리	무용공간	39,000	1,351
연극	골든타임	상상마당	30,000	1,122
뮤지컬	굿마스크	아트센터	40,000	1,452
무용	바야데르	더춤	45,500	1,753
연극	시크릿	롤링홀	24,500	1,654
뮤지컬	라이온킹	늘아트홀	35,800	1,324
무용	돈키호테	수무용	50,000	1,647
무용 예매량 합계				4751매

<조건>
구분
무용

[표2] 영업사원별 판매현황

지점	사원명	판매량	판매총액
강남	김민서	585	7,020,000
강남	김강후	594	7,128,000
강남	이지우	696	8,352,000
강남	강예준	857	10,284,000
강북	최건우	584	7,008,000
강북	성우진	429	5,148,000
강북	신서영	826	9,912,000
강북	이민재	701	8,412,000
강북 우수사원 판매총액 평균			9,162,000

지점	판매량
강북	>=700

[표3] 봉사활동 지원 현황

사원명	부서명	사랑의집	나눔의집	평화의집
장서희	영업부	O		O
유일우	홍보부	O	O	
전지영	기획부		O	O
조규철	기획부	O	O	O
정종인	영업부	O	O	O
민지혜	홍보부		O	
김종욱	홍보부	O		O
이신숙	기획부	O		
박원준	홍보부		O	O
강지선	영업부	O		O
사랑의집에 지원한 홍보부 사원수				2명

[표4] 스마트폰 가격표

제품코드	제조회사	저장용량	판매가
GA-100	상공전자	64GB	945,000
IP-100	대한전자	32GB	895,000
NO-100	우리전자	64GB	920,000
IP-200	대한전자	128GB	1,150,000
GA-200	상공전자	64GB	980,000
IP-300	대한전자	64GB	900,000
NO-300	우리전자	32GB	885,000
IP-400	대한전자	64GB	985,000
GA-300	상공전자	128GB	1,200,000
NO-400	우리전자	128GB	1,100,000
GA-400	상공전자	32GB	900,000

부서명
홍보부

상공전자 최고-최저가 차이
300,000

[표5] 경기도 동호회 현황

회원명	성별	지역	가입년도
김지인	여	안산	2024
조명철	남	수원	2021
최윤희	여	수원	2021
원미경	여	시흥	2022
황만수	남	안산	2021
조현우	남	화성	2024
박예진	여	안양	2021
유선호	남	안산	2024
김환섭	남	화성	2023
윤정희	여	수원	2024
안산 회원수			3명

[표6] 중간고사 성적표

성명	성별	국어	영어	수학	총점
이용해	여	88	89	90	267
왕고집	남	79	85	69	233
안면상	여	92	90	89	271
경운기	남	94	95	89	278
김치국	남	86	92	90	268
오지람	여	90	95	92	277
최고운	여	88	84	80	252
남달리	남	77	80	79	236
오심판	남	80	85	90	255

성별	영어	수학	조건에 맞는 학생의 총점 평균
남	>=90		272.5
여		>=90	

▲ '데이터베이스(결과)' 시트

수학과 삼각 함수

▶ 합격 강의

난 이 도 ⑤ 중 하
반복학습 ① ② ③

작업파일 [2025컴활2급₩이론] 폴더의 '08계산작업' 파일을 열어서 작업하시오.

01 총합(SUM)을 구한다.

SUM(인수1, 인수2, …) : 인수들의 합을 구함
예제 =SUM(1,2,3)   결과 6

02 반올림(ROUND), 올림(ROUNDUP), 내림(ROUNDDOWN)을 한다.

ROUND(인수, 자릿수) : 지정된 자릿수로 반올림한 숫자를 구함
예제 =ROUND(3.14156,2)   결과 3.14

ROUNDUP(인수, 자릿수) : 지정된 자릿수로 올림한 숫자를 구함
예제 =ROUNDUP(3.14456,2)   결과 3.15

ROUNDDOWN(인수, 자릿수) : 지정된 자릿수로 내림한 숫자를 구함
예제 =ROUNDDOWN(3.14956,2)   결과 3.14

반올림할 자릿수	의미	함수식	결과
1	소수 첫째 자리까지 표시	=ROUND(3856.578,1)	3856.6
2	소수 둘째 자리까지 표시	=ROUND(3856.578,2)	3856.58
0	정수로 표시	=ROUND(3856.578,0)	3857
−1	일의 자리에서 반올림	=ROUND(3856.578,−1)	3860
−2	십의 자리에서 반올림	=ROUND(3856.578,−2)	3900

03 조건에 맞는 값의 총합(SUMIF)을 구한다.

SUMIF(범위, 조건, 합계범위) : 범위에서 조건을 검사하여 합계범위에 해당하는 셀 합계를 구함
예제 =SUMIF(A1:A10,">=40",C1:C10)
결과 [A1:A10] 영역에서 40 이상의 데이터를 찾아 [C1:C10] 영역에 대응하는 값의 합계를 구함

04 절대값(ABS)을 구한다.

ABS(숫자) : 절대값을 구함
예제 =ABS(−2009)   결과 2009

⑤ 나눗셈의 나머지(MOD)를 구한다.

MOD(인수, 제수) : 인수를 제수로 나눈 결과의 나머지를 구함

[예제] =MOD(4,2) [결과] 0

⑥ 소수 부분을 버리고 정수(TRUNC, INT)로 한다.

TRUNC(인수, [자릿수]) : 인수에서 자릿수 이하는 버림

[예제] =TRUNC(−4.5) [결과] −4

INT(인수) : 인수를 넘지 않는 가장 가까운 정수를 구함

[예제] =INT(−4.5) [결과] −5

⑦ 거듭제곱승(POWER)을 구한다.

POWER(인수1, 인수2) : 인수1을 인수2만큼 거듭제곱한 값을 구함

[예제] =POWER(2,4) [결과] 16(=2×2×2×2)

⑧ 0~1 사이의 난수(RAND)를 발생시킨다.

RAND( ) : 0 이상 1 미만인 난수를 구함

[예제] =RAND( ) [결과] 0.700791(이 값은 실행할 때마다 다름)

⑨ 지정한 두 수 사이의 난수(RANDBETWEEN)를 반환한다.

RANDBETWEEN(가장 작은 정수, 가장 큰 정수) : 가장 작은 정수와 가장 큰 정수 사이의 난수를 구함

[예제] =RANDBETWEEN(1,10) [결과] 7(이 값은 실행할 때마다 다름)

⑩ 여러 조건을 만족하는 셀(SUMIFS)을 더한다.

SUMIFS(합계를 구할 범위, 조건 범위1, 조건1, 조건 범위2, 조건2, ...) : 여러 조건에 만족하는 셀의 합계를 구함

[예제] =SUMIFS(A1:A20, B1:B20, ")0", C1:C20, "(10")

[결과] [B1:B20] 영역의 숫자가 0보다 크고, [C1:C20] 영역의 숫자가 10보다 작은 경우에 [A1:A20] 영역에서 합계를 구함

기적의 TIP

수식을 작성한 후에 복사하여 '골드', '일반', 'VIP'의 합계를 구하기 위해서 공통부분인 [A3:A11], [B3:B11]은 F4 키를 눌러 절대참조를 하여 수식을 작성한다.

24년 출제

SUMIF 함수에 절대참조 이용하여 계산

예) 등급별 구입총액의 합계를 SUMIF 함수를 이용하여 계산하시오.

〈풀이〉

[E9] 셀에 「=SUMIF($A$3:$A$11,D9,$B$3:$B$11)」을 입력하고 [E11] 셀까지 수식 복사

	A	B	C	D	E	F	G	H	I	J	K	L	M	N
1	[표1]	아파트 당첨현황					[표2]	제품 판매 현황						
2	분양구분	추첨자	최저층	최고층	당첨층수		구분	제품명	판매가	판매량	판매총액			
3	조합원	한국민	5	25			미술	붓	2,800	62	173,600			
4	조합원	조윤아	5	25			음악	멜로디언	15,600	28	436,800			
5	조합원	이희선	5	25			체육	훌라후프	4,500	57	256,500			
6	조합원	김지영	5	25			음악	탬버린	5,600	65	364,000			
7	조합원	김석준	5	25			미술	파스텔	6,500	48	312,000			
8	일반분양	이가인	1	25			체육	축구공	12,500	65	812,500			
9	일반분양	권성철	1	25			음악	리코더	8,300	27	224,100			
10	일반분양	안덕성	1	25			체육	줄넘기	7,200	65	468,000			
11	일반분양	오연주	1	25			미술	물감	6,300	45	283,500			
12	일반분양	김도연	1	25			음악용품 판매총액 합계							
13														
14	[표3]	고객별 구입 현황					[표4]	영화예매 현황						
15	고객명	성별	등급	구입수량	구입총액		영화명	장르	관람등급	누적 예매량	일간			
16	허영욱	남	골드	4	1,208,000		생일	드라마	전체	414,603	39,139			
17	최주원	여	일반	9	2,214,000		샤잠	판타지	12세이상	529,541	28,880			
18	이수학	남	골드	5	1,425,000		돈	범죄	15세이상	3,144,537	27,171			
19	안혜경	여	골드	1	265,000		어스	스릴러	15세이상	1,363,686	19,120			
20	김신성	남	VIP	4	1,168,000		장난스런 키스	로맨스	12세이상	328,043	9,255			
21	양의정	여	일반	5	1,500,000		캡틴 마블	액션	12세이상	5,656,789	6,842			
22	김태희	여	일반	9	2,493,000		한강에게	드라마	15세이상	1,578	128			
23	선기섭	남	일반	4	1,020,000		댐보	판타지	전체	298,095	1,842			
24	정신영	여	VIP	7	1,967,000		러브리스	드라마	15세이상	983	151	드라마-15세이상 일간 합계		
25	구입빈도 높은 고객의 구입총액 합계						콜레트	드라마	15세이상	36,253	1,029			
26														

▲ '수학삼각1' 시트

❶ [표1]에서 최저층[C3:C12]과 최고층[D3:D12]을 이용하여 추첨자별 당첨층수[E3:E12]를 계산하시오.
   ▶ 당첨층수 뒤에 "층"을 표시 [표시 **예** : 12층]
   ▶ RANDBETWEEN 함수와 & 연산자 사용

❷ [표2]에서 구분[G3:G11]이 '음악'인 제품들의 판매총액[K3:K11] 합계를 계산하여 [K12] 셀에 표시하시오.
   ▶ 판매총액 합계는 백의 자리는 올림하여 천의 자리까지 표시
     [표시 **예** : 12,300 → 13,000]
   ▶ ROUNDUP과 SUMIF 함수 사용

❸ [표3]의 구입수량[D16:D24]에서 가장 높은 빈도를 가진 고객들의 구입총액[E16:E24] 합계를 [E25] 셀에 계산하시오.
   ▶ SUMIF와 MODE.SNGL 함수 사용

❹ [표4]에서 장르[H16:H25]가 "드라마"이면서 관람등급[I16:I25]이 "15세이상"인 영화들의 일간 [K16:K25] 합계를 계산하여 [L25] 셀에 표시하시오.
   ▶ 숫자 뒤에 "만원"을 표시 [표시 **예** : 123만원]
   ▶ COUNTIFS, SUMIFS, AVERAGEIFS 중 알맞은 함수와 & 연산자 사용

🅑 기적의 TIP

RANDBETWEEN 함수는 임의의 수를 구하는 함수이기 때문에 정답과 결과가 다를 수 있다. 또한, 실습할 때마다 결과도 다르다.

① [E3] 셀에 =RANDBETWEEN(C3,D3)&"층"을 입력한 후 [E12] 셀까지 수식을 복사한다.

🔵 함수 설명 =RANDBETWEEN(C3,D3)&"층"
가장 작은 정수값[C3]과 가장 큰 정수값[D3] 사이의 난수를 반환한다.

② [K12] 셀에 =ROUNDUP(SUMIF(G3:G11, "음악",K3:K11),−3)을 입력한다.

=SUMIF(조건을 찾을 범위, 조건, 합계를 구할 범위)

함수 설명 =ROUNDUP(SUMIF(G3:G11,"음악",K3:K11),−3)
　　　　　　　　　　　　　 ①

① SUMIF(G3:G11,"음악",K3:K11) : 구분 [G3:G11] 영역에서 '음악'을 판매총액 [K3:K11] 영역에서 음악과 같은 행에 해당 값을 찾아 합계를 구한다.
=ROUNDUP(①,−3) : ①의 값을 백의 자리에서 올림하여 표시한다.

③ [E25] 셀에 =SUMIF(D16:D24,MODE.SNGL(D16:D24),E16:E24)를 입력한다.

=ROUNDUP(숫자, 자릿수)
자릿수(올림하여 표시)
−1 : 11111 → 11120
−2 : 11111 → 11200
−3 : 11111 → 12000

함수 설명 =SUMIF(D16:D24,MODE.SNGL(D16:D24),E16:E24)
　　　　　　　　　　　　①

① MODE.SNGL(D16:D24) : 구입수량 [D16:D24] 영역에서 빈도수가 높은 숫자를 구한다. 4는 3번, 9와 5는 2번, 1과 7은 한 번으로 빈도수가 높은 숫자는 '4'가 된다.
=SUMIF(D16:D24,①,E16:E24) : 구입수량 [D16:D24] 영역에서 '4'에 해당한 값을 찾고 구입총액 [E16:E24] 영역에서 4와 같은 행에 해당 값을 찾아 합계를 구한다.

④ [L25] 셀에 =SUMIFS(K16:K25,H16:H25, "드라마",I16:I25, "15세이상")&"만원"을 입력한다.

=SUMIFS(합계를 구할 범위, 조건을 찾을 범위1, 조건1, 조건을 찾을 범위2, 조건2, ...)

함수 설명 =SUMIFS(K16:K25,H16:H25,"드라마",I16:I25,"15세이상")&"만원"
일간 [K16:K25] 영역은 합계를 구할 범위
장르 [H16:H25] 영역에서 '드라마'이고, 관람등급 [I16:I25]에서 '15세 이상' 조건을 찾아 조건에 만족한 자료의 일간 [K16:K25] 영역의 값 합계를 구한 후에 '만원'을 붙여서 표시한다.

풀이결과

	A	B	C	D	E	F	G	H	I	J	K	L	M	N
1	[표1]	아파트 당첨현황					[표2]	제품 판매 현황						
2	분양구분	추첨자	최저층	최고층	당첨층수		구분	제품명	판매가	판매량	판매총액			
3	조합원	한국민	5	25	10층		미술	붓	2,800	62	173,600			
4	조합원	조윤아	5	25	20층		음악	멜로디언	15,600	28	436,800			
5	조합원	이희선	5	25	15층		체육	콜라후프	4,500	57	256,500			
6	조합원	김지영	5	25	6층		음악	탬버린	5,600	65	364,000			
7	조합원	김석준	5	25	12층		미술	파스텔	6,500	48	312,000			
8	일반분양	이가인	1	25	14층		체육	축구공	12,500	65	812,500			
9	일반분양	권성철	1	25	12층		음악	리코더	8,300	27	224,100			
10	일반분양	안덕성	1	25	10층		체육	줄넘기	7,200	65	468,000			
11	일반분양	오연주	1	25	1층		미술	물감	6,300	45	283,500			
12	일반분양	김도연	1	25	14층			음악용품 판매총액 합계			1,025,000			
13														
14	[표3]	고객별 구입 현황					[표4]	영화예매 현황						
15	고객명	성별	등급	구입수량	구입총액		영화명	장르	관람등급	누적 예매량	일간			
16	허영옥	남	골드	4	1,208,000		생일	드라마	전체	414,603	39,139			
17	최주원	여	일반	9	2,214,000		샤잠	판타지	12세이상	529,541	28,880			
18	이수학	남	골드	5	1,425,000		돈	범죄	15세이상	3,144,537	27,171			
19	안혜정	여	골드	1	265,000		어스	스릴러	15세이상	1,363,686	19,120			
20	김신성	남	VIP	4	1,168,000		장난스런 키스	로맨스	12세이상	328,043	9,255			
21	양의정	여	일반	9	1,500,000		캡틴 마블	액션	12세이상	5,656,789	6,842			
22	김태희	여	일반	9	2,493,000		한강예게	드라마	15세이상	1,578	128			
23	선기섭	남	일반	4	1,020,000		템북	판타지	전체	298,095	1,842			
24	정신영	여	VIP	7	1,967,000		러브리스	드라마	15세이상	983	151	드라마-15세이상 일간 합계		
25		구입빈도 높은 고객의 구입총액 합계			3,396,000		콜레트	드라마	15세이상	36,253	1,029	1308만원		
26														

▲ '수학삼각1(결과)' 시트

출제유형 ❶ '수학삼각2' 시트에 다음의 문제를 처리하시오.

	A	B	C	D	E	F	G	H	I	J	K
1	[표1]						[표2]	과일출고현황			
2	학과	성명	생년월일	평점			과일명	총개수	상자당개수	상자(나머지)	
3	컴퓨터학과	유창상	2004-10-20	3.45			파인애플	329	25		
4	경영학과	김현수	2005-03-02	4.02			키위	574	45		
5	경영학과	한경수	2006-08-22	3.67			자몽	346	30		
6	컴퓨터학과	정수연	2005-01-23	3.89			사과	618	50		
7	정보통신과	최경철	2004-05-12	3.12			석류	485	35		
8	정보통신과	오태환	2003-07-05	3.91	<조건>		복숭아	507	35		
9	컴퓨터학과	임장미	2006-10-26	4.15			귤	597	40		
10	경영학과	이민호	2005-06-27	3.52			자두	605	45		
11	정보통신과 평균 평점						오렌지	535	30		
12											
13	[표3]	국내출장비 지급현황					[표4]	예선 결과표			
14	성명	출장지	교통비	숙박비	출장비합계		응시번호	1차	2차	점수차이	
15	최준기	대구	35,000	150,000			14001	94	92		
16	김문환	대전	32,000	170,000			14002	81	76		
17	송준호	광주	39,000	120,000			14003	82	55		
18	전광일	제주	78,000	210,000			14004	80	86		
19	정태은	철원	72,000	110,000			14005	75	79		
20	지명섭	영월	68,000	150,000			14006	91	88		
21											

▲ '수학삼각2' 시트

❶ [표1]에서 학과[A3:A10]가 '정보통신과'인 학생들의 평점에 대한 평균을 [D11] 셀에 계산하시오.
- ▶ 평균은 소수점 이하 셋째자리에서 반올림하여 둘째자리까지 표시
  [표시 **예**] : 3.5623 → 3.56]
- ▶ 조건은 [E9:E10] 영역에 입력하시오.
- ▶ DAVERAGE, ROUND 함수 사용

❷ [표2]에서 과일별 총개수[H3:H11]를 상자당개수[I3:I11]로 나눠 상자(몫)수와 나머지를 구하여 상자(나머지)[J3:J11]에 표시하시오.
- ▶ 상자(몫)수와 나머지 표시 방법 : 상자(몫)수가 10이고, 나머지가 4 → 10(4)
- ▶ INT, MOD 함수와 & 연산자 사용

❸ [표3]에서 교통비[C15:C20], 숙박비[D15:D20]의 합계를 구하여 출장비합계[E15:E20] 영역에 표시하시오.
- ▶ 출장비합계는 천의 자리에서 내림하여 만 단위까지 표시
  [표시 **예**] : 123859 → 120000]
- ▶ SUM과 ROUNDDOWN 함수 사용

❹ [표4]에서 1차[H15:H20], 2차[I15:I20]의 차이를 구하여 절대값으로 점수차이[J15:J20] 영역에 표시하시오.
- ▶ 점수차이 : 1차 − 2차
- ▶ ABS 함수 사용

① [E9:E10] 영역에 그림과 같이 **학과, 정보통신과**를 차례로 입력한다.

	E	F
7		
8	<조건>	
9	학과	
10	정보통신과	
11		입력

② [D11] 셀에 =ROUND(DAVERAGE(A2:D10,D2,E9:E10),2)를 입력한다.

> **◎ 함수 설명** =ROUND(DAVERAGE(A2:D10,D2,E9:E10),2)
>   ①
> ① DAVERAGE(A2:D10,D2,E9:E10) : [A2:D10] 영역에서 [E9:E10] 영역에 입력된 조건(학과가 '정보통신
>   과')에 만족한 값을 D열(평점)에서 찾아 평균을 구한다.
> =ROUND(①,2) : ①의 값을 소수 이하 2자리까지 표시한다.

③ [J3] 셀에 =INT(H3/I3)&"("&MOD(H3,I3)&")"를 입력한 후 [J11] 셀까지 수식을 복사
한다.

> **◎ 함수 설명** =INT(H3/I3)&"("&MOD(H3,I3)&")"
>   ①   ②
> ① INT(H3/I3) : [H3] 값을 [I3]으로 나누어 값(몫)을 정수로 구한다.
> ② MOD(H3,I3) : [H3] 값을 [I3]으로 나눈 나머지를 구한다.
> =①&"("&②&")" : 몫(나머지) 형식으로 ( )를 표시한다.

④ [E15] 셀에 =ROUNDDOWN(SUM(C15:D15),-4)를 입력한 후 [E20] 셀까지 수식을
복사한다.

> **◎ 함수 설명** =ROUNDDOWN(SUM(C15:D15),-4)
>   ①
> ① SUM(C15:D15) : [C15:D15] 영역의 합계를 구한다.
> =ROUNDDOWN(①,-4) : ①의 값을 천의 자리에서 내림한다.

⑤ [J15] 셀에 =ABS(H15-I15)를 입력한 후 [J20] 셀까지 수식을 복사한다.

> **◎ 함수 설명** ==ABS(H15-I15)
> [H15]에서 [I15]의 값을 뺀 차이값을 부호를 뺀 절대값만 표시한다.

풀이결과

	A	B	C	D	E	F	G	H	I	J	K
1	[표1]						[표2]	과일출고현황			
2	학과	성명	생년월일	평점			과일명	총개수	상자당개수	상자(나머지)	
3	컴퓨터학과	유창상	2004-10-20	3.45			파인애플	329	25	13(4)	
4	경영학과	김현수	2005-03-02	4.02			키위	574	45	12(34)	
5	경영학과	한경수	2006-08-22	3.67			자몽	346	30	11(16)	
6	컴퓨터학과	정수연	2005-01-23	3.89			사과	618	50	12(18)	
7	정보통신과	최경철	2004-05-12	3.12			석류	485	35	13(30)	
8	정보통신과	오태환	2003-07-05	3.91		<조건>	복숭아	507	35	14(17)	
9	컴퓨터학과	임장미	2006-10-26	4.15		학과	귤	597	40	14(37)	
10	경영학과	이민호	2005-06-27	3.52		정보통신과	자두	605	45	13(20)	
11	정보통신과 평균 평점			3.52			오렌지	535	30	17(25)	
12											
13	[표3]		국내출장비 지급현황				[표4]	예선 결과표			
14	성명	출장지	교통비	숙박비	출장비합계		응시번호	1차	2차	점수차이	
15	최준기	대구	35,000	150,000	180,000		14001	94	92	2	
16	김문환	대전	32,000	170,000	200,000		14002	81	76	5	
17	송준호	광주	39,000	120,000	150,000		14003	82	55	27	
18	전광일	제주	78,000	210,000	280,000		14004	80	86	6	
19	정태은	철원	72,000	110,000	180,000		14005	75	79	4	
20	지명섭	영월	68,000	150,000	210,000		14006	91	88	3	
21											

▲ '수학삼각2(결과)' 시트

통계 함수

▶ 합격 강의

난 이 도 상 (중) 하
반복학습 1 2 3

작업파일 [2025컴활2급₩이론] 폴더의 '08계산작업' 파일을 열어서 작업하시오.

---

01 평균값(AVERAGE, AVERAGEA)을 구한다.

AVERAGE(인수1, 인수2, …) : 인수들의 평균값을 구함

예제 =AVERAGE(10,20,30)   결과 20

AVERAGEA(인수1, 인수2, …) : 문자열이나 논리값 등이 있는 인수에서 평균값을 구함

예제 =AVERAGEA(80,25,45,70,TRUE)   결과 44.2(TRUE를 포함하여 평균을 구함)

02 최대값(MAX), 최소값(MIN)을 구한다.

MAX(인수1, 인수2, …) : 인수 목록 중 최대값을 구함

예제 =MAX(10,20,30)   결과 30

MIN(인수1, 인수2, …) : 인수 목록 중 최소값을 구함

예제 =MIN(10,20,30)   결과 10

03 데이터 범위에서 몇 번째 큰 값(LARGE), 작은 값(SMALL)을 구한다.

LARGE(배열, K) : 배열에서 K번째로 큰 값을 구함

예제 =LARGE(A1:A10,3)

결과 [A1:A10] 영역의 데이터에서 3번째로 큰 값을 구함

SMALL(배열, K) : 배열에서 K번째로 작은 값을 구함

예제 =SMALL(A1:A10,3)

결과 [A1:A10] 영역의 데이터에서 3번째로 작은 값을 구함

04 수치의 순위(RANK.EQ)를 구한다.

RANK.EQ(값, 참조 영역, [순위 결정 방법]) : 참조 영역 중에서 순위를 구함(순위가 같으면 값 집합에서 가장 높은 순위가 반환 됨)

옵션 순위 결정 방법
0 이나 생략 : 내림차순(큰 숫자가 1등) / 0이 아닌 값 : 오름차순(작은 숫자가 1등)

예제 =RANK.EQ(D3,$D$3:$D$9)

결과 [D3] 셀이 [D3:D9] 영역에서 순위를 구함(공동 1등일 때 둘 다 1로 반환)

🏆 24년 출제

수행평가1~3의 평균이 1이면 'F', 2이면 'C', 3이면 'B', 4이면 'A'로 비고에 표시하시오.

=CHOOSE(INT(AVERAGE(B3:D3)),"F","C","B","A")

	A	B	C	D	E
1	[표1]				
2	성명	수행평가1	수행평가2	수행평가3	비고
3	김미영	3.8	2.5	3.1	B
4	서진수	4.1	3.5	4.9	A
5	박주영	3.4	3.9	2.5	B
6	윤영현	2.5	2.9	2.1	C
7	오선영	1.9	2.4	0.5	F
8	박진희	4.5	4.1	4.5	A
9	편승수	2.7	2.5	1.5	C
10	국나래	1.8	1.4	1.5	F
11	도룡진	2.5	2.5	1.8	C

🏆 24년 출제

평균의 순위가 1등이면 '100%', 2등이면 '90%', 3등이면 '80%', 그 외는 공백으로 표시하시오.

=CHOOSE(RANK.EQ(B3,$B$3:$B$7,0),"100%","90%","80%","","")

	A	B	C
1	[표1]		
2	이름	평균	비고
3	김민서	585	
4	김강후	594	80%
5	이지우	696	90%
6	강예준	857	100%
7	최건우	584	

05 표본의 분산(VAR.S), 표준편차(STDEV.S)를 구한다.

VAR.S(표본의 범위) : 표본의 분산을 구함

예제 =VAR.S(A1:A5)　　　　　　　　결과 [A1:A5] 영역의 분산을 구함

STDEV.S(표본의 범위) : 표본의 표준편차를 구함

예제 =STDEV.S(A1:A5)　　　　　　　결과 [A1:A5] 영역의 표준편차를 구함

06 수치 데이터 개수(COUNT), 공백이 아닌 개수(COUNTA), 공백 셀의 개수 (COUNTBLANK)를 구한다.

COUNT(인수1, 인수2, …) : 인수 목록들에 숫자가 들어 있는 개수를 구함

예제 =COUNT(10,20,30)　　　　　　결과 3

COUNTA(인수1, 인수2, …) : 공백을 제외한 자료의 개수를 구함

예제 =COUNTA(가,나,다)　　　　　　결과 3

COUNTBLANK(범위) : 범위에서 공백인 셀의 개수를 구함

예제 =COUNTBLANK(B3:B10)　　　　결과 [B3:B10] 영역에서 공백의 개수를 구함

07 조건에 맞는 셀의 개수(COUNTIF)를 구한다.

COUNTIF(조건 범위, 조건) : 지정한 범위에서 조건에 맞는 셀의 개수를 구함

예제 =COUNTIF(A1:A10,"영진")

결과 [A1:A10] 영역에서 "영진" 문자열이 입력된 셀의 개수를 구함

08 중간값(MEDIAN)을 구한다.

MEDIAN(인수1, 인수2, …) : 인수들의 중간값을 구함

예제 =MEDIAN(10,15,20,30,35)　　　결과 20

09 최빈값(MODE.SNGL)을 구한다.

MODE.SNGL(인수1, 인수2, …) : 숫자들 중 가장 많이 나오는 최빈값을 구함

예제 =MODE.SNGL(10,20,40,40,40)　　결과 40

10 조건을 만족하는 모든 셀의 평균(AVERAGEIF)을 반환한다.

AVERAGEIF(범위, 조건, 평균을 구할 범위) : 조건을 만족하는 모든 셀의 평균을 구함

예제 =AVERAGEIF(A2:A5,")250000",B2:B5)

결과 [A2:A5] 영역에서 250,000보다 큰 데이터의 [B2:B5] 영역에서 평균을 구함

> **기적의 TIP**
>
> **분산과 표준편차**
> 평균이나 중간값은 데이터의 중심을 표현하는데 사용하는 값이라면, 분산과 표준편차는 데이터가 얼마나 넓게 퍼져있는지를 나타내는 값이다.
> 분산은 변수의 흩어진 정도를 계산하는 지표이다.
> 표준편차는 분산에 루트를 씌운 양의 제곱근으로 계산한다.

> **24년·출제**
>
> 구입수량의 빈도가 가장 많은 고객수를 계산하시오.
> =COUNTIF(B3:B11,MODE.SNGL(B3:B11))&"명"
>
> | | A | B | C |
> |---|---|---|---|
> | 1 | [표1] | | |
> | 2 | 고객명 | 구입수량 | |
> | 3 | 허입욱 | 4 | |
> | 4 | 최주환 | 9 | |
> | 5 | 이수학 | 5 | |
> | 6 | 안혜경 | 1 | |
> | 7 | 김신성 | 4 | |
> | 8 | 양의정 | 5 | |
> | 9 | 김태희 | 9 | |
> | 10 | 선기섭 | 4 | |
> | 11 | 정신영 | 7 | |
> | 12 | 구입빈도 높은 고객수 | | 3명 |

⑪ 여러 조건을 만족하는 모든 셀의 평균(AVERAGEIFS)을 반환한다.

> AVERAGEIFS(평균범위, 조건범위1, 조건1, 조건범위2, 조건2, …) : 여러 조건을 만족하는 모든 셀의 평균
> 을 구함
>
> 예제 =AVERAGEIFS(B2:B5,B2:B5,">=70",B2:B5,"<=90")
> 결과 [B2:B5] 영역에서 70~90의 조건에 해당한 데이터의 평균을 구함

⑫ 여러 범위에 걸쳐 조건을 적용하고 모든 조건에 만족하는 셀의 개수(COUN-TIFS) 를 반환한다.

> COUNTIFS(조건 범위1, 조건1, 조건 범위2, 조건2, …) : 여러 범위에 걸쳐 조건을 적용하고 모든 조건에 만
> 족하는 셀의 개수를 구함
>
> 예제 =COUNTIFS(B5:D5,"=예",B3:D3,"=예")   결과 모든 조건에 만족한 셀의 개수를 구함

⑬ 숫자, 텍스트, 논리 값 등 인수 목록에서 최대값(MAXA)을 반환한다.

> MAXA(값1, 값2, 값3 …) : 숫자, 텍스트, 논리 값 등 인수 목록에서 최대값을 구함
>
> 예제 =MAXA(0,0.1,TRUE)   결과 1 (True가 1임)

⑭ 숫자, 텍스트, 논리 값 등 인수 목록에서 최소값(MINA)를 반환한다.

> MINA(값1, 값2, 값3, …) : 숫자, 텍스트, 논리 값 등 인수 목록에서 최소값을 구함
>
> 예제 =MINA(0.1, FALSE, 1)   결과 0 (False가 0임)

출제유형 ❶ '통계1' 시트에 다음의 문제를 처리하시오.

	A	B	C	D	E	F	G	H	I	J	K
1	[표1]	사원 관리 현황					[표2]	학생별 성적			
2	성명	부서명	직급				학생명	커뮤니케이션	회계	경영전략	
3	최진희	생산부	부장				유창상	75	85	98	
4	이종철	생산부	대리				김현수	68	86	88	
5	서경화	생산부	사원				한경수	78	80	90	
6	이상연	관리부	부장				정수연	63	79	99	
7	김광연	관리부	대리				최경철	83	85	97	
8	손예진	관리부	사원				오태환	65	77	98	
9	정찬우	판매부	과장				임장미	105	99	89	
10	한국인	판매부	대리	대리가 아닌 사원수							
11	김영환	판매부	사원				모든 과목이 80 이상인 학생 수				
12											
13	[표3]	급여 현황					[표4]	선수별 성적 현황			
14	이름	부서	직위	기본급	상여금		선수명	안타	홈런	도루	삼진
15	박영덕	영업부	부장	3,560,000	2,812,000		이승엽	165	45	9	120
16	주민경	생산부	과장	3,256,000	2,126,000		이용균	148	12	35	94
17	태진형	총무부	사원	2,560,000	1,582,000		최형욱	117	48	12	106
18	최민수	생산부	대리	3,075,000	1,868,000		박해만	135	19	42	97
19	김평주	생산부	주임	2,856,000	1,540,000		김태귤	142	51	11	114
20	한서라	영업부	사원	2,473,000	1,495,000		나선범	135	49	16	108
21	이국선	총무부	사원	2,372,000	1,453,000		박병훈	145	29	21	84
22	송나정	영업부	주임	2,903,000	1,500,000		강중호	135	22	10	106
23							유한중	185	16	24	113
24	상여금이 1,500,000원 보다 크면서,						홈런타자들의 평균 삼진수				
25	평균기본급이상인 인원수										
26											
27	[표5]	월별생산현황					[표6]	영어 듣기 평가			
28	월	생산품(A)	생산품(B)	생산품(C)	생산품(C) 표준편차		성명	성별	점수	3위점수	
29	1월	5535	6021	4831			강동구	남	87		
30	2월	5468	6871	5001			우인정	여	95		
31	3월	5724	6278	4835			손수진	여	87		
32	4월	5689	6389	4297			염기일	남	99		
33	5월	5179	6172	5017			신민해	여	84		
34	6월	5348	6008	4983			양신석	남	95		
35	7월	5493	6217	4998			유해영	여	68		
36	8월	5157	6397	4328			이민호	남	78		
37	9월	5537	6284	4682			조정식	남	82		
38	10월	5399	6316	4179			심수연	여	67		
39											

▲ '통계1' 시트

❶ [표1]에서 직급[C3:C11]이 '대리'가 아닌 사원수를 [D11] 셀에 계산하시오.
  ▶ 계산된 사원수 뒤에 "명"을 포함하여 표시 [표시 예 : 3명]
  ▶ SUMIF, COUNTIF, AVERAGEIF 함수 중 알맞은 함수와 & 연산자 사용

❷ [표2]에서 커뮤니케이션[H3:H9], 회계[I3:I9], 경영전략[J3:J9]이 모두 80 이상인 학생 수를 [J11] 셀에 계산하시오. (8점)
  ▶ COUNT, COUNTIF, COUNTIFS 함수 중 알맞은 함수 사용

❸ [표3]에서 상여금[E15:E22]이 1,500,000 보다 크면서 기본급이 기본급의 평균 이상인 인원 수를 [E24] 셀에 표시하시오. (8점)
  ▶ 계산된 인원 수 뒤에 '명'을 포함하여 표시 [표시 예 : 2명]
  ▶ AVERAGE, COUNTIFS 함수와 & 연산자 사용

❹ [표4]에서 홈런[I15:I23]이 40개 이상인 선수들의 삼진[K15:K23] 평균을 계산하여 [K24] 셀에 표시하시오.
  ▶ COUNTIF, SUMIF, AVERAGEIF 중 알맞은 함수를 선택하여 사용

❺ [표5]에서 생산품(C)[D29:D38]의 표준편차[E30]를 구하시오.
  ▶ 표준편차는 소수점 이하 2자리에서 내림하여 1자리까지 표시 [표시 예 : 123.45 → 123.4]
  ▶ ROUNDDOWN과 STDEV.S 함수 사용

❻ [표6]에서 점수[I29:I38] 중 세 번째로 높은 점수를 3위점수[J29]에 표시하시오.
  ▶ 숫자 뒤에 "점"을 표시 [표시 예 : 90점]
  ▶ LARGE, MAX, SMALL, MIN 중 알맞은 함수와 & 연산자 사용

① [D11] 셀에 =COUNTIF(C3:C11,"〈〉대리")&"명"을 입력한다.

> **함수 설명** =COUNTIF(C3:C11,"〈〉대리")&"명"
> [C3:C11] 영역에서 '대리'가 아닌 값의 개수를 구한 후에 '명'을 붙여서 표시한다.

② [J11] 셀에 =COUNTIFS(H3:H9,"〉=80",I3:I9,"〉=80",J3:J9,"〉=80")을 입력한다.

> **함수 설명** =COUNTIFS(H3:H9,"〉=80",I3:I9,"〉=80",J3:J9,"〉=80")
> [H3:H9] 영역에서 80 이상이고, [I3:I9] 영역에서 80 이상이고, [J3:J9] 영역에서 80 이상인 개수를 구한다.

③ [E24] 셀에 =COUNTIFS(E15:E22,"〉1500000",D15:D22,"〉="&AVERAGE(D15:D22))&"명"을 입력한다.

> **함수 설명** =COUNTIFS(E15:E22,"〉1500000",D15:D22,"〉="&AVERAGE(D15:D22))&"명"
> [E15:E22] 영역에서 1500000 보다 크고, [D15:D22] 영역에서 평균 이상인 개수를 구한 후에 '명'을 붙여서 표시한다.

④ [K24] 셀에 =AVERAGEIF(I15:I23,"〉=40",K15:K23)을 입력한다.

> **함수 설명** =AVERAGEIF(I15:I23,"〉=40",K15:K23)
> 홈런 [I15:I23] 영역에서 40 이상인 삼진 [K15:K23] 영역의 값의 평균을 구한다.

⑤ [E30] 셀에 =ROUNDDOWN(STDEV.S(D29:D38),1)을 입력한다.

> **함수 설명** =ROUNDDOWN(STDEV.S(D29:D38),1)
> ① STDEV.S(D29:D38) : [D29:D38] 영역의 표준편차를 구한다.
> =ROUNDDOWN(①,1) : ①의 값을 내림하여 소수 이하 한자리로 표시한다.

⑥ [J29] 셀에 =LARGE(I29:I38,3)&"점"을 입력한다.

> **함수 설명** =LARGE(I29:I38,3)&"점"
> 점수 [I29:I38] 영역에서 3번째로 큰 값을 구한 후에 '점'을 붙여 표시한다.

	A	B	C	D	E	F	G	H	I	J	K
1	[표1]	사원 관리 현황					[표2]	학생별 성적			
2	성명	부서명	직급				학생명	커뮤니케이션	회계	경영전략	
3	최진희	생산부	부장				유창상	75	85	98	
4	이종철	생산부	대리				김현수	68	86	88	
5	서경화	생산부	사원				한경수	78	80	90	
6	이상연	관리부	부장				정수연	63	79	99	
7	김광연	관리부	대리				최경철	83	85	97	
8	손예진	관리부	사원				오태환	65	77	98	
9	정찬우	판매부	과장				임장미	105	99	89	
10	한국인	판매부	대리	대리가 아닌 사원수							
11	김영환	판매부	사원	6명			모든 과목이 80 이상인 학생 수			2	
12											
13	[표3]	급여 현황					[표4]	선수별 성적 현황			
14	이름	부서	직위	기본급	상여금		선수명	안타	홈런	도루	삼진
15	박영덕	영업부	부장	3,560,000	2,812,000		이승엽	165	45	9	120
16	주민경	생산부	과장	3,256,000	2,126,000		이용규	148	12	35	94
17	태진형	총무부	사원	2,560,000	1,582,000		최형욱	117	48	12	106
18	최민수	생산부	대리	3,075,000	1,868,000		박해만	135	19	42	97
19	김평주	생산부	주임	2,856,000	1,540,000		김태굴	142	51	11	114
20	한서라	영업부	사원	2,473,000	1,495,000		나선범	135	49	16	108
21	이국선	총무부	사원	2,372,000	1,453,000		박병훈	145	29	21	84
22	송나정	영업부	주임	2,903,000	1,500,000		강중호	135	22	10	106
23							유한중	185	16	24	113
24	상여금이 1,500,000원 보다 크면서,			3명			홈런타자들의 평균 삼진수			112	
25	평균기본급이상인 인원수										
26											
27	[표5]	월별생산현황					[표6]	영어 듣기 평가			
28	월	생산품(A)	생산품(B)	생산품(C)	생산품(C) 표준편차		성명	성별	점수	3위점수	
29	1월	5535	6021	4831			강동구	남	87	95점	
30	2월	5468	6871	5001	327.5		우인정	여	95		
31	3월	5724	6278	4835			손수진	여	87		
32	4월	5689	6389	4297			염기일	남	99		
33	5월	5179	6172	5017			신민해	여	84		
34	6월	5348	6008	4983			양신석	남	95		
35	7월	5493	6217	4998			유해영	여	68		
36	8월	5157	6397	4328			이민호	남	78		
37	9월	5537	6284	4682			조정식	남	82		
38	10월	5399	6316	4179			심수연	여	67		
39											

▲ '통계1(결과)' 시트

	A	B	C	D	E	F		H	I	J	K	L	M
1	[표1]	축구 경기대회						[표2]		성과급 지급 현황			
2	팀명	승	무	패	승점	결승		성명	성별	직위	호봉	성과급	
3	바로세나	15	13	10	58			고회식	남	과장	4	4,800,000	
4	레전드	7	15	16	36			조광희	남	대리	5	4,000,000	
5	저스티스	24	9	5	81			이진녀	여	대리	5	4,000,000	
6	찰차부리	14	12	12	54			최중성	남	과장	3	4,600,000	
7	맨날차유	9	13	16	40			권지향	여	과장	2	4,500,000	
8	FC첼로	14	9	15	51			김영택	남	대리	1	3,200,000	
9	레알와우	8	16	14	40			고인숙	여	과장	3	4,600,000	
10	AC미러	17	9	12	60			변효정	여	대리	2	3,400,000	
11	발냄새로	13	11	14	50			정은경	여	대리	4	3,800,000	
12	맨홀시티	7	13	18	34				직위가 과장인 여사원 성과급 평균				
13													
14	[표3]		8월 출석현황					[표4]		하프 마라톤 결과			
15	성명	1주	2주	3주	4주	출석률		참가번호	나이	기록	결과		
16	이용석	O	O					1001	29	1시간08분			
17	신태연		O	O	O			1002	43	1시간32분			
18	임태영	O	O	O				1003	52	1시간24분			
19	안철수	O		O				1004	35	1시간21분			
20	김성윤	O	O		O			1005	31	1시간03분			
21	한신애	O	O					1006	34	1시간15분			
22	성민수		O					1007	28	1시간26분			
23	한지원	O	O	O	O			1008	42	1시간19분			
24	이수영		O					1009	44	1시간21분			
25													
26	[표5]							[표6]		방학 중 연수 참석 현황	(결석표시 : X)		
27	청구 번호	주문자	수금액					성명	1일차	2일차	3일차		
28	A5024	김병수	193,908					김성호		X	X		
29	A7008	자인태						고준명					
30	B8036	정구왕						강길자	X				
31	B3025	정재현	2,697,000					공성수			X		
32	B7145	황진하						박달자	X				
33	A3096	이윤태	5,000,000					정성실					
34		수금 건수						장영순	X	X	X		
35													
36									연수 기간 중 총 출석 횟수				
37													

▲ '통계2' 시트

❶ [표1]에서 승점[E3:E12]을 기준으로 순위를 구하여 1위, 2위, 3위는 "결승진출", 나머지는 공백으로 결승[F3:F12]에 표시하시오.
 ▶ IF와 RANK.EQ 함수 사용

❷ [표2]에서 성별[I3:I11]이 "여"이면서 직위[J3:J11]가 "과장"인 사원들의 성과급 평균을 계산하여 [L12] 셀에 표시하시오.
 ▶ 성과급 평균은 천의 자리에서 반올림하여 만의 자리까지 표시
 ▶ [표시 예 : 123,456 → 120,000]
 ▶ ROUND와 AVERAGEIFS 함수 사용

❸ [표3]의 출석부[B16:E24] 영역에 "o"로 출석을 체크했다. "o" 개수가 1개이면 "25%", 2개이면 "50%", 3개이면 "75%", 4개이면 "100%"로 출석률[F16:F24] 영역에 표시하시오.
 ▶ CHOOSE와 COUNTA 함수 사용

❹ [표4]에서 하프 마라톤 기록[J16:J24]이 빠른 3명은 "입상"을, 그 외에는 공백을 결과[K16:K24]에 표시하시오.
 ▶ IF와 SMALL 함수 사용

❺ [표5]에서 수금액[C28:C33]이 존재하는 수금건수를 산출하고 값 뒤에 '건'이 표시되도록 [C34] 셀에 표시하시오.
 ▶ COUNT와 & 연산자 사용

❻ [표6]에서 1일차부터 3일차까지의 기간[I28:K34]을 이용하여 방학 중 연수 기간 동안의 총 출석 횟수를 구하여 [J36] 셀에 표시하시오.
 ▶ [표시 예 : 3 → 3회]
 ▶ COUNTBLANK 함수와 & 연산자 이용

① [F3] 셀에 =IF(RANK.EQ(E3,$E$3:$E$12)<=3,"결승진출"," ")을 입력한 후 [F12] 셀까지 수식을 복사한다.

> **함수 설명** =IF(RANK.EQ(E3,$E$3:$E$12)<=3,"결승진출"," ")
>   ①
> ① RANK.EQ(E3,$E$3:$E$12) : [E3] 셀의 값이 [E3:E12] 영역에서 순위를 구한다.
> =IF(①<=3,"결승진출"," ") : ①의 값이 3 이하이면 '결승진출'을 표시하고, 그 외에는 공백(" ")으로 표시한다.

② [L12] 셀에 =ROUND(AVERAGEIFS(L3:L11,I3:I11,"여",J3:J11,"과장"),-4)를 입력한다.

> **함수 설명** =ROUND(AVERAGEIFS(L3:L11,I3:I11,"여",J3:J11,"과장"),-4)
>   ①
> ① AVERAGEIFS(L3:L11,I3:I11,"여",J3:J11,"과장") : 성과금 [L3:L11] 영역의 평균을 구한다. 조건은 성별 [I3:I11]이 '여'이고, 직위 [J3:J11]가 '과장'인 조건에 만족한 성과금의 평균을 구한다.
> =ROUND(①,-4) : ①의 값을 천의 자리에서 반올림하여 천의 자리까지 0으로 표시한다.

③ [F16] 셀에 =CHOOSE(COUNTA(B16:E16),"25%","50%","75%","100%")를 입력한 후 [F24] 셀까지 수식을 복사한다.

> **함수 설명** =CHOOSE(COUNTA(B16:E16),"25%","50%","75%","100%")
>   ①
> ① COUNTA(B16:E16) : [B16:E16] 영역에서 공백이 아닌 셀의 개수를 구한다.
> =CHOOSE(①,"25%","50%","75%","100%") : ①의 1이면 '25%', 2이면 '50%', 3이면 '75%', 4이면 '100%'로 표시한다.

④ [K16] 셀에 =IF(J16<=SMALL($J$16:$J$24,3),"입상","")을 입력한 후 [K24] 셀까지 수식을 복사한다.

> **함수 설명** =IF(J16<=SMALL($J$16:$J$24,3),"입상","")
>   ①
> ① SMALL($J$16:$J$24,3) : [J16:J24] 영역에서 3번째로 작은 값을 구한다.
> =IF(J16<=①,"입상","") : [J16] 셀의 값이 ① 보다 작거나 같다면(이하) '입상', 그 외에는 공백으로 표시한다.

⑤ [C34] 셀에 =COUNT(C28:C33)&"건"을 입력한다.

> **함수 설명** =COUNT(C28:C33)&"건"
> [C28:C33] 영역의 숫자들이 들어 있는 셀의 개수를 구한 후에 '건'을 붙여서 표시한다.

기적의 TIP

RANK.EQ(순위를 구할 셀, 비교할 대상 범위, [옵션])
[옵션]은 내림차순은 생략하거나 0을 입력. 오름차순은 반드시 0이 아닌 값「1」을 입력한다.

기적의 TIP

25%만 입력하면 0.25로 표시되어 " "로 묶어서 입력한다.

기적의 TIP

=CHOOSE(인덱스번호, "값1","값2","값3"...)
COUNTA : 공백만 아니면 개수를 구함

기적의 TIP

=IF(조건, 조건에 만족했을 때, 조건에 만족하지 않을 때)

기적의 TIP

=SMALL(범위, 몇 번째 작은 값)

⑥ [J36] 셀에 =COUNTBLANK(I28:K34) & "회"를 입력한다.

> 🗨 함수 설명 =COUNTBLANK(I28:K34) & "회"
>
> [I28:K34] 영역에서 비어 있는 셀의 개수를 구한 후에 '회'를 붙여서 표시한다.

<!-- 풀이결과 -->

	A	B	C	D	E	F	G	H	I	J	K	L	M
1	[표1]	축구 경기대회						[표2]	성과급 지급 현황				
2	팀명	승	무	패	승점	결승		성명	성별	직위	호봉	성과급	
3	바로세나	15	13	10	58	결승진출		고회식	남	과장	4	4,800,000	
4	레전드	7	15	16	36			조광회	남	대리	5	4,000,000	
5	저스티스	24	9	5	81	결승진출		이진녀	여	대리	5	4,000,000	
6	잘차부리	14	12	12	54			최중성	남	과장	3	4,600,000	
7	맨날차유	9	13	16	40			권지향	여	과장	2	4,500,000	
8	FC첼로	14	9	15	51			김영택	남	대리	1	3,200,000	
9	레알와우	8	16	14	40			고연숙	여	과장	3	4,600,000	
10	AC미러	17	9	12	60	결승진출		변효정	여	대리	2	3,400,000	
11	발냄새로	13	11	14	50			정은경	여	대리	4	3,800,000	
12	맨홀시티	7	13	18	34			직위가 과장인 여사원 성과급 평균				4,550,000	
13													
14	[표3]	8월 출석현황						[표4]	하프 마라톤 결과				
15	성명	1주	2주	3주	4주	출석률		참가번호	나이	기록	결과		
16	이용석	O			O	75%		1001	29	1시간08분	입상		
17	신태연		O	O	O	75%		1002	43	1시간32분			
18	임태영	O		O	O	100%		1003	52	1시간24분			
19	안철수			O		50%		1004	35	1시간21분			
20	김성윤	O			O	75%		1005	31	1시간03분	입상		
21	한신애	O	O	O		75%		1006	34	1시간15분	입상		
22	성민수		O			25%		1007	28	1시간26분			
23	한지원	O	O	O	O	100%		1008	42	1시간19분			
24	이수영		O		O	50%		1009	44	1시간21분			
25													
26	[표5]							[표6]	방학 중 연수 참석 현황		(결석표시 : X)		
27	청구 번호	주문자	수금액					성명	1일차	2일차	3일차		
28	A5024	김병수	193,908					김성호		X	X		
29	A7008	차인태						고준명					
30	B8036	정구왕						강길자	X				
31	B3025	정재현	2,697,000					공성수			X		
32	B7145	황진하						박달자	X				
33	A3096	이윤태	5,000,000					정성실					
34	수금 건수		3건					장영순	X	X	X		
35													
36								연수 기간 중 총 출석 회수		13회			
37													

▲ '통계2(결과)' 시트

▶ 합격 강의

난이도 (상) 중 하
반복학습 1 2 3

작업파일 [2025컴활2급₩이론] 폴더의 '08계산작업' 파일을 열어서 작업하시오.

① 검색 값을 범위에서 찾아서 해당 위치에 있는 값을 추출한다.
(VLOOKUP, HLOOKUP)

VLOOKUP(검색값, 범위, 열번호, 검색 유형) : 범위의 첫 열에서 검색값을 찾아, 지정한 열에서 같은 행에 있는 값을 표시

예제) =VLOOKUP("배",A1:B3,2,0)

	A	B
1	감	100
2	배	200
3	귤	300

결과) 200
[A열]에서 "배"를 찾아 두번째 열([B열])에서 같은 행에 있는 값(200)을 표시함

HLOOKUP(검색값, 범위, 행번호, 검색 유형) : 범위의 첫 행에서 검색값을 찾아, 지정한 행에서 같은 열에 있는 값을 표시

예제) =HLOOKUP("귤",A1:C2,2,0)

	A	B	C
1	감	배	귤
2		100	200	300

결과) 300
[1행]에서 "귤"을 찾아 [2행]에서 같은 열에 있는 값(300)을 표시함

> **기적의 TIP**
>
> 검색 유형이 True이거나 생략되면 정확한 값이나 근사값을 반환하고, False이면 정확하게 일치하는 값을 반환한다.

> **기적의 TIP**
>
> • 참조하는 표가 수직(Vertical)으로 작성되어 있으면 VLOOKUP
> • 참조하는 표가 수평(Horizontal)으로 작성되어 있으면 HLOOKUP
> • VLOOKUP의 참조하는 표는 찾는 값이 첫 번째 열이 될 수 있도록 범위 지정
> • HLOOKUP의 참조하는 표는 찾는 값이 첫 번째 행이 될 수 있도록 범위 지정

② 리스트에서 값을 선택(CHOOSE)한다.

CHOOSE(인덱스 번호, 값1, 값2, …) : 인덱스 번호의 위치에 있는 값을 구함

예제) =CHOOSE(2, "월","화","수")

결과) "화" (2번째에 해당하는 값)

③ 셀 범위나 배열에서 참조(INDEX)나 값을 구한다.

INDEX(범위, 행 번호, 열 번호, [참조 영역 번호]) : 표나 범위의 값이나 값에 대한 참조 영역을 구함

예제) =INDEX({1,2,3;4,5,6;7,8,9},1,3)

결과) 3 ($\begin{bmatrix} 1\ 2\ 3 \\ 4\ 5\ 6 \\ 7\ 8\ 9 \end{bmatrix}$ 에서 1행, 3열의 값)

> **24년 출제**
>
> 학점을 이용하여 순위를 구한 후에 순위에 따른 할인율을 〈할인율표〉에서 찾아 납부액을 계산하시오.
> ▶ 납부액 = 등록금 * (1 - 할인율)
> =C3*(1-HLOOKUP(RANK.EQ(B3,$B$3:$B$9),$B$12:$E$13,2))

④ 참조 영역의 열 번호(COLUMN)를 나타낸다.

COLUMN(참조) : 참조의 열 번호를 반환함

예제) =COLUMN(C10)

결과) 3(C는 세 번째 열)

05 참조 영역의 열 개수(COLUMNS)를 구한다.

COLUMNS(배열) : 참조의 열 수를 반환함

예제 =COLUMNS(C1:E4) 결과 3(C, D, E 3개의 열)

06 참조의 행 번호를 반환(ROW)한다.

ROW(참조) : 참조의 행 번호를 반환함

예제 =ROW(C10) 결과 10

07 참조의 행 수를 반환(ROWS)한다.

ROWS(배열) : 참조의 행 수를 반환함

예제 =ROWS(C1:E4) 결과 4

24년 출제

등급이 '골드' 중에서 구입총액이 가장 높은 총액의 고객명을 표시하시오.

=INDEX(A3:A10,MATCH(DMAX(A2:C10,C2,B2:B3),C3:C10,0))

	A	B	C
1	[표1]	고객별 구입 현황	
2	고객명	등급	구입총액
3	허영육	골드	1,208,000
4	최주원	일반	2,214,000
5	이수학	골드	1,425,000
6	안혜경	골드	265,000
7	김신성	VIP	1,168,000
8	김태희	일반	2,493,000
9	선기섭	일반	1,020,000
10	정신영	VIP	1,967,000
11	등급이 '골드'인 구입총액이 높은 고객		이수학

08 일치하는 값의 상대 위치(MATCH)를 나타낸다.

MATCH(검사값, 검사범위, [검사유형]) : 검사값을 검사범위에서 검색하여 대응하는 값이 있는 경우 상대적 위치를 나타냄

검사 범위 : 하나의 열이나 하나의 행만 지정해야 함

옵션 검사유형

1 : 검사값보다 작거나 같은 값 중에서 최대값을 찾음(단, 검사범위가 오름차순 정렬된 상태)

0 : 검사값과 같은 첫째 값을 찾음

−1 : 검사값보다 크거나 같은 값 중에서 최소값을 찾음(단, 검사범위가 내림차순 정렬된 상태)

예제 =MATCH("감",{"귤","감","배"},0) 결과 2

	A	B	C	D	E	F	G	H	I	J	K	L
1	[표1]					[표2]	고객 관리 현황					
2	학번	이름	주민등록번호	성별		고객명	구입횟수	구입액	등급			
3	M1602001	이민영	990218-2304567			이유정	5	2,310,000				
4	M1602003	박수진	011115-4356712			김영아	4	3,564,000				
5	M1602004	최만수	980723-1935645			원유준	3	1,200,000			<등급표>	
6	M1602005	조용혁	991225-1328650			안영환	7	3,756,000			금액	등급
7	M1602006	김태훈	021222-3264328			조재현	9	5,550,000			1,000,000	일반
8	M1602007	편승주	010123-3652942			손예진	11	7,542,000			3,000,000	실버
9	M1602008	곽나래	001015-4685201			김상식	8	4,685,000			5,000,000	골드
10	M1602002	도롱진	010802-3065821			한송연	10	4,112,000			7,000,000	VIP
11												
12	[표3]	의류 판매 현황				[표4]	급여지급현황					
13	의류코드	사이즈	판매량	판매총액		사원명	부서	직위	가족수당	수령액		
14	mk-101	S	315			강백호	생산부	부장	500,000			
15	mk-101	M	294			김박사	경리부	대리	300,000			
16	mk-101	S	357			한국남	자재부	사원	250,000			
17	mk-102	M	248			현상범	생산부	대리	300,000			
18	mk-102	L	323			장애우	경리부	사원	250,000			
19	mk-102	M	355			금태우	기획부	과장	400,000			
20	mk-103	S	385			박대중	경리부	사원	250,000			
21	mk-103	M	366			김상염	기획부	부장	500,000			
22	mk-103	L	374			전환수	생산부	대리	300,000			
23												
24	<가격표>					[직위표]						
25	의류코드	mk-101	mk-102	mk-103		직위	사원	대리	과장	부장		
26	판매가	30,000	32,500	36,000		기본급	1,800,000	2,400,000	3,000,000	3,500,000		
27	할인가	25,500	27,625	29,520		직위수당	100,000	120,000	150,000	180,000		
28												

▲ '찾기참조1' 시트

❶ [표1]에서 주민등록번호[C3:C10]의 왼쪽에서 8번째 문자가 '1' 또는 '3'이면 '남', '2' 또는 '4'이면 '여'를 성별[D3:D10]에 표시하시오.

▸ CHOOSE, MID 함수 사용

❷ [표2]에서 구입액[H3:H10]과 등급표[K7:L10]를 이용하여 등급[I3:I10]을 표시하시오.

▸ VLOOKUP, HLOOKUP, INDEX 함수 중 알맞은 함수 사용

❸ [표3]에서 판매량[C14:C22]과 가격표[B25:D27]를 이용하여 판매총액[D14:D22]을 계산하시오.

▸ 판매총액 = 판매량 × 할인가
▸ 할인가는 의류코드와 〈가격표〉를 이용하여 산출
▸ INDEX와 MATCH 함수 사용

❹ [표4]에서 직위[H14:H22]와 직위표[G25:J27]을 이용하여 직위별 수령액[J14:J22]을 구하시오.

▸ 수령액 : 기본급 + 직위수당 + 가족수당
▸ HLOOKUP, VLOOKUP, INDEX 중 알맞은 함수 사용

① [D3] 셀에 =CHOOSE(MID(C3,8,1),"남","여","남","여")를 입력한 후 [D10] 셀까지 수식을 복사한다.

● 함수 설명 =CHOOSE(MID(C3,8,1),"남","여","남","여")
                         ①

① MID(C3,8,1) : 주민등록번호[C3]에서 8번째부터 시작해서 1글자를 추출한다.
=CHOOSE(①,"남","여","남","여") : ①의 값이 1이면 '남', 2이면 '여', 3이면 '남', 4이면 '여'로 표시한다.

② [I3] 셀에 =VLOOKUP(H3,$K$7:$L$10,2)를 입력한 후 [I10] 셀까지 수식을 복사한다.

> **함수 설명** =VLOOKUP(H3,$K$7:$L$10,2)
> [H3] 셀의 값을 [K7:L10] 영역의 첫 번째 열에서 찾아 2번째 열(등급)에서 값을 찾아 표시한다.

③ [D14] 셀에 =C14*INDEX($B$26:$D$27,2,MATCH(A14,$B$25:$D$25,0))을 입력한 후 [D22] 셀까지 수식을 복사한다.

> **함수 설명** =C14*INDEX($B$26:$D$27,2,MATCH(A14,$B$25:$D$25,0))
> 　　　　　　　　　　　　　　　　　②　　　　　①
> ① MATCH(A14,$B$25:$D$25,0) : [A14] 셀의 값을 [B25:D25] 영역에서 일치하는 상대 위치 값을 반환한다.
> ② INDEX($B$26:$D$27,2,①) : [B26:D27] 영역에서 2번째 행에 ① 값의 열에 교차하는 값을 반환한다.
> =C14*② : [C14] 셀의 값에 ②를 곱한다.

④ [J14] 셀에 =HLOOKUP(H14,$G$25:$J$27,2,FALSE)+HLOOKUP(H14,$G$25:$J$27,3,FALSE)+I14를 입력한 후 [J22] 셀까지 수식을 복사한다.

> **함수 설명** =HLOOKUP(H14,$G$25:$J$27,2,FALSE)+HLOOKUP(H14,$G$25:$J$27,3,FALSE)+I14
> 　　　　　　　　　　　①　　　　　　　　　　　　　　　　②
> ① HLOOKUP(H14,$G$25:$J$27,2,FALSE) : [H14] 셀의 값을 [G25:J27] 영역에서 첫 번째 행에서 값을 찾아 2번째 행에서 정확하게 일치하는 값을 찾는다.
> ② HLOOKUP(H14,$G$25:$J$27,3,FALSE) : [H14] 셀의 값을 [G25:J27] 영역에서 첫 번째 행에서 값을 찾아 3번째 행에서 정확하게 일치하는 값을 찾는다.
> =①+②+I14 : ①과 ②, [I14] 셀 값을 모두 더한다.

풀이결과

	A	B	C	D	E	F	G	H	I	J	K	L
1	[표1]					[표2]	**고객 관리 현황**					
2	학번	이름	주민등록번호	성별		고객명	구입횟수	구입액	등급			
3	M1602001	이민영	990218-2304567	여		이유정	5	2,310,000	일반			
4	M1602003	박수진	011115-4356712	여		김영아	4	3,564,000	실버			
5	M1602004	최만수	980723-1935645	남		원유준	3	1,200,000	일반		<등급표>	
6	M1602005	조용덕	991225-1328650	남		안영환	7	3,756,000	실버		금액	등급
7	M1602006	김태훈	021222-3264328	남		조재현	9	5,550,000	골드		1,000,000	일반
8	M1602007	편승주	010123-3652942	남		손예진	11	7,542,000	VIP		3,000,000	실버
9	M1602008	곽나래	001015-4685201	여		김상식	8	4,685,000	실버		5,000,000	골드
10	M1602002	도홍진	010802-3065821	남		한승연	10	4,112,000	실버		7,000,000	VIP
11												
12	[표3]	**의류 판매 현황**				[표4]	**급여지급현황**					
13	의류코드	사이즈	판매량	판매총액		사원명	부서	직위	가족수당	수령액		
14	mk-101	S	315	8,032,500		강백호	생산부	부장	500,000	4,180,000		
15	mk-101	M	294	7,497,000		김박사	경리부	대리	300,000	2,820,000		
16	mk-101	S	357	9,103,500		한국남	자재부	사원	250,000	2,150,000		
17	mk-102	M	248	6,851,000		현상범	생산부	대리	300,000	2,820,000		
18	mk-102	L	323	8,922,875		장애우	경리부	사원	250,000	2,150,000		
19	mk-102	M	355	9,806,875		금태우	기획부	과장	400,000	3,550,000		
20	mk-103	S	385	11,365,200		박대중	경리부	사원	250,000	2,150,000		
21	mk-103	M	366	10,804,320		김상염	기획부	부장	500,000	4,180,000		
22	mk-103	L	374	11,040,480		전환수	생산부	대리	300,000	2,820,000		
23												
24	<가격표>					[직위표]						
25	의류코드	mk-101	mk-102	mk-103		직위	사원	대리	과장	부장		
26	판매가	30,000	32,500	36,000		기본급	1,800,000	2,400,000	3,000,000	3,500,000		
27	할인가	25,500	27,625	29,520		직위수당	100,000	120,000	150,000	180,000		
28												

▲ '찾기참조1(결과)' 시트

출제유형 ② '찾기참조2' 시트에 다음의 문제를 처리하시오.

	A	B	C	D	E	F	G	H	I	J	K
1	[표1]	사원 관리 현황				[표2]					
2	사원코드	성별	직위	부서명		성명	중간고사	기말고사	학점		
3	P-101	여	부장			김미정	85	90			
4	E-301	여	부장			서진수	65	70			
5	B-501	남	부장			박주영	70	95			
6	P-103	남	대리			원영현	90	75			
7	B-503	여	대리			오선영	60	75			
8	B-504	남	사원			최은미	95	85			
9	E-303	여	사원			박진희	70	85			
10	P-104	여	사원								
11						학점기준표					
12	<부서코드>					평균	0 이상	60 이상	70 이상	80 이상	90 이상
13	코드	P	B	E			60 미만	70 미만	80 미만	90 미만	100 이하
14	부서명	생산부	영업부	관리부		학점	F	D	C	B	A
15											
16	[표3]	평균기온				[표4]	시외버스 요금표				
17	연호	월					서울	청주	부산	목포	
18			25.9	26.7	21.2	서울	3,000	8,000	25,000	28,000	
19			26.1	26.6	23.3	청주	8,000	2,000	18,000	20,000	
20			27.8	28.4	24.7	부산	25,000	18,000	2,500	15,000	
21			26.1	27.9	24.3	목포	28,000	20,000	15,000	2,000	
22			26.6	27.2	21.9						
23			25.8	27.1	23.2	<지역코드표>					
24			24.2	25.3	21.3	지역	서울	청주	부산	목포	
25			24.6	25.6	20.5	코드	1	2	3	4	
26			26.1	25.9	22.3						
27			25.9	26.3	21.9	출발지	도착지	부산-목포 요금			
28						부산	목포				
29											

▲ '찾기참조2' 시트

❶ [표1]에서 사원코드[A3:A10]와 부서코드[B13:D14]를 이용하여 부서명[D3:D10]을 표시하시오.
  ▶ HLOOKUP과 LEFT 함수 사용

❷ [표2]에서 중간고사[G3:G9], 기말고사[H3:H9]와 학점기준표[G12:K14]를 참조하여 학점[I3:I9]을 계산하시오. (8점)
  ▶ 평균은 각 학생의 중간고사와 기말고사로 구함
  ▶ AVERAGE, HLOOKUP 함수 사용

❸ [표3]에서 [A18:A27] 영역에 함수를 이용하여 1, 2, 3 … 의 일련번호를 작성하고, [B17:D17] 영역에 함수를 이용하여 7월, 8월, 9월로 표시하시오.
  ▶ COLUMN, ROW 함수와 & 연산자 이용

❹ [표4]의 [G18:J21] 영역과 지역코드표[G24:J25]를 이용하여 부산에서 목포까지의 요금을 구하여 [H28] 셀에 표시하시오. 단, 출발지 [F18:F21]은 행, 도착지 [G17:J17]은 열로 참조한다.
  ▶ INDEX, HLOOKUP 함수 사용

① [D3] 셀에 =HLOOKUP(LEFT(A3,1),$B$13:$D$14,2,FALSE)를 입력한 후 [D10] 셀까지 수식을 복사한다.

  함수 설명 =HLOOKUP(LEFT(A3,1),$B$13:$D$14,2,FALSE)
                              ①
  ① LEFT(A3,1) : [A3] 셀의 값에서 왼쪽에서 한 글자만 추출한다.
  =HLOOKUP(①,$B$13:$D$14,2,FALSE) : ① 셀의 값을 [B13:D14] 영역에서 첫 번째 행에서 값을 찾아 2번째 행에서 정확하게 일치하는 값을 찾는다.

24년 출제

HLOOKUP 함수에서 찾을 값에 & 연산자를 이용
예) 사원코드와 성별을 이용하여 부서명을 표시하시오.

	A	B	C	D	E
1	[표1]	사원 관리 현황			
2	사원코드	성별	부서명		
3	P-101	여			
4	E-301	여			
5	B-501	남			
6	P-103	남			
7	B-503	여			
8	B-504	남			
9	E-303	여			
10	P-104	여			
11					
12	<부서코드>				
13	코드	P남	B남	E여	
14	부서명	생산부	영업부	관리부	

〈정답〉
[C3] 셀에 「=HLOOKUP(LEFT (A3,1)&B3,$B$13:$D$14,2,0)」을 입력하고 [C10] 셀까지 수식을 복사

〈풀이〉
사원코드의 왼쪽에 한 글자는 LEFT 함수를 통해 구하고, 'P남' 형식으로 작성하기 위해 남이 입력된 셀[B3]을 & 연산자를 이용하여 연결하여 찾는 값으로 지정한다.

기적의 TIP

HLOOKUP(lookup_value, table_array, row_index_num, [range_lookup])
• lookup_value : 찾을 값
• table_array : 표 범위
• row_index_num : 가져올 행 번호
• [range_lookup] : [ ] 기호는 생략 가능. 단 정확하게 일치하는 값을 찾을 때에는 0 또는 false 입력

② [I3] 셀에 =HLOOKUP(AVERAGE(G3:H3),$G$12:$K$14,3,TRUE)를 입력한 후 [I9] 셀까지 수식을 복사한다.

> 🗨 함수 설명 =HLOOKUP(AVERAGE(G3:H3),$G$12:$K$14,3,TRUE)
>   ─────────────
>   ①
>
> ① AVERAGE(G3:H3) : [G3:H3] 영역의 평균을 구한다.
> =HLOOKUP(①,$G$12:$K$14,3,TRUE) : ① 셀의 값을 [G12:K14] 영역에서 첫 번째 행에서 값을 찾아 3 번째 행에서 근사 값을 찾는다. (0 ~ 59.9는 'F', 60 ~ 69.9는 'D',70 ~ 79.9는 'C', 80 ~ 89.9는 'B', 90 ~ 100는 'A'.)

③ [A18] 셀에 =ROW()−17을 입력한 후 [A27] 셀까지 수식을 복사한다.

> 🗨 함수 설명 =ROW()−17
> ROW( )는 현재 셀의 행의 번호를 구한다. 현재 행(18)의 번호에 17을 빼서 숫자 1로 표시한다.

🅱 기적의 TIP

1, 2, 3... 으로 표시하기 위해서 [A18] 셀에 '=ROW(A1)'로 입력하면 [A1] 셀의 행 번호 1이 반환이 되어 직접 1이 반환된 셀을 선택하여 작성할 수 있다.

④ [B17] 셀에 =COLUMN()+5&"월"을 입력한 후 [D17] 셀까지 수식을 복사한다.

> 🗨 함수 설명 =COLUMN()+5&"월"
> COLUMN( )는 현재 셀의 열의 번호를 구한다. 현재 열(B)의 번호에 5를 더하여 '월'을 붙여서 7월을 표시한다.

🅱 기적의 TIP

=COLUMN( )+5&"월" 대신에 =COLUMN(G1)&"월" 도 가능하다. G열은 7번째 열로 COLUMN(G1)의 결과로 7이 반환된다.

⑤ [H28] 셀에 =INDEX(G18:J21,HLOOKUP(F20,$G$24:$J$25,2,FALSE),HLOOKUP (J17,$G$24:$J$25,2,FALSE))를 입력한다.

🅱 기적의 TIP

=INDEX(범위, 행의 위치, 열의 위치)
: 범위에서 행의 위치와 열의 위치가 교차하는 셀의 값을 추출

> 🗨 함수 설명 =INDEX(G18:J21,HLOOKUP(F20,$G$24:$J$25,2,FALSE),HLOOKUP(J17,$G$24:J 25,2,FALSE))
>   ─────────────────────────────   ──────────────────────
>   ①   ②
>
> ① HLOOKUP(F20,$G$24:$J$25,2,FALSE) : [F20] 셀의 값을 [G24:J25] 영역의 첫 번째 행에서 찾아 같은 열의 2번째 행에서 정확하게 일치하는 값을 구한다.
> ② HLOOKUP(J17,$G$24:$J$25,2,FALSE) : [J17] 셀의 값을 [G24:J25] 영역의 첫 번째 행에서 찾아 같은 열의 2번째 행에서 정확하게 일치하는 값을 구한다.
> =INDEX(G18:J21,①,②) : [G18:J21] 영역에서 ①의 값의 행 위치, ②의 값의 열 위치에 교차하는 값을 구한다.
>
> 출발지[F20], 도착지[J17]의 셀을 참조해도 되고, 바로 왼쪽에 있는 표의 출발지[[F28], 도착지[G28]로 지정하여 값을 구할 수 있다.
> =INDEX(G18:J21,HLOOKUP(F28,$G$24:$J$25,2,FALSE),HLOOKUP(G28,$G$24:$J$25,2,FALSE))

[표1] 사원 관리 현황

사원코드	성별	직위	부서명
P-101	여	부장	생산부
E-301	여	부장	관리부
B-501	남	부장	영업부
P-103	남	대리	생산부
B-503	여	대리	영업부
B-504	남	사원	영업부
E-303	여	사원	관리부
P-104	여	사원	생산부

<부서코드>

코드	P	B	E
부서명	생산부	영업부	관리부

[표2]

성명	중간고사	기말고사	학점
김미정	85	90	B
서진수	65	70	D
박주영	70	95	B
원영현	90	75	B
오선영	60	75	D
최은미	95	85	A
박진회	70	85	C

학점기준표

평균	0 이상 60 미만	60 이상 70 미만	70 이상 80 미만	80 이상 90 미만	90 이상 100 이하
학점	F	D	C	B	A

[표3] 평균기온

번호\월	7월	8월	9월
1	25.9	26.7	21.2
2	26.1	26.6	23.3
3	27.8	28.4	24.7
4	26.1	27.9	24.3
5	26.6	27.2	21.9
6	25.8	27.1	23.2
7	24.2	25.3	21.3
8	24.6	25.6	20.5
9	26.1	25.9	22.3
10	25.9	26.3	21.9

[표4] 시외버스 요금표

	서울	청주	부산	목포
서울	3,000	8,000	25,000	28,000
청주	8,000	2,000	18,000	20,000
부산	25,000	18,000	2,500	15,000
목포	28,000	20,000	15,000	2,000

<지역코드표>

지역	서울	청주	부산	목포
코드	1	2	3	4

출발지	도착지	부산-목포 요금
부산	목포	15,000

▲ '찾기참조2(결과)' 시트

날짜/시간 함수

▶ 합격 강의

작업파일 [2025컴활2급₩이론] 폴더의 '08계산작업' 파일을 열어서 작업하시오.

① 연(YEAR), 월(MONTH), 일(DAY)을 구한다.

YEAR(일련번호 또는 날짜 문자열) : 날짜의 연도 부분만 구함
예제 =YEAR("2025/4/22")   결과 2025

MONTH(일련번호 또는 날짜 문자열) : 날짜의 월 부분만 구함
예제 =MONTH("2025/4/22")   결과 4

DAY(일련번호 또는 날짜 문자열) : 날짜의 일자 부분만 구함
예제 =DAY("2025/4/22")   결과 22

② 시(HOUR), 분(MINUTE), 초(SECOND)를 구한다.

HOUR(일련번호 또는 시간 문자열) : 시간의 시 부분만 구함
예제 =HOUR("16:13:15")   결과 16

MINUTE(일련번호 또는 시간 문자열) : 시간의 분 부분만 구함
예제 =MINUTE("16:13:15")   결과 13

SECOND(일련번호 또는 시간 문자열) : 시간의 초 부분만 구함
예제 =SECOND("16:13:15")   결과 15

③ 현재 날짜(TODAY)와 시간(NOW)을 구한다.

TODAY( ) : 컴퓨터 시스템의 현재 날짜를 구함
예제 =TODAY( )   결과 2025-01-01(현재 날짜가 출력됨)

NOW( ) : 컴퓨터 시스템의 현재 날짜와 시간을 구함
예제 =NOW( )   결과 2025-01-01 12:30
(현재 날짜와 시간이 출력됨)

24년 출제

퇴실시간에서 입실시간을 뺀 시만 [표시 예]와 같이 이용시간을 표시하시오.
▶ 이용시간 : 퇴실시간 – 입실시간
▶ 단, 이용시간에서 분이 30분이 초과되면 이용시간에 한 시간을 더한다.
▶ [표시 예] : 이용시간 3:20 → 3시간, 3:50 → 4시간
=IF(MINUTE(C3–B3))30, HOUR(C3–B3)+1,HOUR(C3–B3)) & "시간"

04 날짜(DATE)와 시간(TIME)을 구한다.

DATE(연, 월, 일) : 지정한 연, 월, 일로 날짜 데이터를 만듦

예제) =DATE(2025,5,10)　　　　　　　결과) 2025-5-10

TIME(시, 분, 초) : 지정한 시, 분, 초로 시간 데이터를 만듦

예제) =TIME(12,30,30)　　　　　　　결과) 12:30 PM(또는 12:30:30 PM)

05 요일(WEEKDAY)을 구한다.

WEEKDAY(날짜, Return_type) : 날짜의 요일 일련번호를 구함

옵션) Return_type
1 : 일요일을 1로 시작
2 : 월요일을 1로 시작
3 : 월요일을 0으로 시작

예제) =WEEKDAY("2025-04-22",2)　　　결과) 2(2는 화요일을 뜻함)

06 두 날짜 사이의 일 수(DAYS)를 반환한다.

DAYS(종료 날짜, 시작 날짜) : 종료 날짜에서 시작 날짜를 빼서 두 날짜 사이의 일 수를 계산

예제) =DAYS("2025-10-30","2025-10-10")　결과) 20

07 개월 수를 더한 날짜(EDATE)의 일련번호를 구한다.

EDATE(시작 날짜, 개월 수) : 시작 날짜에 개월 수를 더한 날짜(EDATE)의 일련번호를 구함

예제) =EDATE("2025-10-19",1)　　　　결과) 45980

08 개월 수를 더한 달의 마지막 날짜(EOMONTH)의 일련번호를 구한다.

EOMONTH(시작 날짜, 개월 수) : 시작 날짜에 개월 수를 더한 달의 마지막 날짜(EOMONTH)의 일련번호를 구함

예제) =EOMONTH("2025-10-19",1)　　　결과) 45991

09 날짜 수를 더한 평일 수를 적용한 날짜(WORKDAY)의 일련번호를 구한다.

WORKDAY(시작 날짜, 날짜 수, [휴일]) : 시작 날짜에 날짜 수에서 주말이나 휴일을 제외한 평일 수를 적용한 날짜(WORKDAY)의 일련번호를 구함

예제) =WORKDAY("2025-1-1",31)　　　결과) 45701

	A	B	C	D	E	F	G	H	I	J	K	L	M
1	[표1]	동호회 회원 현황				[표2]	사원 관리 현황			기준일 :	2025-01-02		
2	성명	지역	주민등록번호	생년월일		사원명	직위	입사일	주민등록번호	년차(나이)			
3	윤정민	노원구	881201-1*****			오장동	사원	2023-03-25	920621-123****				
4	조인성	관악구	830725-1*****			박한송	부장	2015-06-01	850101-235****				
5	유현진	서조구	860903-1*****			이하원	과장	2018-10-25	890511-257****				
6	현상화	마포구	920817-2*****			김진면	부장	2016-05-07	841204-154****				
7	유시연	관악구	841113-2*****			신명우	대리	2018-04-09	911012-146****				
8	신선미	노원구	811023-2*****			최은정	사원	2022-11-15	950725-248****				
9	이동현	노원구	910103-1*****			유선미	과장	2017-01-16	860904-215****				
10	김강준	마포구	880802-1*****			김소영	대리	2020-09-08	890424-242****				
11	박해리	서조구	900617-2*****			한상진	대리	2019-08-13	901119-138****				
12													
13	[표3]	휴가 일정표				[표4]	학생회 회원 정보					[요일구분표]	
14	성명	휴가출발일	휴가일수	회사출근일		학년	반	성명	생년월일	태어난요일		구분	요일
15	성소민	2025-04-01	4			5	1	김기영	2023-03-05			1	월요일
16	이수앙	2025-04-01	8			5	2	황효주	2023-09-18			2	화요일
17	박세현	2025-04-01	5			5	3	강안석	2023-06-21			3	수요일
18	김성찬	2025-04-10	6			5	4	이유영	2023-12-01			4	목요일
19	장선욱	2025-04-10	7			5	5	최은경	2023-07-25			5	금요일
20	유석일	2025-04-10	9			6	1	조현우	2022-04-05			6	토요일
21	박수홍	2025-04-10	4			6	2	박지섭	2022-08-13			7	일요일
22	이수아	2025-04-16	8			6	3	김민희	2022-11-09				
23	최수현	2025-04-16	5			6	4	이성영	2022-07-11				
24	김송혁	2025-04-16	7			6	5	이동진	2022-08-08				
25													

▲ '날짜1' 시트

❶ [표1]에서 주민등록번호[C3:C11]를 이용하여 생년월일[D3:D11]를 표시하시오.
  ▶ DATE와 MID 함수 사용

❷ [표2]에서 기준일[J1]과 입사일[H3:H11], 주민등록번호[I3:I11]를 이용하여 년차와 나이를 [J3:J11] 영역에 표시하시오.
  ▶ 년차 : 기준일 년도 – 입사일 년도
  ▶ 나이 : 기준일 년도 – (1900 + 주민등록번호 앞 2자리)
  ▶ 결과
    [표시 예 : 입사일이 '2013년'이고 주민등록번호 '900101-123****'이면 '8년차(31)'로 표시]
  ▶ YEAR, LEFT 함수와 & 연산자 사용

❸ [표3]에서 휴가출발일[B15:B24]과 휴가일수[C15:C24]를 이용하여 회사출근일[D15:D24]를 표시하시오.
  ▶ 주말(토, 일요일)은 제외
  ▶ EDATE, WORKDAY 중 알맞은 함수를 선택하여 사용

❹ [표4]에서 생년월일[I15:I24]과 요일구분표[L16:M22]를 이용하여 태어난요일[J15:J24]을 표시하시오.
  ▶ VLOOKUP과 WEEKDAY 함수 사용

기적의 TIP

=MID(텍스트, 시작 위치, 추출할 글자수)
=DATE(년, 월, 일)

① [D3] 셀에 =DATE(MID(C3,1,2),MID(C3,3,2),MID(C3,5,2))를 입력한 후 [D11] 셀까지 수식을 복사한다.

함수 설명 =DATE(MID(C3,1,2),MID(C3,3,2),MID(C3,5,2))
                    ①   ②   ③
① MID(C3,1,2) : 주민등록번호 [C3] 셀에서 첫 번째 시작하여 2글자를 추출한다.
② MID(C3,3,2) : 주민등록번호 [C3] 셀에서 3번째 시작하여 2글자를 추출한다.
③ MID(C3,5,2) : 주민등록번호 [C3] 셀에서 5번째 시작하여 2글자를 추출한다.
=DATE(①,②,③) : ①년 – ②월 – ③일로 날짜 형식으로 표시한다.

② [J3] 셀에 =YEAR($J$1)−YEAR(H3)&"년차("&YEAR($J$1)−(1900+LEFT(I3,2))
&")"를 입력한 후 [J11] 셀까지 수식을 복사한다.

> **함수 설명** =YEAR($J$1)−YEAR(H3)&"년차("&YEAR($J$1)−(1900+LEFT(I3,2))&")"

① YEAR($J$1) : 기준일 [J1] 셀에서 년도를 추출한다.
② ①−YEAR(H3) : 기준일 년도 − 입사일자 년도를 뺀 값을 구한다.
③ 1900+LEFT(I3,2) : 1900에 주민등록번호[I3]에서 왼쪽의 2글자를 추출하여 더한다.
④ YEAR($J$1)−(③) : 기준일 [J1]에서 태어난 년도(1900 + 주민번호 2자리) 4자리를 뺀 값을 구한다.
=②&"년차("&④&")" : ②년차(④) 로 년차와 나이를 표시한다.

③ [D15] 셀에 =WORKDAY(B15,C15)를 입력한 후 [D24] 셀까지 수식을 복사한다.

> **함수 설명** =WORKDAY(B15,C15)

[B15]와 [C15] 사이의 주말과 휴일을 제외한 평일 수를 구한다.

④ [J15] 셀에 =VLOOKUP(WEEKDAY(I15,2),$L$16:$M$22,2,0)을 입력한 후 [J24] 셀까지 수식을 복사한다.

> **함수 설명** =VLOOKUP(WEEKDAY(I15,2),$L$16:$M$22,2,0)

① WEEKDAY(I15,2) : 생년월일[I15]의 요일 값을 숫자로 반환한다. 단, 월요일이 1, 화요일 2, 수요일 3, 목요일 4... 로 반환된다.
=VLOOKUP(①,$L$16:$M$22,2,0) : ① 값을 [L16:M22] 영역의 첫 번째 열에서 찾아 2번째 열(등급)에서 값을 찾아 표시한다.

기적의 TIP

년차만 구하기 위해서 '=YEAR($J$1)−YEAR(H3)'만 입력하고 Enter 를 누르면 결과가 날짜 서식으로 표시가 된다면 Ctrl + 1 을 눌러 [셀 서식]의 [표시 형식] 탭에서 '일반'을 선택하면 된다. 현재 문제에서 셀 서식을 따로 지정하지 않고도 년차(나이) 형식을 작성하기 위해 수식을 이어서 '&"("...' 으로 작성하면 년차가 숫자로 표시가 된다.

기적의 TIP

=VLOOKUP(찾는 값, 범위, 몇 번째 열, [옵션])
=WEEKDAY(날짜, 리턴 타입)

풀이결과

	A	B	C	D	E	F	G	H	I	J	K	L	M
1	[표1]	동호회 회원 현황				[표2]	사원 관리 현황			기준일 :	2025-01-02		
2	성명	지역	주민등록번호	생년월일		사원명	직위	입사일	주민등록번호	년차(나이)			
3	윤정민	노원구	881201-1******	1988-12-01		오장동	사원	2023-03-25	920621-123****	2년차(33)			
4	조인성	관악구	830725-1******	1983-07-25		박한송	부장	2015-06-01	850101-235****	10년차(40)			
5	유현진	서초구	860903-1******	1986-09-03		이하엽	과장	2018-10-25	890511-257****	7년차(36)			
6	현상화	마포구	920817-2******	1992-08-17		김진면	부장	2016-05-07	841204-154****	9년차(41)			
7	유시연	관악구	841113-2******	1984-11-13		신명우	대리	2018-04-09	911012-146****	7년차(34)			
8	신선미	노원구	811023-2******	1981-10-23		최은정	사원	2022-11-15	950725-248****	3년차(30)			
9	이동현	노원구	910103-1******	1991-01-03		유선미	과장	2018-01-16	860904-215****	8년차(39)			
10	김강준	마포구	880802-1******	1988-08-02		김소영	대리	2020-09-08	890424-242****	5년차(36)			
11	박혜리	서초구	900617-2******	1990-06-17		한상진	대리	2019-08-13	901119-138****	6년차(35)			
12													
13	[표3]	휴가 일정표				[표4]	학생회 회원 정보						
14	성명	휴가출발일	휴가일수	회사출근일		학년	반	성명	생년월일	태어난요일		[요일구분표]	
15	성소민	2025-04-01	4	2025-04-07		5	1	김기영	2023-03-05	일요일		구분	요일
16	이수양	2025-04-01	8	2025-04-11		5	2	황효주	2023-09-18	월요일		1	월요일
17	박세현	2025-04-01	5	2025-04-08		5	3	강만석	2023-06-21	수요일		2	화요일
18	김성찬	2025-04-10	6	2025-04-18		5	4	이유영	2023-12-01	금요일		3	수요일
19	장선욱	2025-04-10	7	2025-04-21		5	5	최은경	2023-07-25	화요일		4	목요일
20	유석열	2025-04-10	9	2025-04-23		6	1	조현우	2022-04-05	화요일		5	금요일
21	박수홍	2025-04-16	4	2025-04-16		6	2	박지섭	2022-08-13	토요일		6	토요일
22	이수아	2025-04-16	8	2025-04-28		6	3	김면희	2022-11-09	수요일		7	일요일
23	최수현	2025-04-16	5	2025-04-23		6	4	이성영	2022-07-11	월요일			
24	김송혁	2025-04-16	7	2025-04-25		6	5	이동진	2022-08-08	월요일			
25													

▲ '날짜1(결과)' 시트

	A	B	C	D	E	F	G	H	I	J
1	[표1]	자격증 응시일				[표2]	회원 관리 현황			
2	응시지역	성명	응시일	요일		이름	부서	입사일자	근무년수	
3	광주	김종민	2025-05-15			공호철	영업부	2012-06-21		
4	서울	강원철	2025-10-24			강장환	관리부	2022-06-14		
5	안양	이진수	2025-03-05			신동숙	영업부	2021-10-07		
6	부산	박정민	2025-08-17			이창명	총무부	2022-12-01		
7	인천	한수경	2025-11-12			채경휘	경리부	2021-03-25		
8	제주	유미진	2025-12-12			김길수	관리부	2023-04-09		
9	대전	정미영	2025-02-25			강정미	총무부	2020-04-19		
10										
11	[표3]					[표4]	대한학원 수강시간표			
12	성명	시험일시	잔여일수			과목	요일	수업시간	입실시간	
13	한가람	2027-05-21				피아노	수요일	13:10		
14	김은철	2027-04-22				바이올린	월요일	15:10		
15	고사리	2027-01-23				주산	금요일	14:10		
16	박은별	2027-07-24				영어	목요일	15:10		
17	성준서	2027-03-25				미술	토요일	13:10		
18	이성연	2027-04-28								
19	박한나	2027-07-29				[표5]	주차타워 주차요금			
20	이미리	2027-06-30				차량번호	입차시간	출차시간	주차요금	
21						5587	10:30	11:30		
22						2896	11:00	12:20		
23						3578	11:30	13:50		
24						6478	12:00	12:50		
25						4987	12:30	15:20		
26						5791	13:00	16:20		
27										

▲ '날짜2' 시트

❶ [표1]에서 응시일[C3:C9]이 월요일부터 금요일이면 '평일', 그 외에는 '주말'로 요일[D3:D9]에 표시하시오.
   ▶ 단, 요일 계산 시 월요일이 1 인 유형으로 지정
   ▶ IF, WEEKDAY 함수 사용

❷ [표2]에서 입사일자[H3:H9]와 현재날짜를 이용하여 근무년수[I3:I9]를 표시하시오.
   ▶ 근무년수 = 현재날짜의 연도 − 입사일자의 연도
   ▶ YEAR, TODAY 함수 사용

❸ [표3]에서 오늘부터 시험일시[B13:B20]까지의 남은 일수를 잔여일수[C13:C20]에 표시하시오.
   ▶ TODAY, DAYS 함수 사용

❹ [표4]에서 수업시간을 이용하여 입실시간[I13:I17]을 계산하고, 시간 뒤에 '시'를 포함하여 표시하시오.
   ▶ 입실시간은 매시 정각이며, 수업시간의 시에 해당
   ▶ [표시 예 : 23시]
   ▶ MONTH, HOUR 중 알맞은 함수와 연산자 & 사용

❺ [표5]에서 입차시간과 출차시간을 이용하여 주차요금[I21:I26]을 계산하시오.
   ▶ HOUR, MINUTE 함수 사용
   ▶ 주차요금은 10분당 200원으로 계산

24년 출제

HOUR, MINUTE 함수를 이용하여 주차요금 계산하기 (10분당 200원)

① [D3] 셀에 =IF(WEEKDAY(C3,2)<=5,"평일","주말")을 입력한 후 [D9] 셀까지 수식을 복사한다.

> 🟢 함수 설명 =IF(WEEKDAY(C3,2)<=5,"평일","주말")
>   ①
>
> ① WEEKDAY(C3,2) : 응시일[C3]의 요일 값을 숫자로 반환한다. 단, 월요일이 1, 화요일 2, 수요일 3, 목요일 4... 로 반환된다.
> =IF(①<=5,"평일","주말") : 요일의 일련번호 값이 5보다 작거나 같으면(이하) '평일', 나머지는 '주말'로 표시한다.

② [I3] 셀에 =YEAR(TODAY())−YEAR(H3)을 입력한 후 [I9] 셀까지 수식을 복사한다.

> 🟢 함수 설명 =YEAR(TODAY())−YEAR(H3)
>   ①
>
> ① TODAY() : 실습하는 날짜의 오늘 날짜를 구한다. (결과는 교재 내용과 다를 수 있다.)
> =YEAR(①)−YEAR(H3) : ①의 년도를 추출하여 입사일자[H3]의 년도를 추출하여 뺀 값을 구한다.

③ [I3:I9] 영역을 드래그하여 범위를 지정한 후 마우스 오른쪽 버튼을 클릭한 후 [셀 서식]을 클릭한다.

④ [셀 서식] 대화상자의 '일반'을 선택한 후 [확인]을 클릭한다.

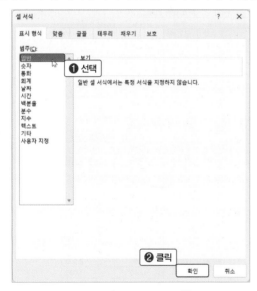

⑤ [C13] 셀에 =DAYS(B13, TODAY())를 입력한 후 [C20] 셀까지 수식을 복사한다.

> 🟢 함수 설명 =DAYS(B13, TODAY())
>   ①
>
> ① TODAY() : 실습하는 날짜의 오늘 날짜를 구한다. (결과는 교재 내용과 다를 수 있다.)
> =DAYS(B13,①) : ①과 시험일자 사이의 일 수를 반환한다.

⑥ [I13] 셀에 =HOUR(H13)&"시"를 입력한 후 [I17] 셀까지 수식을 복사한다.

> 🗨 함수 설명 =HOUR(H13)&"시"
>
> [H13] 셀에서 시간만 추출하여 '시'를 붙여서 표시한다.

⑦ [I21] 셀에 =(HOUR(H21−G21)*60+MINUTE(H21−G21))/10*200을 입력한 후 [I26] 셀까지 수식을 복사한다.

> 🗨 함수 설명 =(HOUR(H21−G21)*60+MINUTE(H21−G21))/10*200
>
> ① HOUR(H21−G21) : [출차시간]−[입차시간]의 시(hour)를 계산
> ② ①*60 : 1시간은 60분이라서 * 60을 함
> ③ MINUTE(H21−G21) : [출차시간]−[입차시간]의 분(minute)을 계산
> ④ (②+③)/10 : 주차시간을 10분 단위로 계산하기 위해
> ⑤ ④*200 : 10분 단위에 * 200을 통하여 10분에 200원으로 계산

기적의 TIP

결과는 실습하는 년도와 날짜에 따라 달라질 수 있다. TODAY 함수는 실습하는 날짜를 이용하여 계산하기 때문에 달라진다.

	A	B	C	D	E	F	G	H	I	J
1	[표1]	자격증 응시일				[표2]	회원 관리 현황			
2	응시지역	성명	응시일	요일		이름	부서	입사일자	근무년수	
3	광주	김종민	2025-05-15	평일		공호철	영업부	2012-06-21	13	
4	서울	강원철	2025-10-24	평일		강장환	관리부	2022-06-14	3	
5	안양	이진수	2025-03-05	평일		신동숙	영업부	2021-10-07	4	
6	부산	박정민	2025-08-17	주말		이창명	총무부	2022-12-01	3	
7	인천	한수경	2025-11-12	평일		채경휘	경리부	2021-03-25	4	
8	제주	유미진	2025-12-12	평일		김길수	관리부	2023-04-09	2	
9	대전	정미영	2025-02-25	평일		강정미	총무부	2020-04-19	5	
10										
11	[표3]					[표4]	대한학원 수강시간표			
12	성명	시험일시	잔여일수			과목	요일	수업시간	입실시간	
13	한가람	2027-05-21	1521			피아노	수요일	13:10	13시	
14	김은철	2027-04-22	1492			바이올린	월요일	15:10	15시	
15	고사리	2027-01-23	1403			주산	금요일	14:10	14시	
16	박은별	2027-07-24	1585			영어	목요일	15:10	15시	
17	성준서	2027-03-25	1464			미술	토요일	13:10	13시	
18	이성연	2027-04-28	1498							
19	박한나	2027-07-29	1590			[표5]	주차타워 주차요금			
20	이미리	2027-06-30	1561			차량번호	입차시간	출차시간	주차요금	
21						5587	10:30	11:30	1,200	
22						2896	11:00	12:20	1,600	
23						3578	11:30	13:50	2,800	
24						6478	12:00	12:50	1,000	
25						4987	12:30	15:20	3,400	
26						5791	13:00	16:20	4,000	
27										

▲ '날짜2(결과)' 시트

난 이 도 (상) 중 하
반복학습 1 2 3

작업파일 [2025컴활2급₩이론] 폴더의 '08계산작업' 파일을 열어서 작업하시오.

01 문자열의 일부(왼쪽에서-LEFT, 중간에서-MID, 오른쪽에서-RIGHT)를 추출한다.

24년 출제

LEFT(텍스트, 문자수) : 텍스트의 왼쪽에서 지정한 문자수만큼 텍스트를 추출함

| 예제 | =LEFT("KOREA",3) | 결과 | KOR |

MID(텍스트, 시작위치, 문자수) : 텍스트의 시작 위치에서부터 지정한 문자수만큼 텍스트를 추출함

| 예제 | =MID("KOREA",3,2) | 결과 | RE |

RIGHT(텍스트, 문자수) : 텍스트의 오른쪽에서 지정한 문자수만큼 텍스트를 추출함

| 예제 | =RIGHT("KOREA",3) | 결과 | REA |

학번의 왼쪽에서부터 2글자와 학번의 3~4번째 글자를 〈학과표〉에서 학과를 찾아 연결하여 표시하시오.
▶ 표시 예 : 학번이 2411012 → 24학번 AI융합
=LEFT(A3,2)&"학번 "&VLOOKUP(MID(A3,3,2),$E$3:$F$5,2,0)

02 영문자의 소문자(LOWER), 대문자(UPPER), 첫 글자만 대문자(PROPER)로 변환한다.

LOWER(텍스트) : 텍스트를 소문자로 변환함

| 예제 | =LOWER("KOREA") | 결과 | korea |

UPPER(텍스트) : 텍스트를 대문자로 변환함

| 예제 | =UPPER("korea") | 결과 | KOREA |

PROPER(텍스트) : 텍스트를 첫 문자만 대문자로 나머지는 소문자로 변환함

| 예제 | =PROPER("KOREA") | 결과 | Korea |

03 여분의 공백(TRIM)을 삭제한다.

TRIM(텍스트) : 단어 사이에 있는 한 칸의 공백을 제외하고 텍스트의 공백을 모두 삭제함

| 예제 | =TRIM("KOREA 2023") | 결과 | KOREA 2023 |

⑭ 텍스트 값에서 다른 텍스트 값(FIND)을 찾아 시작 위치를 구한다. (대/소문자 구분)

FIND(찾을 텍스트, 찾을 텍스트를 포함한 텍스트, [찾을 시작 위치]) : 대/소문자를 구분하여 텍스트 값에서 다른 텍스트 값을 찾음

예제   =FIND( ) 함수는 문자 단위

예제   =FIND("X","EXCEL")

결과   2

⑮ 텍스트 값에서 다른 텍스트 값(SEARCH)을 찾아 시작 위치를 구한다. (대/소문자 구분 안 함)

SEARCH(찾을 텍스트, 찾을 텍스트를 포함한 텍스트, [찾을 시작 위치]) : 텍스트 값에서 다른 텍스트 값(SEARCH)을 찾아 시작 위치를 구함(대/소문자 구분 안 함)

예제   =SEARCH( ) 함수는 문자 단위

예제   =SEARCH("N","printer")   결과   4

⑯ 텍스트 문자열 내의 문자 개수(LEN)를 구한다.

LEN(텍스트) : 텍스트의 문자 개수를 구함

예제   =LEN("컴퓨터활용능력")   결과   7

	A	B	C	D	E	F	G	H	I	J
1	[표1]	홈런 순위					[표2]	카페 신입회원 정보		
2	순위	홈런수	팀명	선수명	선수명(팀명)		성명	지역	닉네임	E-메일
3	1	45	eagles	kimkh			최정예	서울		love99@naver.com
4	2	43	heroes	leesy			심일훈	경기		muakiea@nate.com
5	3	40	lions	parkjm			이아랑	인천		starcmk@nate.com
6	4	39	bears	kimjk			김정필	부산		99023@gmail.com
7	5	34	ktwiz	yoonbw			홍현서	대전		yses@daum.net
8	6	32	tigers	ohsh			이재훈	대구		newlive@naver.com
9	7	30	twins	songhm			김지민	광주		0908ar@naver.com
10	8	29	dinos	jangjb			정해선	강원		tenhour@daum.net
11	9	27	giants	haneh			정우현	제주		kji1004@gmail.com
12	10	26	wyverns	jinch						
13										
14	[표3]	의류 판매 현황					[표4]			
15	제품코드	판매가	판매량	구분			학과	입학일자	입학코드	
16	C-01-M	35,000	65				HEALTHCARE	2022-03-02		
17	S-03-W	42,000	24				HEALTHCARE	2023-03-03		
18	B-03-W	31,500	22				COMPUTER	2024-03-02		
19	A-01-M	28,000	28				COMPUTER	2021-03-02		
20	H-03-W	30,000	19				DESIGN	2025-03-02		
21	N-01-M	40,000	43				DESIGN	2022-03-02		
22	P-05-O	29,500	33				ARTS-THERAPY	2023-03-02		
23	L-05-O	37,000	27				ARTS-THERAPY	2025-03-02		
24										
25	[표5]	생산품목 현황					[표6]			
26	코드	생산일자	인식표	제품코드			도서코드	출판사	출판년도	변환도서코드
27	ag	2025-11-11	w				mng-002	한국산업	2023	
28	rf	2025-08-30	e				psy-523	민음사	2020	
29	dk	2025-12-30	f				mng-091	두란노	2022	
30	ik	2025-10-15	d				psy-725	에코의 서재	2023	
31	wd	2025-11-22	e				nov-264	마티	2020	
32	od	2025-12-10	w				lan-183	상공사	2024	
33	uf	2025-09-03	h				lan-184	민음사	2022	
34										

▲ '텍스트' 시트

❶ [표1]에서 선수명의 첫 문자를 대문자로 변환하고, 팀명[C3:C12]의 전체 문자를 대문자로 변환하여 선수명(팀명)[E3:E12]에 표시하시오.
- ▶ [표시 예] : 선수명이 'kimji', 팀명이 'lions'인 경우 'Kimji(LIONS)'로 표시]
- ▶ UPPER, PROPER 함수와 & 연산자 사용

❷ [표2]의 E-메일[J3:J11]에서 '@' 앞의 문자열만 추출하여 닉네임[I3:I11]에 표시하시오.
- ▶ [표시 예] : abc@naver.com → abc]
- ▶ MID와 SEARCH 함수 사용

❸ [표3]에서 제품코드[A16:A23]의 마지막 문자가 'M'이면 '남성용', 'W'이면 '여성용', 'O'이면 '아웃도어'로 구분[D16:D23]에 표시하시오.
- ▶ IF와 RIGHT 함수 사용

❹ [표4]에서 학과[G16:G23]의 앞 세 문자와 입학일자[H16:H23]의 연도를 이용하여 입학코드[I16:I23]를 표시하시오.
- ▶ 학과의 글자는 소문자로 표시
  [표시 예] : 학과가 'HEALTHCARE', 입학일자가 '2025-03-02'인 경우 → hea2025]
- ▶ LEFT, LOWER, YEAR 함수와 & 연산자 사용

❺ [표5]에서 코드, 생산일자, 인식표를 이용하여 제품코드를 구한 후 [D27:D33]에 표시하시오.
- ▶ 제품코드는 코드 뒤에 '-', 생산일자 중 월 뒤에 '-', 인식표를 연결한 후 대문자로 변환한 것임
- ▶ [표시 예] : 코드가 jh, 생산일자 2025-10-2, 인식표 ek이면 → JH-10-EK]
- ▶ UPPER, MONTH와 & 연산자 사용

❻ [표6]에서 도서코드[G27:G33]의 앞뒤에 있는 공백을 제거한 후 전체 문자를 대문자로 변환하고, 변환된 문자열 뒤에 '-KR'을 추가하여 변환도서코드[J27:J33]에 표시하시오.
- ▶ [표시 예] : mng-002 ⇒ MNG-002-KR]
- ▶ TRIM, UPPER 함수 & 연산자 사용

① [E3] 셀에 =PROPER(D3)&"("&UPPER(C3)&")"를 입력한 후 [E12] 셀까지 수식을 복사한다.

> 💬 함수 설명 =<u>PROPER(D3)</u>&"("&<u>UPPER(C3)</u>&")"
>   ①   ②
> ① PROPER(D3) : 선수명[D3]을 첫글자만 대문자로 표시한다.
> ② UPPER(C3) : 팀명[C3]은 모두 대문자로 표시한다.
> =①&"("&②&")" : ①(②) 형식으로 표시한다.

② [I3] 셀에 =MID(J3,1,SEARCH("@",J3,1)−1)을 입력한 후 [I11] 셀까지 수식을 복사한다.

> 💬 함수 설명 =MID(J3,1,<u>SEARCH("@",J3,1)−1</u>)
>   ①
> ① SEARCH("@",J3,1) : 왼쪽에서 오른쪽으로 검색하면서 @가 처음으로 발견되는 곳의 문자 개수를 구한다.(대/소문자 구분은 안 함)
> =MID(J3,1,①−1) : 이메일[J3]에서 첫 번째부터 시작하여 ①−1을 한 글자수만큼 추출한다.

③ [D16] 셀에 =IF(RIGHT(A16,1)="M","남성용",IF(RIGHT(A16,1)="W","여성용","아웃도어"))를 입력한 후 [D23] 셀까지 수식을 복사한다.

> 💬 함수 설명 =IF(<u>RIGHT(A16,1)</u>="M","남성용",IF(<u>RIGHT(A16,1)</u>="W","여성용","아웃도어"))
>   ①
> ① RIGHT(A16,1) : 제품코드[A16]에서 오른쪽 한글자를 추출한다.
> =IF(①="M","남성용",IF(①="W","여성용","아웃도어")) : ①의 값이 'M'이면 '남성용', ① 값이 'W'이면 '여성용', 그 외에는 '아웃도어'로 표시한다.

💡 기적의 TIP

문제에 주어진 함수를 이용하여 값을 구하기 때문에 함수의 순서가 서로 바뀌어도 결과가 같다면 틀리지 않다.
=LEFT(LOWER(G16),3)
&YEAR(H16)
=LOWER(LEFT(G16,3))
&YEAR(H16)
모두 맞다.

④ [I16] 셀에 =LOWER(LEFT(G16,3)&YEAR(H16))을 입력한 후 [I23] 셀까지 수식을 복사한다.

> 💬 함수 설명 =LOWER(<u>LEFT(G16,3)</u>&<u>YEAR(H16)</u>)
>   ①   ②
> ① LEFT(G16,3) : 학과[G16]에서 왼쪽에서부터 3글자를 추출한다.
> ② YEAR(H16) : 입학일자[H16] 셀의 년도를 추출한다.
> =LOWER(①&②) : ①&②의 값을 모두 소문자로 표시한다.

⑤ [D27] 셀에 =UPPER(A27) & "−" & MONTH(B27) & "−" & UPPER(C27)을 입력한 후 [D33] 셀까지 수식을 복사한다.

> 💬 함수 설명 =<u>UPPER(A27)</u> & "−" & <u>MONTH(B27)</u> & "−" & <u>UPPER(C27)</u>
>   ①   ②   ③
> ① UPPER(A27) : 코드[A27]은 모두 대문자로 표시한다.
> ② MONTH(B27) : 생산일자[B27]에서 월만 추출한다.
> ③ UPPER(C27) : 인식표[C27]은 모두 대문자로 표시한다.
> =① & "−" & ② & "−" & ③ : ①−②−③ 형식으로 영문은 모두 대문자로 표시한다.
>
> =UPPER(A27&"−"&MONTH (B27)&"−"&C27)로 입력해도 된다.

⑥ [J27] 셀에 =UPPER(TRIM(G27))&"-KR"을 입력한 후 [J33] 셀까지 수식을 복사한다.

풀이결과

[표1] 홈런 순위

순위	홈런수	팀명	선수명	선수명(팀명)
1	45	eagles	kimkh	Kimkh(EAGLES)
2	43	heroes	leesy	Leesy(HEROES)
3	40	lions	parkjm	Parkjm(LIONS)
4	39	bears	kimjk	Kimjk(BEARS)
5	34	ktwiz	yoonbw	Yoonbw(KTWIZ)
6	32	tigers	ohsh	Ohsh(TIGERS)
7	30	twins	songhm	Songhm(TWINS)
8	29	dinos	jangjb	Jangjb(DINOS)
9	27	giants	haneh	Haneh(GIANTS)
10	26	wyverns	jinch	Jinch(WYVERNS)

[표2] 카페 신입회원 정보

성명	지역	닉네임	E-메일
최정예	서울	love99	love99@naver.com
심일훈	경기	muakiea	muakiea@nate.com
이아랑	인천	starcmk	starcmk@nate.com
김정필	부산	99023	99023@gmail.com
홍현서	대전	yses	yses@daum.net
이재훈	대구	newlive	newlive@naver.com
김지민	광주	0908ar	0908ar@naver.com
정해선	강원	tenhour	tenhour@daum.net
정우현	제주	kji1004	kji1004@gmail.com

[표3] 의류 판매 현황

제품코드	판매가	판매량	구분
C-01-M	35,000	65	남성용
S-03-W	42,000	24	여성용
B-03-W	31,500	22	여성용
A-01-M	28,000	28	남성용
H-03-W	30,000	19	여성용
N-01-M	40,000	43	남성용
P-05-O	29,500	33	아웃도어
L-05-O	37,000	27	아웃도어

[표4]

학과	입학일자	입학코드
HEALTHCARE	2022-03-02	hea2022
HEALTHCARE	2023-03-03	hea2023
COMPUTER	2024-03-02	com2024
COMPUTER	2021-03-03	com2021
DESIGN	2025-03-02	des2025
DESIGN	2022-03-02	des2022
ARTS-THERAPY	2023-03-02	art2023
ARTS-THERAPY	2025-03-02	art2025

[표5] 생산품목 현황

코드	생산일자	인식표	제품코드
ag	2025-11-11	w	AG-11-W
rf	2025-08-30	e	RF-8-E
dk	2025-12-30	f	DK-12-F
ik	2025-10-15	d	IK-10-D
wd	2025-11-22	e	WD-11-E
od	2025-12-10	w	OD-12-W
uf	2025-09-03	h	UF-9-H

[표6]

도서코드	출판사	출판년도	변환도서코드
mng-002	한국산업	2023	MNG-002-KR
psy-523	민음사	2020	PSY-523-KR
mng-091	두란노	2022	MNG-091-KR
psy-725	에코의 서재	2023	PSY-725-KR
nov-264	마티	2020	NOV-264-KR
lan-183	상공사	2024	LAN-183-KR
lan-184	민음사	2022	LAN-184-KR

▲ '텍스트(결과)' 시트

논리 함수

▶ 합격 강의

작업파일 [2025컴활2급₩이론] 폴더의 '08계산작업' 파일을 열어서 작업하시오.

🔔 24년 출제

=IF(RANK.EQ(값, 범위)<=3, "우수", "")
순위를 구하여 1~3위까지는
'우수', 그 외는 공백으로 표시

01 조건을 판단(IF)한다.

IF(조건식, 값1, 값2) : 조건식이 참이면 값1을 표시, 거짓이면 값2를 표시

예제 =IF(C4>=20,5,0)

결과 [C4] 셀의 값이 20 이상이면 5, 그렇지 않으면 0을 표시

예제 =IF(C4>=20,5,IF(C4>=10,3,1))

결과 [C4] 셀의 값이 20 이상이면 5, 그렇지 않고 만약에 [C4] 셀의 값이 10 이상이면 3, 그렇지도 않
으면 1을 표시

02 논리곱(AND)을 구한다.

AND(조건1, 조건2,…) : 모든 조건이 참이면 TRUE(참)을 표시하고, 나머지는 FALSE(거짓)을 표시

예제 =AND(10>5, 5>2)   결과 TRUE

03 논리합(OR)을 구한다.

🔔 24년 출제

가입날짜가 5월 또는 10월
이면 발송여부에 '발송', 그
외는 공백을 표시하시오.
=IF(OR(MONTH(B3)=5,
MONTH(B3)=10),"발송","")

	A	B	C
1	[표1]		
2	고객번호	가입 날짜	발송여부
3	AT101	2025-05-03	발송
4	AT102	2025-07-07	
5	AT103	2025-10-10	발송
6	AT104	2025-11-11	
7	AT105	2025-12-01	
8	AT106	2025-05-10	발송
9	AT107	2025-10-01	발송

OR(조건1, 조건2,…) : 모든 조건이 거짓이면 FALSE, 나머지는 TRUE를 표시

예제 =OR(10<5, 5<2)   결과 FALSE

04 논리값(TRUE, FALSE)을 구한다.

TRUE( ) : 논리값을 TRUE로 표시

예제 =TRUE( )   결과 TRUE

FALSE( ) : 논리값을 FALSE로 표시

예제 =FALSE( )   결과 FALSE

05 논리식의 역(NOT)을 구한다.

NOT(논리식) : 논리식의 결과를 역으로 표시

예제 =NOT(30>=10)   결과 FALSE

06 수식에서 오류가 발생할 경우 지정한 값(IFERROR)을 반환한다.

IFERROR(수식, 값) : 수식에서 오류가 발생할 경우 지정한 값을 반환하고, 그렇지 않으면 수식 결과를 반환함

예제) =IFERROR(4/가,"수식오류")   결과) 수식오류

07 여러 조건에 대한 다른 결과 값(IFS)을 반환한다.

IFS(조건식1, 값1, 조건식2, 값2, …) : 조건식1에 만족하면 값1, 조건식2에 만족하면 값2, …를 표시

예제) =IFS(A2>=90, "A", A2>=80, "B", TRUE, "C")

결과) [A2] 셀의 값이 90 이상이면 'A', 80 이상이면 'B', 80 보다 작은 모든 값의 경우에는 'C'를 표시

08 조건식의 결과에 따라 다른 값(SWITCH)을 반환한다.

SWITCH(조건식, 결과값1, 반환값1, 결과값2, 반환값2, …) : 조건식의 값이 결과값1과 같으면 반환값1, 결과값2와 같으면 반환값2, …를 표시

예제) =SWITCH(A2, 1, "일요일", 7, "토요일", "평일")

결과) [A2] 셀의 값이 1 이면 '일요일', 2 이면 '토요일', 그 외는 '평일'로 표시

	A	B	C	D	E	F	G	H	I	J	K	L
1	[표1]	휴가 사용 현황			총휴가일수	16	[표2]	자격증 시험 결과				
2	성명	성별	부서명	사용일수	비고		응시코드	1차	2차	3차	결과	
3	유삼호	남	영업부	15			A-0001	79	76	58		
4	최서진	여	영업부	10			A-0002	88	95	89		
5	이상배	남	영업부	8			A-0003	56	42	55		
6	한미진	여	생산부	12			A-0004	71	75	73		
7	김동우	남	생산부	14			A-0005	90	92	94		
8	김도균	남	생산부	13			A-0006	81	86	71		
9	이나은	여	경리부	11			A-0007	80	79	83		
10	정상은	여	경리부	5			A-0008	48	59	62		
11	신병규	남	경리부	14			A-0009	76	54	62		
12												
13	[표3]	해외근무 응시 현황					[표4]	쇼핑몰 판매 현황				
14	사원명	근무	출근	외국어	결과		상품코드	판매가	판매량	총판매액	비고	
15	강용성	93	85	77			CMK-01	12,000	124	1,488,000		
16	이경심	72	99	86			HJH-01	11,500	193	2,219,500		
17	박훈석	93	75	91			KES-01	8,500	199	1,691,500		
18	전우희	82	89	47			HJH-02	12,500	145	1,812,500		
19	원유성	57	94	85			KES-02	7,500	195	1,462,500		
20	기상천	69	88	77			CMK-02	10,000	188	1,880,000		
21	박명훈	79	86	96			HJH-03	9,500	167	1,586,500		
22	변희영	86	96	68			KES-03	5,500	155	852,500		
23	이보민	72	88	52			CMK-03	8,000	168	1,344,000		
24												

▲ '논리1' 시트

❶ [표1]의 총휴가일수[E1]에서 사용일수[D3:D11]을 뺀 일수가 8일 이상이면 "휴가독촉", 8일 미만 4일 이상이면 "휴가권장", 4일 미만이면 공백으로 비고[E3:E11]에 표시하시오.
▸ IF, COUNTIF, AVERAGEIF 중 알맞은 함수 사용

❷ [표2]에서 1차[H3:H11], 2차[I3:I11], 3차[J3:J11] 점수 중 하나라도 80점 이상이면 "합격", 그렇지 않으면 "불합격"을 결과[K3:K11]에 표시하시오.
▸ IF와 OR 함수 사용

❸ [표3]에서 근무[B15:B23]나 출근[C15:C23]이 80 이상이면서 외국어[D15:D23]가 90 이상이면 "해외근무", 그렇지 않으면 "국내근무"를 결과[E15:E23]에 표시하시오.
▸ IF, AND, OR, 함수 사용

❹ [표4]에서 판매량[I15:I23]이 150 이상이고, 총판매액[J15:J23]이 전체 총판매액의 중앙값 이상이면 '효자상품'을, 그렇지 않으면 공백을 비고[K15:K23]에 표시하시오.
▸ IF, AND, MEDIAN 함수 사용

① [E3] 셀에 =IF($E$1-D3〉=8,"휴가독촉",IF($E$1-D3〉=4,"휴가권장",""))을 입력한 후 [E11] 셀까지 수식을 복사한다.

🔵 함수 설명 =IF($E$1-D3〉=8,"휴가독촉",IF($E$1-D3〉=4,"휴가권장",""))
총휴가일수[E1]에서 사용일수[D3]를 뺀 값이 8보다 크거나 같다면(이상)이면 '휴가독촉', 총휴가일수[E1]에서 사용일수[D3]를 뺀 값이 4보다 크거나 같다면(이상)이면 '휴가권장', 그 외에는 공백("")으로 표시한다.

② [K3] 셀에 =IF(OR(H3>=80,I3>=80,J3>=80),"합격","불합격")을 입력한 후 [K11] 셀까지 수식을 복사한다.

> **함수 설명** =IF(OR(H3>=80,I3>=80,J3>=80),"합격","불합격")
>
> ① OR(H3>=80,I3>=80,J3>=80) : 1차[H3]가 80 이상이거나 2차[I3]가 80 이상이거나 3차[J3]가 80 이상이면 TRUE 값이 반환된다. 1차 ~ 3차 중에서 하나라도 80 이상이면 TRUE 값이다.
> =IF(①,"합격","불합격") : ①의 값이 TRUE이면 '합격', 그 외에는 '불합격'으로 표시한다.

③ [E15] 셀에 =IF(AND(OR(B15>=80,C15>=80),D15>=90),"해외근무","국내근무")를 입력한 후 [E23] 셀까지 수식을 복사한다.

> **함수 설명** =IF(AND(OR(B15>=80,C15>=80),D15>=90),"해외근무","국내근무")
> (① : OR(B15>=80,C15>=80))
> (② : AND)
>
> ① OR(B15>=80,C15>=80) : 근무[B15]가 80 이상이거나 출근[C15]가 80 이상이면 TRUE 값이 반환된다. 근무 또는 출근 중에서 하나라도 80 이상이면 TRUE 값이다.
> ② AND(①,D15>=90) : ①이 TRUE이고 외국어[D15]가 90 이상이면 TRUE 값이 반환된다.
> =IF(②,"해외근무","국내근무") : ②의 값이 TRUE이면 '해외근무', 그 외에는 '국내근무'로 표시한다.

④ [K15] 셀에 =IF(AND(I15>=150,J15>=MEDIAN($J$15:$J$23)),"효자상품","")을 입력한 후 [K23] 셀까지 수식을 복사한다.

> **함수 설명** =IF(AND(I15>=150,J15>=MEDIAN($J$15:$J$23)),"효자상품","")
> (① : MEDIAN($J$15:$J$23))
> (② : AND)
>
> ① MEDIAN($J$15:$J$23) : 총판매액[J15:J23]의 중간값을 구한다.
> ② AND(I15>=150,J15>=①) : 판매량이 150 이상이고 총판매액이 ① 이상이면 TRUE 값이 반환된다.
> =IF(②,"효자상품","") : ②의 값이 TRUE이면 '효자상품', 그 외에는 공백(" ")으로 표시한다.

기적의 TIP

OR 함수 : 조건1, 조건2, .. 중 하나라도 참이면 참(True)

조건1	조건2	결과
3>2	5>2	참(True)
3>2	1>2	참(True)
1>2	5>2	참(True)
2>3	1>2	거짓(False)

기적의 TIP

AND 함수 : 조건1, 조건2, .. 모든 조건이 참일 때에는 참(True)

조건1	조건2	결과
3>2	5>2	참(True)
3>2	1>2	거짓(False)
1>2	5>2	거짓(False)
2>3	1>2	거짓(False)

풀이결과

	A	B	C	D	E	F	G	H	I	J	K	L
1	[표1]	휴가 사용 현황		총휴가일수	16		[표2]	자격증 시험 결과				
2	성명	성별	부서명	사용일수	비고		응시코드	1차	2차	3차	결과	
3	유삼호	남	영업부	15			A-0001	79	76	58	불합격	
4	최서진	여	영업부	10	휴가권장		A-0002	88	95	89	합격	
5	이상배	남	영업부	8	휴가독촉		A-0003	56	42	55	불합격	
6	한미진	여	생산부	12	휴가권장		A-0004	71	75	73	불합격	
7	김동우	남	생산부	14			A-0005	90	92	94	합격	
8	김도균	남	생산부	13			A-0006	81	86	71	합격	
9	이나은	여	경리부	11	휴가권장		A-0007	80	79	83	합격	
10	정상은	여	경리부	5	휴가독촉		A-0008	48	59	62	불합격	
11	신병규	남	경리부	14			A-0009	76	54	62	불합격	
12												
13	[표3]	해외근무 응시 현황					[표4]	쇼핑몰 판매 현황				
14	사원명	근무	출근	외국어	결과		상품코드	판매가	판매량	총판매액	비고	
15	강용성	93	85	77	국내근무		CMK-01	12,000	124	1,488,000		
16	이경심	72	99	86	국내근무		HJH-01	11,500	193	2,219,500	효자상품	
17	박훈석	93	75	91	해외근무		KES-01	8,500	199	1,691,500	효자상품	
18	전우희	82	89	47	국내근무		HJH-02	12,500	145	1,812,500		
19	원유성	57	94	85	국내근무		KES-02	7,500	195	1,462,500		
20	기상천	69	88	77	국내근무		CMK-02	10,000	188	1,880,000	효자상품	
21	박명훈	79	86	96	해외근무		HJH-03	9,500	167	1,586,500	효자상품	
22	변희영	86	96	68	국내근무		KES-03	5,500	155	852,500		
23	이보민	72	88	52	국내근무		CMK-03	8,000	168	1,344,000		
24												

▲ '논리1(결과)' 시트

	A	B	C	D	E	F	G	H	I	J	K	L
1	[표1]	교내 미술경시대회					[표2]					
2	학년	성명	성별	점수	결과		원서번호	이름	거주지	지원학과		
3	1	전세권	남	78			M-120	이민수	서울시 강북구			
4	1	노숙자	여	86			N-082	김병훈	대전시 대덕구			
5	1	하나로	여	90			S-035	최주영	인천시 남동구			
6	1	육해공	남	91			M-072	길미라	서울시 성북구			
7	2	정인간	남	92			S-141	나태후	경기도 김포시			
8	2	방귀남	남	82			N-033	전영태	경기도 고양시			
9	2	구주희	여	94			M-037	조영선	강원도 춘천시			
10	3	이재휘	남	89			A-028	박민혜	서울시 마포구			
11	3	유희지	여	93								
12	3	한산의	여	87			학과코드	S	N	M		
13							학 과 명	소프트웨어	네트워크	멀티미디어		
14												
15	[표3]	신제품 출시 현황					[표4]					
16	제품코드	판매량	판매총액	결과			이름	국사	상식	총점	점수	
17	BH001	642	8,025,000				이후정	82	94	176		
18	BH002	241	3,012,500				백천경	63	83	146		
19	BH003	289	3,612,500				민경배	76	86	162		
20	BH004	685	8,562,500				김태하	62	88	150		
21	BH005	917	11,462,500				이사랑	92	96	188		
22	BH006	862	10,775,000				곽난영	85	80	165		
23	BH007	571	7,137,500				장채리	62	77	139		
24	BH008	295	3,687,500				봉전미	73	68	141		
25	BH009	384	4,800,000									
26	BH010	166	2,075,000									
27												
28	[표5]						[표6]	사원 관리 현황				
29	주문번호	주문일	주문금액	주문요일			사원코드	성별	직위	부서명		
30	50123	2025-10-03	120,000				P-101	여	부장			
31	50124	2025-10-06	320,000				E-301	여	부장			
32	50125	2025-10-18	180,000				B-501	남	부장			
33	50126	2025-10-22	150,000				P-103	남	대리			
34	50127	2025-10-31	510,000				B-503	여	대리			
35	50128	2025-11-04	420,000				B-504	남	사원			
36	50129	2025-11-09	740,000				E-303	여	사원			
37	50130	2025-11-20	654,000				P-104	여	사원			
38												

▲ '논리2' 시트

❶ [표1]에서 점수[D3:D12]를 기준으로 순위를 구하여 1위는 "대상", 2위는 "금상", 3위는 "은상", 4위는 "동상", 나머지는 공백으로 결과[E3:E12]에 표시하시오.

  ▶ IFERROR, CHOOSE, RANK.EQ 함수 사용

❷ [표2]에서 원서번호[G3:G10]의 왼쪽에서 첫 번째 문자와 [H12:J13] 영역을 참조하여 지원학과 [J3:J10]을 표시하시오.

  ▶ 단, 오류 발생 시 지원학과에 '코드오류'로 표시

  ▶ IFERROR, HLOOKUP, LEFT 함수 사용

❸ [표3]에서 판매총액[C17:C26]이 많은 5개의 제품은 "재생산", 나머지는 "생산중단"으로 결과 [D17:D26]에 표시하시오.

  ▶ IF와 LARGE 함수 사용

❹ [표4]에서 총점[J17:J24]이 가장 높은 사람은 '최고점수', 가장 낮은 사람은 '최저점수', 그렇지 않은 사람은 공백을 점수[K17:K24]에 표시하시오.

  ▶ IF, MAX, MIN 함수 사용

❺ [표5]에서 주문일[B30:B37]의 요일번호를 이용하여 주문요일[D30:D37] 영역에 '월', '화', … 형식으로 표시하시오.

  ▶ SWITCH, WEEKDAY 함수 사용

  ▶ 단, 요일 계산 시 월요일이 1인 유형으로 지정

❻ [표6]에서 사원코드[G30:G37]의 왼쪽에서 첫 번째 문자가 'P'이면 '생산부', 'B'이면 '영업부', 'E'이면 '관리부'로 부서명[J30:J37] 영역에 표시하시오.

  ▶ IFS, LEFT 함수 사용

① [E3] 셀에 =IFERROR(CHOOSE(RANK.EQ(D3,$D$3:$D$12),"대상","금상","은상","동상"),"")을 입력한 후 [E12] 셀까지 수식을 복사한다.

🟩 기적의 TIP

=CHOOSE(인덱스번호, "값1","값2","값3"...)

🔵 **함수 설명** =IFERROR(CHOOSE(RANK.EQ(D3,$D$3:$D$12),"대상","금상","은상","동상"),"")

① RANK.EQ(D3,$D$3:$D$12) : [D3] 셀의 점수를 [D3:D12] 영역에서 순위를 구한다.
② CHOOSE(①,"대상","금상","은상","동상") : ①의 값이 1이면 '대상', 2이면 '금상', 3이면 '은상', 4이면 '동상'으로 표시한다.
=IFERROR(②,"") : ②의 값에 오류가 없다면 값을 그대로 표시하고, 만약 오류가 있다면 공백(" ")으로 표시한다.

② [J3] 셀에 =IFERROR(HLOOKUP(LEFT(G3,1),$H$12:$J$13,2,FALSE),"코드오류")를 입력한 후 [J10] 셀까지 수식을 복사한다.

🟩 기적의 TIP

=HLOOKUP(찾는 값, 범위, 몇 번째 행, [옵션])
옵션
0(False) : 정확하게 일치하는 값을 찾을 때 (예 : 문자)
1(True) : 구간에서 값을 찾아올 때 (예 : 1~10, 11~20, 21~30...)

🔵 **함수 설명** =IFERROR(HLOOKUP(LEFT(G3,1),$H$12:$J$13,2,FALSE),"코드오류")

① LEFT(G3,1) : 원서번호[G3] 셀에서 왼쪽에서 한 글자를 추출한다.
② HLOOKUP(①,$H$12:$J$13,2,FALSE) : ①의 값을 [H12:J13] 영역의 첫 번째 행에서 값을 찾아 같은 열의 2번째 행에서 정확하게 일치하는 값을 반환한다.
=IFERROR(②,"코드오류") : ②의 값에 오류가 없다면 값을 그대로 표시하고, 만약 오류가 있다면 '코드오류'로 표시한다.

③ [D17] 셀에 =IF(C17>=LARGE($C$17:$C$26,5),"재생산","생산중단")을 입력한 후 [D26] 셀까지 수식을 복사한다.

🔵 **함수 설명** =IF(C17>=LARGE($C$17:$C$26,5),"재생산","생산중단")

① LARGE($C$17:$C$26,5) : 판매총액[C17:C26] 영역에서 5번째로 큰 값을 구한다.
=IF(C17>=①,"재생산","생산중단") : 판매총액[C17]의 값이 ①보다 크거나 같다면(이상) '재생산', 그 외에는 '생산중단'으로 표시한다.

④ [K17] 셀에 =IF(J17=MAX($J$17:$J$24),"최고점수",IF(J17=MIN($J$17:$J$24),"최저점수",""))을 입력한 후 [K24] 셀까지 수식을 복사한다.

🔵 **함수 설명** =IF(J17=MAX($J$17:$J$24),"최고점수",IF(J17=MIN($J$17:$J$24),"최저점수",""))

① MAX($J$17:$J$24) : 총점[J17:J24] 영역에서 가장 큰 값을 구한다.
② MIN($J$17:$J$24) : 총점[J17:J24] 영역에서 가장 작은 값을 구한다.
=IF(J17=①,"최고점수",IF(J17=②,"최저점수","")) : 총점[J17]이 ①하고 같다면 '최고점수'로 표시하고, 총점[J17]이 ②하고 같다면 '최저점수'로 표시하고, 그 외에는 공백(" ")으로 표시한다.

⑤ [D30] 셀에 =SWITCH(WEEKDAY(B30,2),1,"월",2,"화",3,"수",4,"목",5,"금",6, "토",7,"일")를 입력한 후 [D37] 셀까지 수식을 복사한다.

> **함수 설명** =SWITCH(WEEKDAY(B30,2),1,"월",2,"화",3,"수",4,"목",5,"금",6,"토",7,"일")
>   ①
> ① WEEKDAY(B30,2) : [B30] 셀 날짜에서 요일의 번호를 숫자로 반환
> =SWITCH(①,1,"월",2,"화",3,"수",4,"목",5,"금",6,"토",7,"일") : ①의 값이 1이면 '월', 2이면 '화', … 으로 표시

⑥ [J30] 셀에 =IFS(LEFT(G30,1)="P","생산부",LEFT(G30,1)="B","영업부",LEFT(G30, 1)="E","관리부")를 입력한 후 [J37] 셀까지 수식을 복사한다.

> **함수 설명** =IFS(LEFT(G30,1)="P","생산부",LEFT(G30,1)="B","영업부",LEFT(G30,1)="E","관리부")
>   ①
> ① LEFT(G30,1) : [G30] 셀에서 왼쪽의 한 글자를 추출함
> =IFS(①="P","생산부",①="B","영업부",①="E","관리부") : ①의 값이 P이면 '생산부', B이면 '영업부', C이면 '관리부'

	A	B	C	D	E	F	G	H	I	J	K	L
1	[표1]	교내 미술경시대회					[표2]					
2	학년	성명	성별	점수	결과		원서번호	이름	거주지	지원학과		
3	1	전세권	남	78			M-120	이민수	서울시 강북구	멀티미디어		
4	1	노숙자	여	86			N-082	김병훈	대전시 대덕구	네트워크		
5	1	하나로	여	90			S-035	최주영	인천시 남동구	소프트웨어		
6	1	육해공	남	91	동상		M-072	길미라	서울시 성북구	멀티미디어		
7	2	정인간	남	92	은상		S-141	나태후	경기도 김포시	소프트웨어		
8	2	방귀남	남	82			N-033	전영태	경기도 고양시	네트워크		
9	2	구주희	여	94	대상		M-037	조영선	강원도 춘천시	멀티미디어		
10	3	이재휘	남	89			A-028	박민혜	서울시 마포구	코드오류		
11	3	유회지	여	93	금상							
12	3	한산의	여	87			학과코드	S	N	M		
13							학 과 명	소프트웨어	네트워크	멀티미디어		
14												
15	[표3]	신제품 출시 현황					[표4]					
16	제품코드	판매량	판매총액	결과			이름	국사	상식	총점	점수	
17	BH001	642	8,025,000	재생산			이후정	82	94	176		
18	BH002	241	3,012,500	생산중단			백천경	63	83	146		
19	BH003	289	3,612,500	생산중단			민경배	76	86	162		
20	BH004	685	8,562,500	재생산			김태하	62	88	150		
21	BH005	917	11,462,500	재생산			이사랑	92	96	188	최고점수	
22	BH006	862	10,775,000	재생산			곽난영	85	80	165		
23	BH007	571	7,137,500	재생산			장채리	62	77	139	최저점수	
24	BH008	295	3,687,500	생산중단			봉전미	73	68	141		
25	BH009	384	4,800,000	생산중단								
26	BH010	166	2,075,000	생산중단								
27												
28	[표5]						[표6]	사원 관리 현황				
29	주문번호	주문일	주문금액	주문요일			사원코드	성별	직위	부서명		
30	50123	2025-10-03	120,000	금			P-101	여	부장	생산부		
31	50124	2025-10-06	320,000	월			E-301	여	부장	관리부		
32	50125	2025-10-18	180,000	토			B-501	남	부장	영업부		
33	50126	2025-10-22	150,000	수			P-103	남	대리	생산부		
34	50127	2025-10-31	510,000	금			B-503	여	대리	영업부		
35	50128	2025-11-04	420,000	화			B-504	남	사원	영업부		
36	50129	2025-11-09	740,000	일			E-303	여	사원	관리부		
37	50130	2025-11-20	654,000	목			P-104	여	사원	생산부		
38												

▲ '논리2(결과)' 시트

CHAPTER 03

분석작업

학습 방향

분석작업에서는 2문항의 문제가 출제되고 있습니다. 각 문항의 점수는 10점인데, 부분 점수가 없습니다. 문제에 제시된 요구사항을 순서대로 처리해서 작성합니다. 부분합을 작성할 때에는 정렬을 먼저 한 후에 문제에 제시된 필드를 기준으로 부분합을 작성합니다. 통합 문제에 조건을 만능문자(*)를 사용하여 직접 입력하는 문제도 연습이 필요합니다.

정렬

▶ 합격 강의

작업파일 [2025컴활2급₩이론] 폴더의 '09정렬' 파일을 열어서 작업하시오.

출제유형 ❶ **'정렬1' 시트에 다음의 지시사항을 처리하시오.**

[정렬] 기능을 이용하여 부서명을 기준으로 오름차순으로 정렬하고, 동일한 부서명인 경우 '중형차'의 셀 색이 'RGB(183,222,232)'인 값이 위에 표시되도록 정렬하시오.

🔒 기적의 TIP

[B3:H14] 영역을 범위 지정한 이유는?
데이터 안쪽에 커서를 두고 [정렬]을 실행하면 [H2] 셀에 입력된 '금액:천원'까지 범위에 포함되어 문제에서 요구한 정렬을 할 수 없어 현재 예제에서는 정렬하고자 하는 영역을 범위 지정한 후 실행한다.

① [B3:H14] 영역 을 드래그하여 범위를 지정한 후 [데이터]–[정렬 및 필터] 그룹의 [정렬](🔡)을 클릭한다.

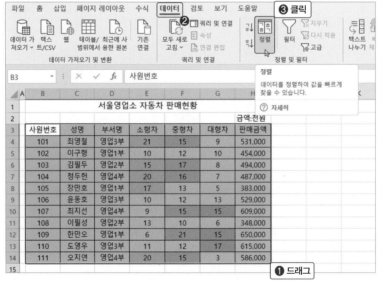

② [정렬]에서 첫 번째 정렬 기준은 '부서명', '셀 값', '오름차순'을 선택하고, 두 번째 정렬 기준을 추가하기 위해서 [기준 추가]를 클릭한다.

③ 다음 기준에 '중형차', '셀 색', 색에서 'RGB(183,222,232)'을 선택하고, '위에 표시'를 선택하고 [확인]을 클릭한다.

A	B	C	D	E	F	G	H	I
1			서울영업소 자동차 판매현황					
2							금액:천원	
3	사원번호	성명	부서명	소형차	중형차	대형차	판매금액	
4	109	한만오	영업1부	6	21	15	650,000	
5	102	이구형	영업1부	10	12	10	454,000	
6	105	장만호	영업1부	17	13	5	383,000	
7	103	김필두	영업2부	15	17	8	494,000	
8	108	이필성	영업2부	13	10	6	348,000	
9	101	최영철	영업3부	21	15	9	531,000	
10	106	윤동호	영업3부	10	12	13	529,000	
11	110	도영우	영업3부	11	12	17	615,000	
12	104	정두헌	영업4부	20	16	7	487,000	
13	107	최지선	영업4부	9	15	15	609,000	
14	111	오지연	영업4부	20	15	3	586,000	
15								

▲ '정렬1(결과)' 시트

'정렬2' 시트에 다음의 지시사항을 처리하시오.

[정렬] 기능을 이용하여 '구분'을 조합-회원사-비회원사-기타 순으로 정렬하고, 동일한 구분인 경우 '증감량'의 글꼴 색이 'RGB(255,0,0)'인 값이 아래쪽에 표시되도록 정렬하시오.

① 합계 부분을 제외한 [A4:G20] 영역을 드래그하여 범위를 지정한 후 [데이터]-[정렬 및 필터] 그룹의 [정렬](▦)을 클릭한다.

② [정렬]에서 첫 번째 정렬 기준은 '구분', '셀 값', '사용자 지정 목록...'을 선택한다.

③ '목록 항목'에 **조합** Enter **회원사** Enter **비회원사** Enter **기타** 순으로 입력한 후 [추가]를 클릭하고 [확인]을 클릭한다.

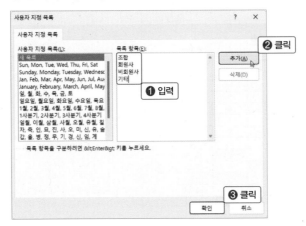

④ 정렬에 '조합, 회원사, 비회원사, 기타'가 표시되면 [기준 추가]를 클릭한다.

⑤ 다음 기준에 '증감량', '글꼴 색', 색에서 'RGB(255,0,0)'을 선택하고, '아래쪽에 표시'를 선택하고 [확인]을 클릭한다.

	A	B	C	D	E	F	G	H
1			분유 납품 현황					
2							단위: t	
3								
4	업체명	구분	전지분유	탈지분유	계	전년도	증감량	
5	경동낙협	조합	12	152	164	123	41	
6	경천낙협	조합	14	37	51	43	8	
7	서울우유합	조합	779	1,208	1,987	1,704	283	
8	청평우유합	조합	7	4	11	8	3	
9	대천우유합	조합	2	182	184	202	- 18	
10	부부우유합	조합	21	888	909	913	- 4	
11	건육유업	회원사	25	34	59	41	18	
12	로우햄우유	회원사	5	99	104	79	25	
13	남동유업	회원사	78	789	867	934	- 67	
14	삼양식품	회원사	2	5	7	12	- 5	
15	비록	비회원사	2	198	200	156	44	
16	매달유업	비회원사	47	698	745	854	- 109	
17	육오대학식품	비회원사	5	3	8	12	- 4	
18	모닝볼유업	기타	3	3	6	5	1	
19	우목촌	기타	24	567	591	552	39	
20	엠오푸드	기타	12	21	33	35	- 2	
21	합계		1,038	4,888	5,926	5,673	253	
22								

▲ '정렬2(결과)' 시트

출제유형 ❸ '정렬3' 시트에 다음의 지시사항을 처리하시오.

[정렬] 기능을 이용하여 [표1]에서 '포지션'을 공격수–골키퍼–미드필드–수비수 순으로 정렬하고, 동일한 포지션인 경우 '가입기간'의 셀 색이 'RGB(216,228,188)'인 값이 위에 표시되도록 정렬하시오.

① [A3:G17] 영역을 드래그하여 범위를 지정한 후 [데이터]–[정렬 및 필터] 그룹의 [정렬](📊)을 클릭한다.

② [정렬]에서 첫 번째 정렬 기준은 '포지션', '셀 값', '사용자 지정 목록…'을 선택한다.

③ 목록 항목에 '공격수 Enter 골키퍼 Enter 미드필드 Enter 수비수' 순으로 입력한 후 [추가]를 클릭하고 [확인]을 클릭한다.

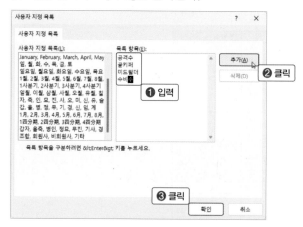

④ 정렬에 '공격수, 골키퍼, 미드필드, 수비수'가 표시되면 [기준 추가]를 클릭한다.

⑤ 다음 기준에 '가입기간', '셀 색', 색에서 'RGB(216,228,188)'을 선택하고, '위에 표시'를 선택하고 [확인]을 클릭한다.

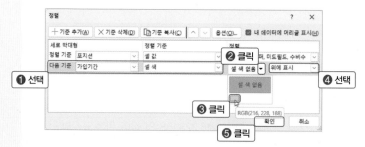

풀이결과

	A	B	C	D	E	F	G	H
1	[표1] 영진상사 축구동호회 회원명부							
2								
3	포지션	이름	부서	나이	가입기간	참여도	비고	
4	공격수	이해탁	총무부	32	6년	A급		
5	공격수	왕전빈	경리부	26	1년	C급		
6	공격수	주병선	생산부	28	2년	B급		
7	골키퍼	김신수	생산부	30	6년	B급		
8	골키퍼	허용진	구매부	34	8년	A급	감독	
9	미드필드	박평천	총무부	43	8년	A급	회장	
10	미드필드	갈문주	생산부	31	4년	C급		
11	미드필드	민조항	영업부	27	3년	B급		
12	미드필드	최배훈	영업부	26	1년	A급		
13	수비수	길주병	생산부	41	8년	C급		
14	수비수	김빈우	경리부	32	5년	A급	총무	
15	수비수	한민국	구매부	33	7년	B급		
16	수비수	나대영	생산부	26	2년	A급		
17	수비수	편대민	영업부	28	4년	B급		
18								

▲ '정렬3(결과)' 시트

부분합

▶ 합격 강의

난 이 도 (상) 중 하
반복학습 ①②③

작업파일 [2025컴활2급₩이론] 폴더의 '10부분합' 파일을 열어서 작업하시오.

출제유형 ❶ '부분합1' 시트에 다음의 지시사항을 처리하시오.

[부분합] 기능을 이용하여 〈그림〉과 같이 학과별로 '출석'과 '평소'의 평균을 계산한 후 '총점'의 최대값을 계산하시오.

▶ 정렬은 '학과'를 기준으로 내림차순으로 처리하시오.

▶ 평균과 최대값은 위에 명시된 순서대로 처리하시오.

	A	B	C	D	E	F	G	H	I
1	[표1] 영진대학교 프로그래밍 성적처리								
2									
3	학번	학과	이름	출석	평소	중간	기말	총점	
4	S121340	소프트웨어과	박진수	15	16	25	26	82	
5	S145628	소프트웨어과	김창희	20	19	29	27	95	
6	S130215	소프트웨어과	민경배	14	13	18	20	65	
7	S123056	소프트웨어과	유인형	15	18	20	17	70	
8		소프트웨어과 최대						95	
9		소프트웨어과 평균		16	16.5				
10	M110456	멀티미디어과	김진영	17	16	28	24	85	
11	M123460	멀티미디어과	최만중	19	19	26	28	92	
12	M140632	멀티미디어과	전태호	16	17	23	21	77	
13	M133625	멀티미디어과	임홍수	16	17	19	21	73	
14	M150207	멀티미디어과	전인주	18	17	24	21	80	
15		멀티미디어과 최대						92	
16		멀티미디어과 평균		17.2	17.2				
17	N132056	네트워크과	이택준	12	13	21	23	69	
18	N126354	네트워크과	장호영	19	18	27	26	90	
19	N101253	네트워크과	강달호	12	10	15	18	55	
20	N132416	네트워크과	황인범	17	15	22	23	77	
21		네트워크과 최대						90	
22		네트워크과 평균		15	14				
23		전체 최대값						95	
24		전체 평균		16.15385	16				
25									

▲ '부분합1(결과)' 시트

① 학과별로 내림차순 정렬하기 위해서, [B3] 셀을 클릭하고 [데이터]-[정렬 및 필터] 그룹의 [텍스트 내림차순 정렬](힣↓)을 클릭한다.

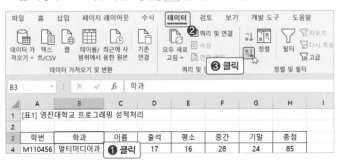

🅑 기적의 TIP

부분합을 실행할 때 정렬하지 않으면 문제에서 요구한 결과로 표시되지 않는다. 꼭 부분합을 실행하기 전에 정렬을 먼저 실행해야 한다.

기적의 TIP

그룹화할 항목은 조금 전에
정렬을 실행했던 필드 '학과'
를 선택한다.
(또는 제시된 그림의 평균, 최
대값이 구해진 필드를 확인
해도 된다.)
많이 실수하는 부분이 그룹
화할 항목 첫 번째가 필드가
선택된 상태에서 실행하면 문
제에서 요구한 결과로 표시되
지 않는다.

② 데이터 안에 마우스 포인터가 놓여 있는 상태에서 [데이터]–[개요] 그룹의 [부분합]
(▦)을 클릭한다.

③ 학과별로 '출석'과 '평소'의 평균을 구하기 위해 [부분합]에서 그룹화할 항목은 '학과',
사용할 함수는 '평균', 부분합 계산 항목은 '출석', '평소'를 체크하고, '총점'의 체크를
해제한 후 [확인]을 클릭한다.

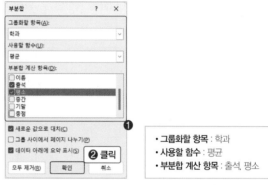

• **그룹화할 항목** : 학과
• **사용할 함수** : 평균
• **부분합 계산 항목** : 출석, 평소

④ 다시 한 번 '총점'의 최대값을 계산하기 위해서 [데이터]–[개요] 그룹의 [부분합](▦)
을 클릭한다.

기적의 TIP

부분합을 취소하고자 할 때
에는 [데이터]–[개요] 그룹의
[부분합]을 클릭하여 [모두 제
거]를 클릭한다.

기적의 TIP

두 번째 부분합을 작성할 때
에는 '새로운 값으로 대치'의
체크를 해제하지 않으면 처음
에 작성한 평균을 구한 부분
합이 제거된다.

⑤ 평균과 최대값을 둘 다 표시하기 위해서 '새로운 값으로 대치' 체크를 해제하고, [부분
합]에서 그룹화할 항목은 '학과', 사용할 함수는 '최대', 부분합 계산 항목은 '총점'을 체
크하고 [확인]을 클릭한다.

• **그룹화할 항목** : 학과
• **사용할 함수** : 최대
• **부분합 계산 항목** : 총점
• '새로운 값으로 대치' 체크 해제

출제유형 ❷ '부분합2' 시트에 다음의 지시사항을 처리하시오.

[부분합] 기능을 이용하여 '소양인증포인트 현황' 표에 〈그림〉과 같이 학과별 '합계'의 최소값을 계산한 후 '기본영역', '인성봉사', '교육훈련'의 평균을 계산하시오.

▶ 정렬은 '학과'를 기준으로 오름차순으로 처리하시오.
▶ 최소값과 평균은 위에 명시된 순서대로 처리하시오.
▶ 기본영역의 평균 소수 자릿수는 소수 이하 1자리로 하시오.
▶ 부분합 결과에 '파랑, 표 스타일 보통2' 서식을 적용하시오.

🏅 24년 출제

부분합 결과에 표 서식 지정

	학과	성명	기본영역	인성봉사	교육훈련	합계
1	소양인증포인트 현황					
4	경영정보	정소영	85	75	75	235
5	경영정보	주경철	85	85	75	245
6	경영정보	한기철	90	70	85	245
7	경영정보 평균		86.7	77	78	
8	경영정보 최소					235
9	유아교육	강소미	95	65	65	225
10	유아교육	이주현	100	90	80	270
11	유아교육	한보미	80	70	90	240
12	유아교육 평균		91.7	75	78	
13	유아교육 최소					225
14	정보통신	김경호	95	75	95	265
15	정보통신	박주영	85	50	80	215
16	정보통신	임정민	90	80	60	230
17	정보통신 평균		90.0	68	78	
18	정보통신 최소					215
19	전체 평균		89.4	73	78	
20	전체 최소값					215

▲ '부분합2(결과)' 시트

① 학과별로 오름차순 정렬하기 위해서, [A3] 셀을 클릭하고 [데이터]-[정렬 및 필터] 그룹의 [텍스트 오름차순 정렬](굴)을 클릭한다.

② 데이터 안에 마우스 포인터가 놓여 있는 상태에서 [데이터]–[개요] 그룹의 [부분합] ( )을 클릭한다.

③ 학과별 '합계'의 최소값을 구하기 위해서 [부분합]에서 그룹화할 항목은 '학과', 사용할 함수는 '최소', 부분합 계산 항목은 '합계'를 체크하고 [확인]을 클릭한다.

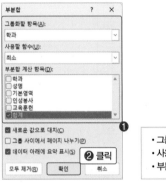

- **그룹화할 항목** : 학과
- **사용할 함수** : 최소
- **부분합 계산 항목** : 합계

④ 다시 한 번 '기본영역', '인성봉사', '교육훈련'의 '평균'을 계산하기 위해서 [데이터]–[개요] 그룹의 [부분합]( )을 클릭한다.

⑤ 최소값과 평균을 둘 다 표시하기 위해서 '새로운 값으로 대치' 체크를 해제하고, [부분합]에서 그룹화할 항목은 '학과', 사용할 함수는 '평균', 부분합 계산 항목은 '기본영역', '인성봉사', '교육훈련'에 체크하고 [확인]을 클릭한다.

기적의 TIP

'새로운 값으로 대치' 체크를 해제하는 것은 첫 번째 부분합(최소값)을 실행할 때 미리 체크를 해제하고 작성해도 된다.

- **그룹화할 항목** : 학과
- **사용할 함수** : 평균
- **부분합 계산 항목** : 기본영역, 인성봉사, 교육훈련
- '새로운 값으로 대치' 체크 해제

⑥ 기본영역의 평균을 소수 이하 1자리로 표시하기 위해서 [C7] 셀을 클릭하고 **Ctrl**을 누르며 [C12], [C17], [C19] 셀을 선택한 후, **Ctrl**+**1**을 눌러 [표시 형식] 탭의 '사용자 지정'에 #.0을 입력하고 [확인]을 클릭한다.

기적의 TIP

[셀 서식] 대화상자 바로 가기 키
Ctrl+**1**

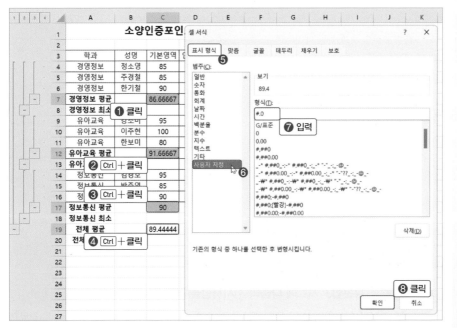

⑦ [A3:F20] 영역을 범위 지정한 후 [홈] 탭의 [스타일]−[표 서식]에서 '파랑, 표 스타일 보통 2'를 선택한다.

기적의 TIP

부분합을 실행한 후 A와 B열의 경계라인을 더블클릭하여 열너비를 조절해 주세요.

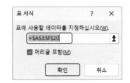

⑧ [표 서식]에서 [확인]을 클릭한다.

윤곽 기호

- 윤곽 기호는 부분합 작업 후 윤곽이 설정된 워크시트의 모양을 바꿀 때 사용하는 기호로 1 2 3, ―, + 가 있다.
- 윤곽 기호 1 은 전체 결과만 표시하고, 윤곽 기호 2 는 전체 결과와 그룹별 부분합 결과를 표시한다.
- 윤곽 기호 3 은 전체 결과와 그룹별 부분합 결과, 해당 데이터까지 모두 표시한다.
- ― 를 클릭하면 하위 수준의 데이터는 숨기며, 부분합 결과만 표시한다.
- + 를 클릭하면 하위 수준의 데이터와 부분합 결과를 표시한다.

윤곽 기호를 표시하지 않을 때

[데이터]-[개요] 그룹에서 [그룹 해제]-[개요 지우기]를 클릭한다.

출제유형 ③ '부분합3' 시트에 다음의 지시사항을 처리하시오.

[부분합] 기능을 이용하여 '상공 문화센터 수강 현황' 표에 〈그림〉과 같이 구분별로 '수강료'의 평균과 '모집인원'의 합계를 구하시오.

- ▶ 정렬은 '구분'을 기준으로 오름차순하고 같은 '구분'이라면 '수강료'을 기준으로 내림차순으로 처리하시오.
- ▶ 부분합 실행 결과에 나타나는 '○○ 요약'을 '○○ 합계'의 형태로 표시하시오.
- ▶ 평균과 합계는 위에 명시된 순서대로 처리하시오.

	A	B	C	D	E	F	G
1	상공 문화센터 수강 현황						
2							
3	구분	수강명	강사명	수강료	모집인원	수강요일	
4	성인	스위트바이올린	강선영	60,000	18	수, 금	
5	성인	할수있다요가교실	전희윤	60,000	18	월, 수	
6	성인	쉽게배우는클래식	최경화	57,000	25	목	
7	성인	우리집밥교실	이동욱	55,000	18	목	
8	성인	목요캘리그라피	민기성	54,000	24	목	
9	성인 합계				103		
10	성인 평균			57,200			
11	유아	뒤뚱뒤뚱놀이교실	이주원	50,000	16	수, 금	
12	유아	리듬체조튼튼	유정은	48,000	20	수, 금	
13	유아	우리아이오감만족	정재성	45,000	20	월, 수	
14	유아	미술마술	황희율	42,000	16	월, 수	
15	유아 합계				72		
16	유아 평균			46,250			
17	초등	어린이뮤지컬스쿨	조인성	55,000	20	화, 목	
18	초등	재밌는역사교실	한경영	50,000	22	화, 목	
19	초등	귀가트이는영어	김수지	45,000	20	월, 수	
20	초등 합계				62		
21	초등 평균			50,000			
22	총합계				237		
23	전체 평균			51,750			
24							

▲ '부분합3(결과)' 시트

① 데이터를 정렬하기 위해서 [A3] 셀을 클릭하고 [데이터]−[정렬 및 필터] 그룹의 [정렬](🔽)을 클릭한다.

② [정렬]에서 첫 번째 정렬 기준은 '구분, 셀 값, 오름차순'을 선택하고, [기준 추가]를 클릭하여 두 번째 정렬 기준을 '수강료, 셀 값, 내림차순'으로 선택한 후 [확인]을 클릭한다.

③ 데이터 안에 마우스 포인터가 놓여 있는 상태에서 [데이터]−[개요] 그룹의 [부분합](🔳)을 클릭한다.

④ 구분별로 '수강료'의 평균을 구하기 위해서 [부분합]에서 그룹화할 항목은 '구분', 사용할 함수는 '평균', 부분합 계산 항목은 '수강료'에 체크하고 [확인]을 클릭한다.

• 그룹화할 항목 : 구분
• 사용할 함수 : 평균
• 부분합 계산 항목 : 수강료

⑤ 다시 한 번 '모집인원'의 '합계'를 계산하기 위해서 [데이터]−[개요] 그룹의 [부분합](🔳)을 클릭한다.

⑥ 평균과 합계를 둘 다 표시하기 위해서 '새로운 값으로 대치' 체크를 해제하고, [부분합]에서 그룹화할 항목은 '구분', 사용할 함수는 '합계', 부분합 계산 항목은 '모집인원'에 체크하고 [확인]을 클릭한다.

• **그룹화할 항목** : 구분
• **사용할 함수** : 합계
• **부분합 계산 항목** : 모집인원
• 새로운 값으로 대치 체크 해제

⑦ 요약을 합계로 바꾸기 위해서 [A9:A20] 영역을 드래그하여 범위를 지정한 후, [홈]–[편집] 그룹의 [찾기 및 선택]–[바꾸기]를 선택한다.

⑧ 찾을 내용에 **요약**, 바꿀 내용에 **합계**를 입력하고 [모두 바꾸기]를 클릭한다.

⑨ 바꾸기를 실행한 후 3개의 항목이 바뀌었다는 메시지 상자가 표시되면 [확인]을 클릭한다.

난이도 **상** 중 하
반복학습 1 2 3

작업파일 [2025컴활2급₩이론] 폴더의 '11데이터표' 파일을 열어서 작업하시오.

출제유형 ① '데이터표1' 시트에 다음의 지시사항을 처리하시오.

'5월 영업이익' 표는 판매가[B2], 판매량[B3], 생산원가[B5], 임대료[B6], 인건비[B7]를 이용하여 영업이익[B8]을 계산한 것이다. [데이터 표] 기능을 이용하여 판매가와 판매량의 변동에 따른 영업이익의 변화를 [C15:G20] 영역에 계산하시오.

① 영업이익 계산식을 복사하기 위해 [B8] 셀을 클릭한 후 '수식 입력줄'의 수식 '=B4-SUM(B5:B7)'을 드래그하여 범위를 지정한 후 Ctrl + C 를 눌러 복사한다.

SUM	× ✓ *fx*	=B4-SUM(B5:B7)		
	A	B	C	D
1		5월 영업이익		
2	판매가	16,000		
3	판매량	3,000		
4	매출총액	48,000,000		
5	생산원가	12,000,000		
6	임대료	6,000,000		
7	인건비	12,000,000		
8	영업이익	B7)		
9				

② 드래그 후, Ctrl + C

❶ 클릭

② Esc 를 눌러 범위 지정을 해제하고, [B14] 셀을 클릭한 후 Ctrl + V 를 눌러 붙여넣기를 한다.

기적의 TIP

[B14] 셀에 「=B8」을 입력하여 계산식을 연결해도 된다.

B14	× ✓ *fx*	=B4-SUM(B5:B7)						
	A	B	C	D	E	F	G	H
1		5월 영업이익						
2	판매가	16,000						
3	판매량	3,000						
4	매출총액	48,000,000						
5	생산원가	12,000,000						
6	임대료	6,000,000						
7	인건비	12,000,000						
8	영업이익	18,000,000						
9								
10								
11	판매가와 판매량 변동에 따른 영업이익 현황							
12			판매량					
14		18,000,000	2,000	2,500	3,000	3,500	4,000	
15	판매가	13,000	(Ctrl) ▾					
16		14,000						
17		15,000						
18		16,000						
19		17,000						
20		18,000						
21								

클릭한 후, Ctrl + V

③ [B14:G20] 영역을 드래그하여 범위를 지정한 후, [데이터]–[예측] 그룹의 [가상 분석]–[데이터 표]를 선택한다.

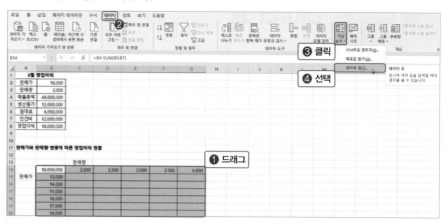

기적의 TIP

데이터 표를 잘못 작성하여 지우고 다시 작성하고자 할 때에는 값이 표시된 부분 [C15:G20] 영역을 범위 지정한 후 Delete 를 눌러 삭제하면 된다.

④ [데이터 표]에서 '행 입력 셀'의 입력할 부분을 클릭한 후 실제 판매량이 있는 [B3] 셀을 클릭하고, '열 입력 셀'의 입력할 부분을 클릭한 후 판매가가 있는 [B2] 셀을 클릭한다. 셀 주소가 자동으로 절대 주소로 변경되어 입력되며, [확인]을 클릭하면 계산 결과가 표시된다.

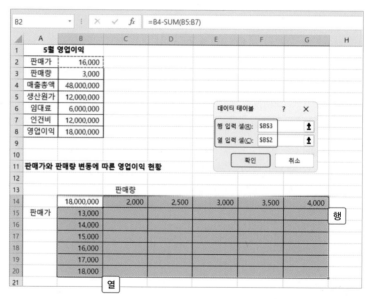

	A	B	C	D	E	F	G	H
1	**5월 영업이익**							
2	판매가	16,000						
3	판매량	3,000						
4	매출총액	48,000,000						
5	생산원가	12,000,000						
6	임대료	6,000,000						
7	인건비	12,000,000						
8	영업이익	18,000,000						
9								
10								
11	**판매가와 판매량 변동에 따른 영업이익 현황**							
12								
13			판매량					
14		18,000,000	2,000	2,500	3,000	3,500	4,000	
15	판매가	13,000	1,500,000	6,375,000	11,250,000	16,125,000	21,000,000	
16		14,000	3,000,000	8,250,000	13,500,000	18,750,000	24,000,000	
17		15,000	4,500,000	10,125,000	15,750,000	21,375,000	27,000,000	
18		16,000	6,000,000	12,000,000	18,000,000	24,000,000	30,000,000	
19		17,000	7,500,000	13,875,000	20,250,000	26,625,000	33,000,000	
20		18,000	9,000,000	15,750,000	22,500,000	29,250,000	36,000,000	
21								

▲ '데이터표1(결과)' 시트

출제유형 ❷ '데이터표2' 시트에 다음의 지시사항을 처리하시오.

투자금[C2], 투자기간(년)[C3], 수익률[C4]을 이용하여 수익금[C5]을 계산한 것이다. [데이터
표] 기능을 이용하여 투자기간과 수익률의 변동에 따른 수익금의 변화를 [D11:H20] 영역에 계
산하시오.

① 수익금 계산식을 복사하기 위해 [C5] 셀을 클릭한 후 '수식 입력줄'의 수식
'=ISPMT(C4/12,C3*12,1,C2)'를 드래그하여 범위 지정한 후 Ctrl + C 를 눌러 복사한
다.

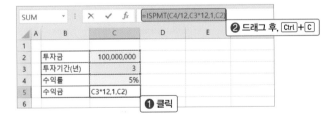

🅕 기적의 TIP

[C10] 셀에 「=C5」를 입력하여
계산식을 연결해도 된다.

② Esc 를 눌러 범위 지정을 해제하고, [C10] 셀을 클릭한 후 Ctrl + V 를 눌러 붙여넣기를 한다.

③ [C10:H20] 영역을 드래그하여 범위를 지정한 후 [데이터]-[예측] 그룹의 [가상 분석]-[데이터 표]를 클릭한다.

④ [데이터 표]에서 '행 입력 셀'의 입력할 부분을 클릭한 후 수익률이 있는 [C4] 셀을 클릭하고, '열 입력 셀'의 입력할 부분을 클릭한 후 투자기간(년)이 있는 [C3] 셀을 클릭한다.

🎁 기적의 TIP

데이터 표를 잘못 작성하여 지우고 다시 작성하고자 할 때에는 값이 표시된 부분 [D11:H20] 영역을 범위 지정한 후 Delete 를 눌러 삭제하면 된다.

	A	B	C	D	E	F	G	H	I
1									
2		투자금	100,000,000						
3		투자기간(년)	3						
4		수익률	5%						
5		수익금	14,583,333						
6									
7				투자기간별 수익률에 따른 수익금 현황					
8									
9				수익률					
10			14,583,333	1%	3%	5%	7%	10%	
11		투자기간(년)	1	916,667	2,750,000	4,583,333	6,416,667	9,166,667	
12			2	1,916,667	5,750,000	9,583,333	13,416,667	19,166,667	
13			3	2,916,667	8,750,000	14,583,333	20,416,667	29,166,667	
14			4	3,916,667	11,750,000	19,583,333	27,416,667	39,166,667	
15			5	4,916,667	14,750,000	24,583,333	34,416,667	49,166,667	
16			6	5,916,667	17,750,000	29,583,333	41,416,667	59,166,667	
17			7	6,916,667	20,750,000	34,583,333	48,416,667	69,166,667	
18			8	7,916,667	23,750,000	39,583,333	55,416,667	79,166,667	
19			9	8,916,667	26,750,000	44,583,333	62,416,667	89,166,667	
20			10	9,916,667	29,750,000	49,583,333	69,416,667	99,166,667	
21									

▲ '데이터표2(결과)' 시트

출제유형 ❸ '데이터표3' 시트에 다음의 지시사항을 처리하시오.

대출금[C3], 연이율[C4], 상환기간(년)[C5]을 이용하여 상환금액(월)[C6]을 계산한 것이다. [데이터]–[데이터 표] 기능을 이용하여 이자율 변동에 따른 상환금액(월)을 [G6:G12]에 계산하시오.

① 상환금액(월) 계산식을 복사하기 위해 [C6] 셀을 클릭한 후 '수식 입력줄'의 수식 '=PMT($C$4/12,$C$5*12,−$C$3)'을 드래그하여 범위 지정한 후 Ctrl + C 를 눌러 복사한다.

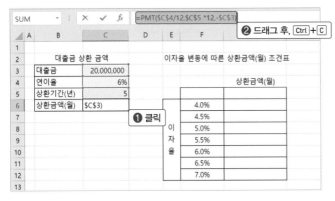

[G5] 셀에 「=C6」을 입력하여
계산식을 연결해도 된다.

기적의 TIP

② Esc 를 눌러 범위 지정을 해제하고, [G5] 셀을 클릭한 후 Ctrl + V 를 눌러 붙여넣기를 한다.

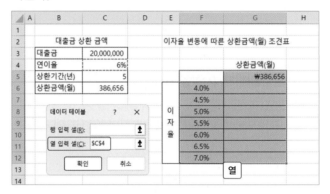

③ [F5:G12] 영역을 드래그하여 범위를 지정한 후 [데이터]–[예측] 그룹의 [가상 분석]–[데이터 표]를 클릭한다.

④ [데이터 표]에서 '열 입력 셀'의 입력할 부분을 클릭한 후 이자율이 있는 [C4] 셀을 클릭한다.

풀이결과

	B	C		E	F	G	H
2	대출금 상환 금액			이자율 변동에 따른 상환금액(월) 조견표			
3	대출금	20,000,000					
4	연이율	6%				상환금액(월)	
5	상환기간(년)	5				₩386,656	
6	상환금액(월)	386,656			4.0%	368330.4411	
7					4.5%	372860.3848	
8				이	5.0%	377424.6729	
9				자	5.5%	382023.2434	
10				율	6.0%	386656.0306	
11					6.5%	391322.9644	
12					7.0%	396023.9708	
13							

▲ '데이터표3(결과)' 시트

작업파일 [2025컴활2급₩이론] 폴더의 '12목표값찾기' 파일을 열어서 작업하시오.

출제유형 ❶ '목표값찾기1' 시트에 다음의 지시사항을 처리하시오.

[목표값 찾기] 기능을 이용하여 '고객별 적금 만기 지급액' 표에서 권혁수의 만기지급액[E8]이 8,000,000이 되려면 납입기간(월)[D8]이 얼마가 되어야 하는지 계산하시오.

① 수식으로 계산된 권혁수의 만기지급액이 8,000,000이 되기 위해서 [E8] 셀을 클릭한 후, [데이터]–[예측] 그룹의 [가상 분석]–[목표값 찾기]를 선택한다.

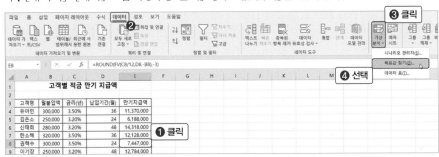

② [목표값 찾기]에서 수식 셀은 [E8], 찾는 값은 8000000을 입력하고, 값을 바꿀 셀은 [D8] 셀을 지정하고 [확인]을 클릭한다.

	A	B	C	D	E	F	G	H	I
1		고객별 적금 만기 지급액							
2									
3	고객명	월불입액	금리(년)	납입기간(월)	만기지급액				
4	유아민	300,000	3.50%	36	11,370,000				
5	김은소	250,000	3.20%	24	6,188,000				
6	신태희	280,000	3.20%	48	14,318,000				
7	한소혜	320,000	3.50%	36	12,128,000				
8	권혁수	300,000	3.50%	24	7,447,000				
9	이기장	250,000	3.20%	48	12,784,000				
10	황보람	200,000	3.20%	24	4,950,000				
11	박희수	300,000	3.50%	36	11,370,000				
12	강진모	350,000	3.50%	36	13,265,000				
13									

목표값 찾기
수식 셀(E): E8
찾는 값(V): 8000000
값을 바꿀 셀(C): $D$8
확인   취소
❷ 클릭

[목표값 찾기] 대화상자

- **수식 셀** : 결과값이 출력되는 셀 주소로 해당 셀에는 반드시 '값을 바꿀 셀'의 주소를 사용하는 수식이 있어야 한다.
- **찾는 값** : 목표로 하는 값을 직접 입력한다.
- **값을 바꿀 셀** : 목표값을 만들기 위해 변경되어야 할 값이 들어있는 셀의 주소를 지정한다.

③ [목표값 찾기 상태] 대화상자에 결과가 표시되고, 워크시트에도 변경되어 있는 내용을 확인한 후 [확인]을 클릭한다.

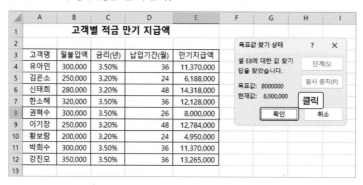

풀이결과

	고객명	월불입액	금리(년)	납입기간(월)	만기지급액	
		고객별 적금 만기 지급액				
3	고객명	월불입액	금리(년)	납입기간(월)	만기지급액	
4	유아민	300,000	3.50%	36	11,370,000	
5	김은소	250,000	3.20%	24	6,188,000	
6	신태희	280,000	3.20%	48	14,318,000	
7	한소혜	320,000	3.50%	36	12,128,000	
8	권혁수	300,000	3.50%	26	8,000,000	
9	이기장	250,000	3.20%	48	12,784,000	
10	황보람	200,000	3.20%	24	4,950,000	
11	박희수	300,000	3.50%	36	11,370,000	
12	강진모	350,000	3.50%	36	13,265,000	

▲ '목표값찾기1(결과)' 시트

[목표값 찾기] 기능을 이용하여 '지점별 가전제품 판매 현황' 표에서 서초점의 냉장고 판매총액[E10]이 100,000,000이 되려면 판매량[D10]이 얼마가 되어야 하는지 계산하시오.

① 수식으로 계산된 서초점의 냉장고 판매총액이 100,000,000이 되기 위해서 [E10] 셀을 클릭한 후, [데이터]–[예측] 그룹의 [가상 분석]–[목표값 찾기]를 선택한다.

② [목표값 찾기]에서 수식 셀은 [E10], 찾는 값은 100,000,000을 입력하고, 값을 바꿀 셀은 [D10] 셀을 지정하고 [확인]을 클릭한다.

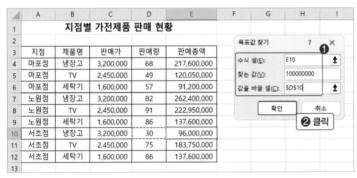

③ [목표값 찾기 상태] 대화상자에 결과가 표시되고, 워크시트에도 변경되어 있는 내용을 확인한 후 [확인]을 클릭한다.

	A	B	C	D	E
1		지점별 가전제품 판매 현황			
2					
3	지점	제품명	판매가	판매량	판매총액
4	마포점	냉장고	3,200,000	68	217,600,000
5	마포점	TV	2,450,000	49	120,050,000
6	마포점	세탁기	1,600,000	57	91,200,000
7	노원점	냉장고	3,200,000	82	262,400,000
8	노원점	TV	2,450,000	91	222,950,000
9	노원점	세탁기	1,600,000	86	137,600,000
10	서초점	냉장고	3,200,000	31	100,000,000
11	서초점	TV	2,450,000	75	183,750,000
12	서초점	세탁기	1,600,000	86	137,600,000
13					

목표값 찾기 상태   ? ×

셀 E10에 대한 값 찾기   단계(S)
답을 찾았습니다.

목표값: 100000000   일시 증지(P)
현재값: 100,000,000   클릭

확인   취소

	A	B	C	D	E	F
1			지점별 가전제품 판매 현황			
2						
3	지점	제품명	판매가	판매량	판매총액	
4	마포점	냉장고	3,200,000	68	217,600,000	
5	마포점	TV	2,450,000	49	120,050,000	
6	마포점	세탁기	1,600,000	57	91,200,000	
7	노원점	냉장고	3,200,000	82	262,400,000	
8	노원점	TV	2,450,000	91	222,950,000	
9	노원점	세탁기	1,600,000	86	137,600,000	
10	서초점	냉장고	3,200,000	31	100,000,000	
11	서초점	TV	2,450,000	75	183,750,000	
12	서초점	세탁기	1,600,000	86	137,600,000	
13						

▲ '목표값찾기2(결과)' 시트

출제유형 ❸ '목표값찾기3' 시트에 다음의 지시사항을 처리하시오.

'영진출판사 판매 현황' 표에서 실판매금액 평균[E11]이 20,000,000이 되려면 골드회원 할인율[C13]이 몇 %가 되어야 하는지 목표값 찾기 기능을 이용하여 계산하시오.

① 수식으로 계산된 실판매금액의 평균이 20,000,000이 되기 위해서 [E11] 셀을 클릭한 후 [데이터]-[예측] 그룹의 [가상 분석]-[목표값 찾기]를 클릭한다.
② [목표값 찾기]에서 수식 셀은 [E11], 찾는 값은 20,000,000을 입력하고, 값을 바꿀 셀은 [C13] 셀을 지정하고 [확인]을 클릭한다.

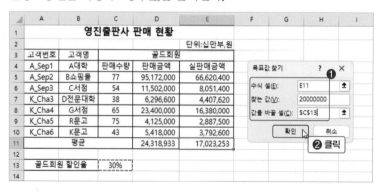

③ [목표값 찾기 상태] 대화상자에 결과가 표시되고, 워크시트에도 변경되어 있는 내용을 확인한 후 [확인]을 클릭한다.

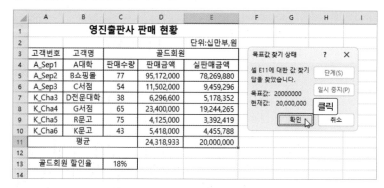

	A	B	C	D	E	F
1	영진출판사 판매 현황					
2					단위:십만부,원	
3	고객번호	고객명		골드회원		
4	A_Sep1	A대학	판매수량	판매금액	실판매금액	
5	A_Sep2	B쇼핑몰	77	95,172,000	78,269,880	
6	A_Sep3	C서점	54	11,502,000	9,459,296	
7	K_Cha3	D전문대학	38	6,296,600	5,178,352	
8	K_Cha4	G서점	65	23,400,000	19,244,265	
9	K_Cha5	R문고	75	4,125,000	3,392,419	
10	K_Cha6	K문고	43	5,418,000	4,455,788	
11	평균			24,318,933	20,000,000	
12						
13	골드회원 할인율		18%			
14						

▲ '목표값찾기3(결과)' 시트

시나리오

▶ 합격 강의

작업파일 [2025컴활2급₩이론] 폴더의 '13시나리오' 파일을 열어서 작업하시오.

출제유형 ❶ '시나리오1' 시트에 다음의 지시사항을 처리하시오.

'월별 주문 내역서' 표에서 세율[B18]이 다음과 같이 변동하는 경우 월별 세금 합계[G7, G12, G16]의 변동 시나리오를 작성하시오.

▸ 셀 이름 정의 : [B18] 셀은 '세율', [G7] 셀은 '소계1월', [G12] 셀은 '소계2월', [G16] 셀은 '소계3월'로 정의하시오.

▸ 시나리오1 : 시나리오 이름은 '세율인상', 세율을 15%로 설정하시오.

▸ 시나리오2 : 시나리오 이름은 '세율인하', 세율을 9%로 설정하시오.

▸ 위 시나리오에 의한 '시나리오 요약' 보고서는 '시나리오1' 시트 바로 앞에 위치시키시오.

※ 시나리오 요약 보고서 작성 시 정답과 일치하여야 하며, 오자로 인한 부분점수는 인정하지 않음

	A	B	C	D	E	F	G	H
1				월별 주문 내역서				
2								
3	월	송장번호	주문일자	배달일자	판매액	공급가	세금	
4	1월	101	01월 04일	01월 07일	400,000	430,000	51,600	
5	1월	102	01월 15일	01월 18일	1,000,000	1,070,000	128,400	
6	1월	103	01월 21일	01월 23일	100,000	120,000	14,400	
7			소계		1,500,000	1,620,000	194,400	
8	2월	102	02월 06일	02월 08일	500,000	550,000	66,000	
9	2월	103	02월 10일	02월 12일	450,000	480,000	57,600	
10	2월	103	02월 13일	02월 16일	450,000	480,000	57,600	
11	2월	104	02월 23일	02월 25일	500,000	540,000	64,800	
12			소계		1,900,000	2,050,000	246,000	
13	3월	101	03월 02일	03월 05일	500,000	550,000	66,000	
14	3월	102	03월 09일	03월 11일	1,400,000	1,450,000	174,000	
15	3월	104	03월 14일	03월 20일	1,500,000	1,560,000	187,200	
16			소계		3,400,000	3,560,000	427,200	
17								
18	세율	12%						
19								

▲ '시나리오1' 시트

① 이름을 정의하기 위해 [B18] 셀을 클릭한 후 이름 상자에 **세율**을 입력하고 Enter 를 누른다.

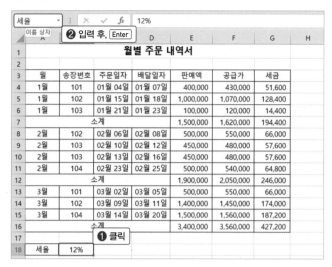

② [G7] 셀을 클릭한 후 이름 상자에 **소계1월**을 입력하고 Enter 를 누른다. 같은 방법으로 [G12] 셀은 '소계2월', [G16] 셀은 '소계3월'로 이름을 정의한다.

③ [데이터]-[예측] 그룹의 [가상 분석]-[시나리오 관리자]를 선택한다.

④ [시나리오 관리자]에서 [추가]를 클릭한다.

⑤ [시나리오 추가]에서 시나리오 이름은 **세율인상**을 입력하고, 변경 셀의 입력란을 클릭한 후 [B18] 셀을 클릭하고 [확인]을 클릭한다.

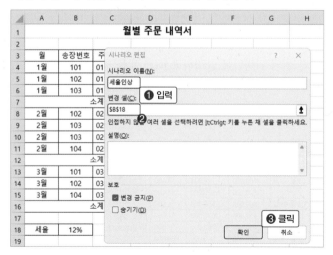

⑥ [시나리오 값]에서 세율을 **15%**를 입력하고 [추가]를 클릭한다.

시나리오 SECTION 05 **1-151**

기적의 TIP

이름 정의를 잘못하여 지우고자 할 때에는 [수식]-[정의된 이름] 그룹에서 [이름 관리자]를 클릭하여 삭제하고자 하는 이름을 선택하고 [삭제]를 클릭한다.

기적의 TIP

시나리오를 작성하기 전에 [B18]셀을 클릭한 후 시나리오를 실행하면 절대참조하지 않은 상태로 표시되며, 도서의 내용처럼 순서대로 [B18] 셀을 클릭하면 절대참조된 상태로 표시된다.

기적의 TIP

15% 대신에 0.15를 입력해도 된다.

⑦ 두 번째 시나리오를 작성하기 위해 [시나리오 추가]에서 시나리오 이름은 **세율인하**을 입력하고 [확인]을 클릭한다.

⑧ [시나리오 값]에서 세율을 9%를 입력하고 [확인]을 클릭한다.

⑨ 시나리오 결과를 표시하기 위해 [시나리오 관리자]에서 [요약]을 클릭한다.

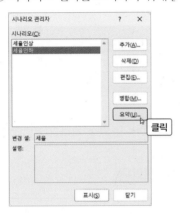

⑩ [시나리오 요약]에서 결과 셀의 입력란을 클릭하고 [G7] 셀을 클릭한 후 Ctrl 을 누른 상태에서 [G12], [G16] 셀을 각각 클릭하여 추가한 후 [확인]을 클릭한다.

⁂	A	B	C	D	E	F	G	H	I	J	K
1			월별 주문 내역서								
2											
3	월	송장번호	주문일자	배달일자	판매액	공급가	세금				
4	1월	101	01월 04일	01월 07일	400,000	430,000	51,600	시나리오 요약		?	✕
5	1월	102	01월 15일	01월 18일	1,000,000	1,070,000	128,400				
6	1월	103	01월 21일	01월 23일	100,000	120,000	14,400	보고서 종류			
7			소계		1,500,000	1,620,000	194,400	⦿ 시나리오 요약(S)			
8	2월	102	02월 06일	02월 08일	500,000	550,000	66,000	○ 시나리오 피벗 테이블 보고서(P)			
9	2월	103	02월 10일	02월 12일	450,000	480,000	57,600	결과 셀(R):			
10	2월	103	02월 13일	02월 16일	450,000	480,000	57,600	=$G$7,$G$12,$G$16			⬍
11	2월	104	02월 23일	02월 25일	500,000	540,000	64,800				
12			소계		1,900,000	2,050,000	246,000		확인	취소	
13	3월	101	03월 02일	03월 05일	500,000	550,000	66,000				
14	3월	102	03월 09일	03월 11일	1,400,000	1,450,000	174,000				
15	3월	104	03월 14일	03월 20일	1,500,000	1,560,000	187,200				
16			소계		3,400,000	3,560,000	427,200				
17											
18	세율	12%									
19											

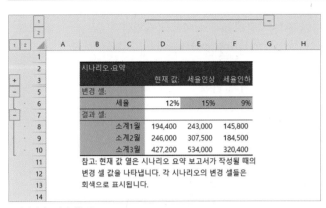

▲ '시나리오1(결과)' 시트

출제유형 ❷ '시나리오2' 시트에 다음의 지시사항을 처리하시오.

'KS 마트 특별기획전 원피스 판매 현황' 표에서 '마진율[A13]'과 '할인율[B13]' 셀이 다음과 같이 변동되는 경우 '판매금액의 합계[E10]' 셀과 '이익금액의 합계[F10]' 셀의 변동 시나리오를 작성하시오.

▶ [E10] 셀의 이름은 '판매금액합계', [F10] 셀의 이름은 '이익금액합계', [A13] 셀의 이름은 '마진율', [B13] 셀의 이름은 '할인율'로 정의하시오.

▶ 시나리오1 : 시나리오 이름은 '이익증가', 마진율은 45%, 할인율은 3%로 설정하시오.

▶ 시나리오2 : 시나리오 이름은 '이익감소', 마진율은 25%, 할인율은 8%로 설정하시오.

▶ 시나리오 요약 시트는 '시나리오2' 시트의 바로 앞에 위치시키시오.

※ 시나리오 요약 보고서 작성 시 정답과 일치하여야 하며, 오자로 인한 부분 점수는 인정하지 않음

	A	B	C	D	E	F	G
1	KS 마트 특별기획전 원피스 판매 현황						
2							
3	매장	매입원가	판매가	판매수량	판매금액	이익금액	
4	아이잠	251,900	340,065	23	7,821,495	1,636,720	
5	숭주군	180,400	243,540	67	16,317,180	3,414,521	
6	데쿠	273,900	369,765	34	12,572,010	2,630,810	
7	머니엄	178,750	241,313	56	13,513,500	2,827,825	
8	카스	489,500	660,825	78	51,544,350	10,786,133	
9	오보제	539,000	727,650	92	66,943,800	14,008,610	
10		합 계		350	168,712,335	35,304,618	
11							
12	마진율	할인율					
13	35%	5%					
14							

▲ '시나리오2' 시트

① [E10] 셀을 클릭한 후 '이름 상자'에 **판매금액합계**를 입력하고 Enter 를 누른다. 같은 방법으로 [F10] 셀을 클릭한 후 '이익금액합계'로 이름을 정의한다.

② [A12:B13] 영역을 드래그하여 범위를 지정한 후, [수식]–[정의된 이름] 그룹의 [선택 영역에서 만들기]를 클릭한다.

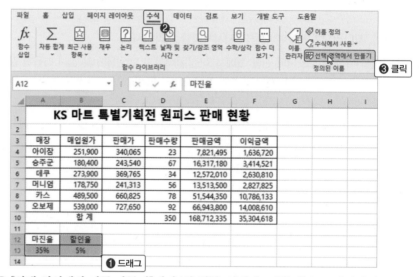

③ [선택 영역에서 이름 만들기]에서 '첫 행'을 선택하고 [확인]을 클릭한다.

④ [A13:B13] 영역을 드래그하여 범위를 지정한 후 [데이터]–[예측] 그룹의 [가상 분석]–[시나리오 관리자]를 클릭한다.

⑤ [시나리오 관리자]에서 [추가]를 클릭한 후, [시나리오 추가]에서 '시나리오 이름'은 **이 익증가**를 입력하고 [확인]을 클릭한다.

⑥ [시나리오 값]에서 마진율은 **45%**, 할인율은 **3%**를 입력하고 [추가]를 클릭한다.

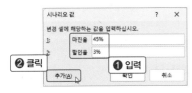

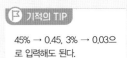

45% → 0.45, 3% → 0.03으로 입력해도 된다.

⑦ [시나리오 추가]에서 '시나리오 이름'에 **이익감소**를 입력하고 [확인]을 클릭한 후, [시 나리오 값]에서 마진율은 **25%**, 할인율은 **8%**를 입력하고 [확인]을 클릭한다.

⑧ [시나리오 관리자]에서 [요약]을 클릭한다.

⑨ [시나리오 요약]에서 결과 셀에 커서를 두고 [E10:F10] 영역을 지정한 후 [확인]을 클릭한다.

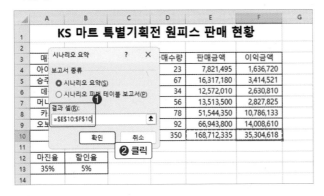

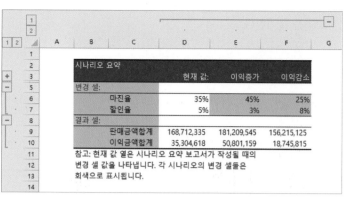

▲ '시나리오2(결과)' 시트

출제유형 ③ '시나리오3' 시트에 다음의 지시사항을 처리하시오.

'8월 학원 운영 현황' 표에서 '과목당수강료[A14]'와 '강사료[B14]' 셀이 다음과 같이 변동되는 경우 '이익 합계[H10]' 셀의 변동 시나리오를 작성하시오.

▶ [A14] 셀의 이름은 '과목당수강료', [B14] 셀의 이름은 '강사료', [H10] 셀의 이름은 '이익합계' 로 정의하시오.

▶ 시나리오1 : 시나리오 이름은 '10%인상', 과목당수강료 및 강사료를 각각 10%씩 인상된 값으로 설정하시오.

▶ 시나리오2 : 시나리오 이름은 '20%인상', 과목당수강료 및 강사료를 각각 20%씩 인상된 값으로 설정하시오.

▶ 위 두 시나리오에 의한 '시나리오 요약' 시트는 '시나리오3' 시트의 바로 뒤에 위치시키시오.

※ 시나리오 요약 보고서 작성 시 정답과 일치하여야 하며, 오자로 인한 부분 점수는 인정하지 않음

	A	B	C	D	E	F	G	H	I
1				8월 학원 운영 현황					
2									
3	분원	전체학생수	미납학생수	입금액	강사수	강사료	기타잡비	이익	
4	서초	850	198	26,080,000	25	22,500,000	1,000,000	2,580,000	
5	수원	458	50	16,320,000	14	12,600,000	1,000,000	2,720,000	
6	분당	899	91	32,320,000	28	25,200,000	1,000,000	6,120,000	
7	수지	516	112	16,160,000	16	14,400,000	1,000,000	760,000	
8	강남	990	65	37,000,000	42	37,800,000	1,000,000	- 1,800,000	
9	안산	350	69	11,240,000	15	13,500,000	1,000,000	- 3,260,000	
10	합계	4,063	585	139,120,000	140	126,000,000	1,000,000	7,120,000	
11									
12									
13	과목당수강료	강사료							
14	40,000	900,000							
15									

▲ '시나리오3' 시트

① [A13:B14] 영역을 드래그하여 범위를 지정한 후, [수식]-[정의된 이름] 그룹의 [선택 영역에서 만들기]를 클릭한다.

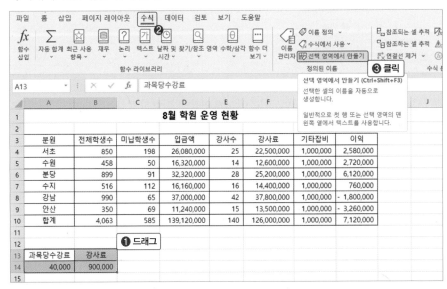
기적의 TIP

• [A14] 셀을 선택한 후 이름 상자에 「과목당수강료」를 입력하여 이름을 정의할 수 있다.
• [B14] 셀을 선택한 후 이름 상자에 「강사료」를 입력하여 이름을 정의할 수 있다.

② [선택 영역에서 이름 만들기]에서 '첫 행'을 선택하고 [확인]을 클릭한다.

③ [H10] 셀을 클릭한 후 이름 상자에 **이익합계**를 입력하고 Enter 를 누른다.

④ [A14:B14] 영역을 드래그하여 범위를 지정한 후 [데이터]-[예측] 그룹의 [가상 분석]-[시나리오 관리자]를 클릭한다.

⑤ [시나리오 관리자]에서 [추가]를 클릭한 후, [시나리오 추가]에서 시나리오 이름은 **10%인상**을 입력하고 [확인]을 클릭한다.

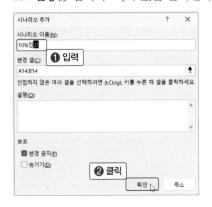

기적의 TIP

이름 정의

• 이름은 문자나 밑줄, \ 중 하나로 시작해야 한다.
• 이름은 공백을 포함할 수 없다.
• 이름은 A1과 같은 셀 주소 형식이 될 수 없다.
• 이름은 255자까지 지정할 수 있다.
• 이름에서는 대소문자를 구분하지 않는다.

⑥ [시나리오 값]에서 과목당수강료는 **44000**, 강사료는 **990000**을 입력하고 [추가]를 클릭한다.

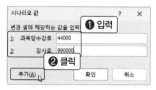

⑦ [시나리오 추가]에서 시나리오 이름에 **20%인상**을 입력하고 [확인]을 클릭한 후, [시나리오 값]에 과목당수강료는 **48000**, 강사료는 **1080000**을 입력하고 [확인]을 클릭한다.

⑧ [시나리오 관리자]에서 [요약]을 클릭한다.

⑨ [시나리오 요약]에서 결과 셀에 커서를 두고 [H10] 셀을 클릭한 후 [확인]을 클릭한다.

⑩ '시나리오3' 시트 앞에 생성된 '시나리오 요약' 시트명에서 마우스 왼쪽 버튼을 누른 상태에서 '시나리오3' 시트 뒤로 드래그한다.

풀이결과

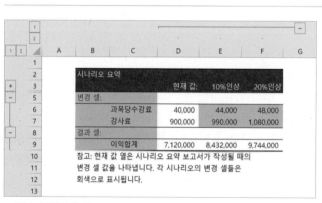

▲ '시나리오3(결과)' 시트

피벗 테이블

SECTION
06

▶ 합격 강의

난 이 도 상 ⑬ 하
반복학습 1 2 3

작업파일 [2025컴활2급₩이론] 폴더의 '14피벗테이블' 파일을 열어서 작업하시오.

출제유형 ❶ '피벗테이블1' 시트에 다음의 지시사항을 처리하시오.

[피벗 테이블] 기능을 이용하여 '사원별 급여 지급 현황' 표의 부서명을 '행'으로 처리하고, 값에 '기본급', '야근수당', '성과금'의 평균을 순서대로 계산하시오.

▶ 피벗 테이블 보고서는 동일 시트의 [H3] 셀에서 시작하시오.

▶ 값 영역의 표시 형식은 '셀 서식' 대화상자에서 '숫자' 범주의 '1000 단위 구분 기호 사용'을 이용하여 지정하시오.

▶ 피벗 테이블 스타일은 '연한 파랑, 피벗 스타일 보통 9'로 설정하시오.

① 데이터 영역 [A3:F23]에서 임의의 셀을 클릭한 후, [삽입]−[표] 그룹의 [피벗 테이블] (🔲)을 클릭한다.

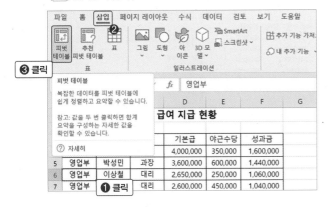

② [피벗 테이블 만들기]에서 '표 또는 범위 선택'에서 [A3:F23] 영역이 자동으로 지정되어 있는지 확인하고, '기존 워크시트'를 선택하고 [H3] 셀을 클릭한 후 [확인]을 클릭한다.

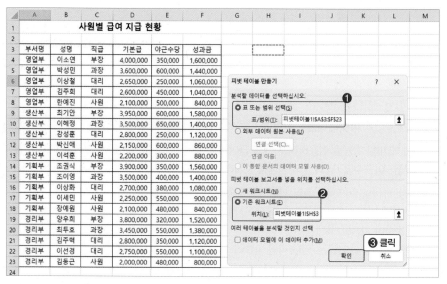

③ 오른쪽 '피벗 테이블 필드 목록'에서 '부서명'은 드래그하여 '행'으로, '기본급', '야근수당', '성과금'은 'Σ 값'으로 드래그한다.

④ '값' 부분에 기본적으로 합계가 계산되는데, 합계를 평균으로 변경하기 위해서 [I3] 셀
에 마우스 오른쪽 버튼을 눌러 [값 요약 기준]−[평균]을 선택한다.

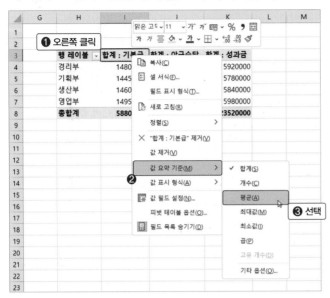

⑤ 같은 방법으로 '야근수당', '성과금'도 값 요약 기준을 '평균'으로 변경한다.

⑥ 값 영역의 표시 형식을 지정하기 위해서 [I3] 셀에서 마우스 오른쪽 버튼을 눌러 [값
필드 설정]을 선택한다.

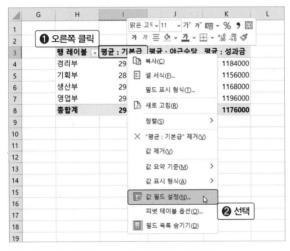

⑦ [값 필드 설정]에서 [표시 형식]을 클릭한다.

🅑 기적의 TIP

[값 요약 기준]−[평균]을 선택
하는 것을 생략하고, [값 필드
설정]에서 '평균'을 선택해도
된다.

🅑 기적의 TIP

[I3] 셀에서 더블클릭하여 [값
필드 설정] 대화상자를 표시
할 수 있다.

⑧ [셀 서식]에서 '숫자'를 선택한 후 '1000 단위 구분 기호 사용'을 체크하고 [확인]을 클릭하고, [값 필드 설정]에서 다시 한 번 [확인]을 클릭한다.

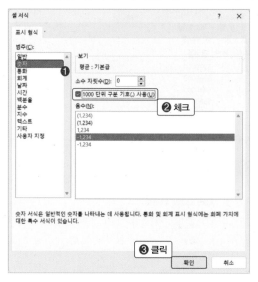

⑨ 같은 방법으로 '야근수당', '성과금'도 '숫자' 범주의 '1000 단위 구분 기호 사용'을 지정한다.

⑩ 피벗 테이블 안에 셀 포인트가 놓여 있는 상태에서 [디자인] 탭의 '피벗 테이블 스타일'의 '연한 파랑, 피벗 스타일 보통 9'를 선택한다.

🅑 기적의 TIP

[J3], [K3] 셀에서 각각 더블클릭하여 [값 필드 설정] 대화상자를 이용하여 [표시 형식]에서 지정한다.

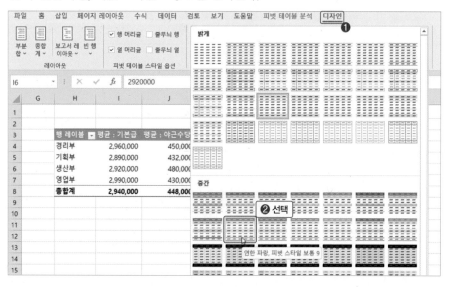

풀이결과

	G	H	I	J	K	L
1						
2						
3		행 레이블	평균 : 기본급	평균 : 야근수당	평균 : 성과금	
4		경리부	2,960,000	450,000	1,184,000	
5		기획부	2,890,000	432,000	1,156,000	
6		생산부	2,920,000	480,000	1,168,000	
7		영업부	2,990,000	430,000	1,196,000	
8		총합계	2,940,000	448,000	1,176,000	
9						

▲ '피벗테이블1(결과)' 시트

출제유형 ❷ '피벗테이블2' 시트에 다음의 지시사항을 처리하시오.

[피벗 테이블] 기능을 이용하여 '고객 예금 현황' 표의 이름을 '필터', 계약기간을 '행', 점포명을 '열'로 처리하고, 값에 '계약금액', '이자액'의 평균을 순서대로 계산한 후 행과 열의 총합계는 나타나지 않도록 피벗 테이블을 작성하시오.(단, Σ 값은 행으로 위치)

▶ 피벗 테이블 보고서는 동일 시트의 [H3] 셀에서 시작하시오.
▶ 보고서 레이아웃은 '개요 형식으로 표시'로 지정하시오.
▶ 값 영역의 표시 형식은 '셀 서식' 대화상자에서 '숫자' 범주의 '1000 단위 구분 기호 사용'을 이용하여 지정하시오.
▶ 피벗 테이블 스타일은 '연한 주황, 피벗 스타일 보통 10'으로 설정하시오.

24년 출제

피벗 테이블 스타일은 '연한 주황, 피벗 스타일 보통 10'에 '행 머리글', '열 머리글', '줄무늬 열'을 설정하시오.
[디자인] 탭의 '피벗 테이블 스타일'을 선택하고, '피벗 테이블 스타일 옵션'에서 '줄무늬 열'을 추가로 체크한다.

① 데이터 영역[A3:F16]에서 임의의 셀을 선택한 후 [삽입]-[표] 그룹의 [피벗 테이블] (📊)을 클릭한다.
② [피벗 테이블 만들기]에서 '표 또는 범위 선택'에서 범위가 잘못되어 있다면 '표/범위'를 선택한 후 [A3:F16] 영역을 드래그하여 추가한 후, '기존 워크시트'를 선택하고 [H3] 셀을 클릭한 후 [확인]을 클릭한다.

버전 TIP

[피벗 테이블 만들기] 대화상자
[표 또는 범위의 피벗 테이블]로 표시된다.
• '표 또는 범위 선택' → '표/범위'로 표시됨
• '외부 데이터 원본 사용'이 삭제됨

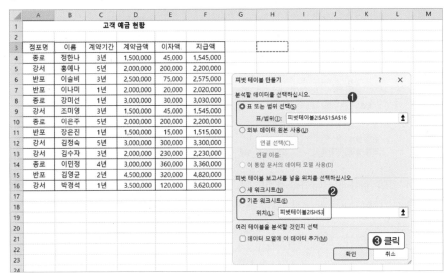

③ 오른쪽 '피벗 테이블 필드 목록'에서 '이름'은 드래그하여 '필터', '계약기간'은 '행', '점포명'은 '열'로, '계약금액', '이자액'은 'Σ 값'으로 드래그한다.

④ 열 레이블에 있는 'Σ 값'을 선택한 후 '행'으로 드래그한다.

⑤ '값' 부분에 기본적으로 합계가 계산되는데, 합계를 평균으로 변경하기 위해서 [H6] 셀에 마우스 오른쪽 버튼을 눌러 [값 요약 기준]−[평균]을 클릭한다. 같은 방법으로 '이자액'도 값 요약 기준을 '평균'으로 변경한다.

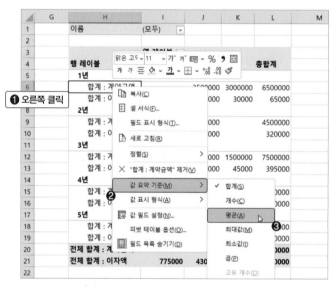

 기적의 TIP

피벗 테이블 안쪽에 커서를 두고 [피벗 테이블 분석] 탭의 [피벗 테이블] 그룹에서 [옵션]을 클릭해도 [피벗 테이블 옵션] 대화상자를 표시할 수 있다.

⑥ 행과 열의 총합계는 나타나지 않도록 하기 위해 피벗 테이블 안에 셀 포인터를 두고 마우스 오른쪽 버튼을 눌러 [피벗 테이블 옵션]을 선택한다.

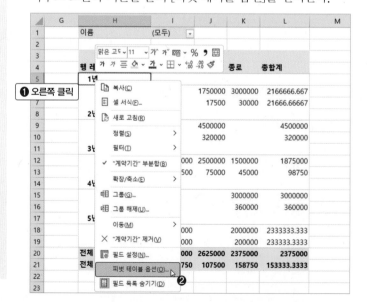

⑦ [피벗 테이블 옵션] 대화상자의 [요약 및 필터] 탭에서 '행 총합계 표시', '열 총합계 표시' 체크를 해제하고 [확인]을 클릭한다.

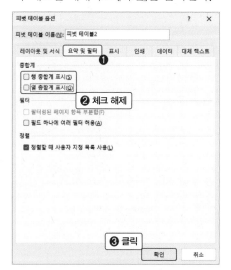

기적의 TIP

피벗 테이블 안쪽에 커서를 두고 [디자인] 탭의 [레이아웃] 그룹에서 [총합계]–[행 및 열의 총합계 해제]를 클릭하여 설정할 수 있다.

⑧ 보고서 레이아웃을 '개요 형식으로 표시'로 지정하기 위해 피벗 테이블 안에 셀 포인터를 두고 [디자인] 탭의 [레이아웃]–[보고서 레이아웃]을 클릭하여 [개요 형식으로 표시]를 선택한다.

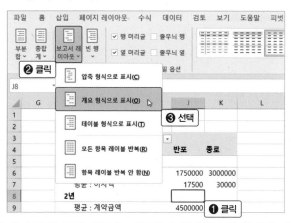

⑨ 값 영역의 표시 형식을 지정하기 위해서 [I6] 셀에서 마우스 오른쪽 버튼을 눌러 [값 필드 설정]을 선택한다.

기적의 TIP

[I6] 셀에서 더블클릭하여 [값 필드 설정] 대화상자를 표시할 수 있다.

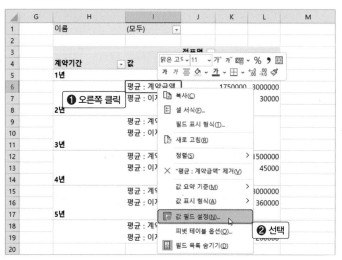

⑩ [값 필드 설정]에서 [표시 형식]을 클릭한다.

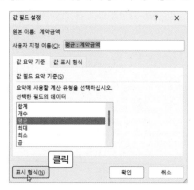

⑪ [셀 서식]에서 '숫자'를 선택한 후 '1000 단위 구분 기호 사용'을 체크하고 [확인]을 클
릭한다. [값 필드 설정]에서 다시 한 번 [확인]을 클릭한다.

⑫ 같은 방법으로 '이자액'도 '숫자' 범주의 '1000 단위 구분 기호 사용'을 지정한다.

⑬ 피벗 테이블 안에 셀 포인트가 놓여 있는 상태에서 [디자인] 탭의 '피벗 테이블 스타
일'의 '연한 주황, 피벗 스타일 보통 10'을 선택한다.

	이름	(모두)				
				점포명		
	계약기간	값		강서	반포	종로
	1년					
		평균 : 계약금액		3,500,000	1,750,000	3,000,000
		평균 : 이자액		120,000	17,500	30,000
	2년					
		평균 : 계약금액			4,500,000	
		평균 : 이자액			320,000	
	3년					
		평균 : 계약금액		1,750,000	2,500,000	1,500,000
		평균 : 이자액		137,500	75,000	45,000
	4년					
		평균 : 계약금액				3,000,000
		평균 : 이자액				360,000
	5년					
		평균 : 계약금액		2,500,000		2,000,000
		평균 : 이자액		250,000		200,000

▲ '피벗테이블2(결과)' 시트

➕ 더 알기 TIP

[디자인]–[피벗 테이블 스타일]

'흰색, 피벗 스타일 밝게 23, 24, 26, 27, 28'을 선택한 후 [피벗 테이블 스타일 옵션]의 '줄무늬 행'이나 '줄무늬 열'을 체크하면 피벗 테이블 스타일 이름이 '연한 파랑~', '연한 주황~', '연한 노랑~', '연한 녹색~'으로 바뀌며, [피벗 테이블 스타일] 목록도 변경된다.

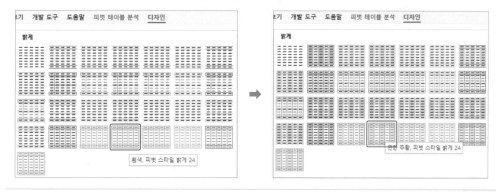

출제유형 ③ '피벗테이블3' 시트에 다음의 지시사항을 처리하시오.

[피벗 테이블] 기능을 이용하여 '임금명세표'의 직위를 '열', 근속기간을 '행'으로 처리하고, 값에 '기본급', '상여금'의 합계를 순서대로 계산하시오.

▶ 피벗 테이블 보고서는 동일 시트의 [A18] 셀에서 시작하시오.
▶ 피벗 테이블 보고서에서 근속기간은 1~5, 6~10, 11~15, 16~20 그룹으로 표시하시오.
▶ 값 영역의 표시 형식은 '셀 서식' 대화상자에서 '숫자' 범주의 '1000 단위 구분 기호 사용'을 이용하여 지정하시오.
▶ 피벗 테이블 보고서의 행의 총합계 표시는 나타나지 않도록 하고, 빈 셀은 '*' 기호로 표시되 도록 지정하시오.
▶ 보고서 레이아웃은 '개요 형식으로 표시'로 지정하시오.

① 데이터 영역[A3:G12]을 범위 지정한 후 [삽입]-[표] 그룹의 [피벗 테이블](▦)을 클릭한다.

② [피벗 테이블 만들기]에서 '표 또는 범위 선택'에서 [A3:G12] 영역이 자동으로 지정되어 있는지 확인하고, '기존 워크시트'를 선택하고 [A18] 셀을 클릭한 후 [확인]을 클릭한다.

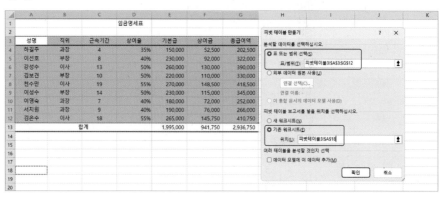

③ 오른쪽 '피벗 테이블 필드 목록'에서 '직위'는 '열', '근속기간'은 '행'으로 드래그하고, '기본급', '상여금'은 'Σ 값'으로 드래그한다.

④ 근속기간을 그룹으로 표시하기 위해서 근속기간에 표시된 임의의 셀을 선택한 후 마우스 오른쪽 버튼을 눌러 [그룹]을 선택한다.

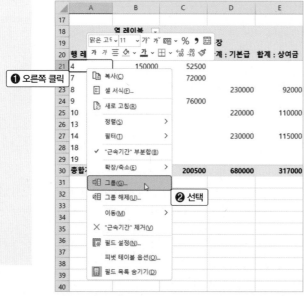

⑤ 1~5, 6~10, 11~15, 16~20 그룹으로 표시하기 위해서 [그룹화]에서 시작은 1, 끝은 20, 단위는 5를 입력하고 [확인]을 클릭한다.

⑥ 값 영역의 표시 형식을 지정하기 위해서 [B20] 셀에서 마우스 오른쪽 버튼을 눌러 [값 필드 설정]을 선택한다.

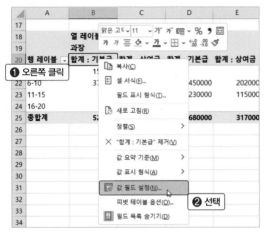

B 기적의 TIP

[B20] 셀에서 더블클릭하여 [값 필드 설정] 대화상자를 표시할 수 있다.

⑦ [값 필드 설정]에서 [표시 형식]을 클릭한다.
⑧ [셀 서식]에서 '숫자'를 선택한 후 '1000 단위 구분 기호 사용'을 체크하고 [확인]을 클릭하고, [값 필드 설정]에서 다시 한 번 [확인]을 클릭한다.

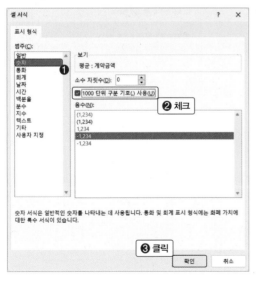

24년 출제

이름이 '강미선'과 '김영균'만 표시되도록 설정하시오.
'이름' 필터에서 목록 단추를 클릭하여 '여러 항목 선택'을 클릭한 후에 문제에 제시된 항목을 체크한다.

⑨ 같은 방법으로 '상여금'도 '숫자' 범주의 '1000 단위 구분 기호 사용'을 지정한다.

⑩ 피벗 테이블 안쪽에 셀 포인터를 두고 마우스 오른쪽 버튼을 눌러 [피벗 테이블 옵션]
을 선택한다.

기적의 TIP

피벗 테이블 안쪽에 커서를
두고 [피벗 테이블 분석] 탭의
[피벗 테이블] 그룹에서 [옵
션]을 클릭해도 [피벗 테이블
옵션] 대화상자를 표시할 수
있다.

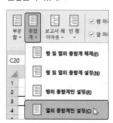

기적의 TIP

피벗 테이블 안쪽에 커서를
두고 [디자인] 탭의 [레이아
웃] 그룹에서 [총합계]─[열의
총합계만 설정]을 클릭하여
설정할 수 있다.

⑪ [피벗 테이블 옵션] 대화상자의 [레이아웃 및 서식] 탭의 '빈 셀 표시'에 *을 입력한다.
[요약 및 필터] 탭에서 '행 총합계 표시' 체크를 해제하고 [확인]을 클릭한다.

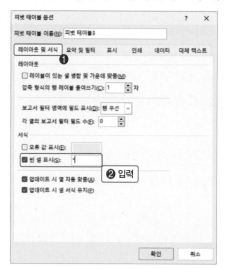

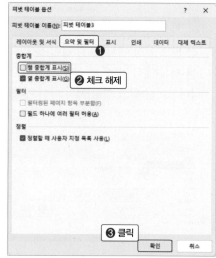

⑫ 보고서 레이아웃을 '개요 형식으로 표시'로 지정하기 위해 피벗 테이블 안에 셀 포인 터를 두고 [디자인] 탭의 [레이아웃]–[보고서 레이아웃]을 클릭하여 [개요 형식으로 표시]를 선택한다.

	A	B	C	D	E	F	G	H
17								
18		직위	값					
19		과장		부장		이사		
20	근속기간	합계 : 기본급	합계 : 상여금	합계 : 기본급	합계 : 상여금	합계 : 기본급	합계 : 상여금	
21	1-5	150,000	52,500	*	*	*	*	
22	6-10	370,000	148,000	450,000	202,000	*	*	
23	11-15	*	*	230,000	115,000	260,000	130,000	
24	16-20	*	*	*	*	535,000	294,250	
25	총합계	520,000	200,500	680,000	317,000	795,000	424,250	
26								

▲ '피벗테이블3(결과)' 시트

➕ 더 알기 TIP

[피벗 테이블 분석] 모음

피벗 테이블 안쪽에 커서를 두면 [피벗 테이블 분석]이 표시된다.

① 피벗 테이블 이름 : 피벗 테이블의 이름을 입력하거나 수정할 때 사용한다.
② 옵션 : [피벗 테이블 옵션]을 이용하여 피벗 테이블에 적용할 옵션을 설정한다.
③ 활성 필드 : 현재 선택된 활성 필드를 표시한다.
④ 필드 설정 : [값 필드 설정]을 이용하여 함수나 표시 형식을 변경한다.
⑤ 그룹 : 그룹/그룹 해제 또는 그룹을 선택할 때 사용한다.
⑥ 필터 : 슬라이서 삽입, 시간 표시 막대 삽입 등을 설정한다.
⑦ 새로 고침 : 원본 데이터의 변경 내용을 피벗 테이블에 반영한다.
⑧ 데이터 원본 변경 : 원본 데이터를 변경한다.
⑨ 지우기 : 피벗 테이블에 설정된 필드나 서식 및 필터를 제거한다.
⑩ 선택 : 피벗 테이블의 요소를 선택한다.
⑪ 피벗 테이블 이동 : 피벗 테이블의 위치를 변경한다.
⑫ 피벗 차트 : 피벗 테이블의 데이터를 이용하여 차트를 작성한다.
⑬ 필드 목록 : 필드 목록 창의 표시 여부를 지정한나.
⑭ 필드 머리글 : 필드의 행, 열, 값의 머리글의 표시 여부를 지정한다.

작업파일 [2025컴활2급₩이론] 폴더의 '15통합' 파일을 열어서 작업하시오.

출제유형 ❶ '통합1' 시트에 다음의 지시사항을 처리하시오.

데이터 도구 [통합] 기능을 이용하여 [표1], [표2], [표3]에 대한 학과별 '정보인증', '국제인증', '전공인증'의 평균을 [표4]의 [G5:I8] 영역에 계산하시오.

	A	B	C	D	E	F	G	H	I	J
1			학과별 인증 점수 취득 평균							
2										
3	[표1] 2025년					[표4]				
4	학과	정보인증	국제인증	전공인증		학과	정보인증	국제인증	전공인증	
5	전기전자공학부	10,800	9,000	9,140		전기전자공학부				
6	교육학	9,200	13,780	13,080		컴퓨터·산업공학부				
7	컴퓨터·산업공학부	9,060	9,160	9,140		교육학				
8	실내건축과	3,780	3,680	2,840		실내건축과				
9										
10	[표2] 2024년									
11	학과	정보인증	국제인증	전공인증						
12	전기전자공학부	11,360	5,780	17,940						
13	컴퓨터·산업공학부	9,560	13,960	11,560						
14	실내건축과	3,960	9,140	19,700						
15	교육학	3,740	3,300	2,840						
16										
17	[표3] 2023년									
18	학과	정보인증	국제인증	전공인증						
19	전기전자공학부	9,360	7,080	9,120						
20	실내건축과	5,700	13,700	11,560						
21	컴퓨터·산업공학부	6,700	3,080	3,300						
22	교육학	9,560	14,960	9,680						
23										

▲ '통합1' 시트

① 데이터 통합 결과를 표시할 영역 [F4:I8]을 드래그하여 범위를 지정한 후, [데이터]–[데이터 도구] 그룹의 [통합](圖)을 클릭한다.

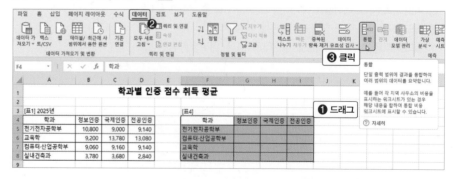

② [통합]에서 함수는 '평균'을 선택한다.

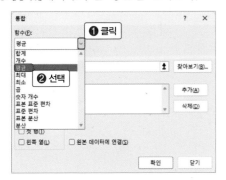

③ 데이터 통합을 할 범위를 지정하기 위해 '참조'의 입력란을 클릭한 후 마우스로 [A4:D8] 영역을 드래그한 후 [추가]를 클릭한다.

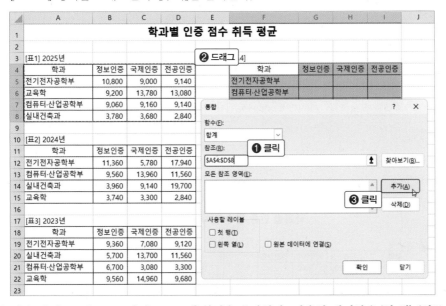

④ 같은 방법으로 [A11:D15], [A18:D22] 영역을 추가한다. 사용할 레이블은 '첫 행', '왼쪽 열'을 체크하고 [확인]을 클릭한다.

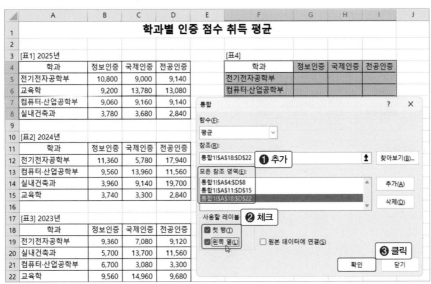

[통합] 대화상자

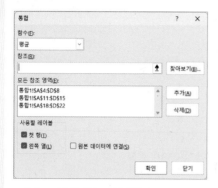

- **함수** : 사용할 함수를 선택한다.
- **참조** : 통합할 데이터 영역을 지정한다.
- **모든 참조 영역** : 지정한 모든 참조 영역이 표시된다.
- **첫 행** : 참조 영역 중 첫 행을 통합될 데이터의 행 이름으로 사용한다.
- **왼쪽 열** : 참조 영역 중 왼쪽 열을 통합될 데이터의 열 이름으로 사용한다.
- **원본 데이터 연결** : 원본 데이터가 변경될 경우 통합된 데이터에 자동으로 반영된다.

풀이결과

학과별 인증 점수 취득 평균

[표1] 2025년					[표4]			
학과	정보인증	국제인증	전공인증		학과	정보인증	국제인증	전공인증
전기전자공학부	10,800	9,000	9,140		전기전자공학부	10,507	7,287	12,067
교육학	9,200	13,780	13,080		컴퓨터·산업공학부	8,440	8,733	8,000
컴퓨터·산업공학부	9,060	9,160	9,140		교육학	7,500	10,680	8,533
실내건축과	3,780	3,680	2,840		실내건축과	4,480	8,840	11,367

[표2] 2024년			
학과	정보인증	국제인증	전공인증
전기전자공학부	11,360	5,780	17,940
컴퓨터·산업공학부	9,560	13,960	11,560
실내건축과	3,960	9,140	19,700
교육학	3,740	3,300	2,840

[표3] 2023년			
학과	정보인증	국제인증	전공인증
전기전자공학부	9,360	7,080	9,120
실내건축과	5,700	13,700	11,560
컴퓨터·산업공학부	6,700	3,080	3,300
교육학	9,560	14,960	9,680

▲ '통합1(결과)' 시트

'통합2' 시트에 다음의 지시사항을 처리하시오.

데이터 도구 [통합] 기능을 이용하여 [표1], [표2]에서 성명별 데이터의 '국어', '영어', '수학', '총점'의 평균을 '2학년 성적표' 표의 [I4:L10] 영역에 계산하시오.

A	B	C	D	E	F	G	H	I	J	K	L	M
			[표1] 중간고사 성적표					[표3] 2학년 성적표				
	성명	국어	영어	수학	총점		성명	국어	영어	수학	총점	
	김창용	80	92	86	258		김창용					
	정시윤	96	85	86	267		정시윤					
	임소희	76	74	79	229		임소희					
	유영석	84	62	85	231		유영석					
	이민호	96	58	75	229		이민호					
	한가희	86	79	81	246		한가희					
	한지섭	85	95	82	262		한지섭					
			[표2] 기말고사 성적표									
	성명	국어	영어	수학	총점							
	김창용	82	96	82	260							
	정시윤	94	82	90	266							
	임소희	80	71	73	224							
	유영석	83	68	89	240							
	이민호	91	57	72	220							
	한가희	79	72	84	235							
	한지섭	81	94	72	247							

▲ '통합2' 시트

① 데이터 통합 결과를 표시할 영역 [H3:L10]을 드래그하여 범위를 지정한 후 [데이터]-[데이터 도구] 그룹의 [통합](📊)을 클릭하고, [통합]에서 함수는 '평균'을 선택한다.

② 데이터 통합을 할 범위를 지정하기 위해 '참조'의 입력란을 클릭한 후 마우스로 [B3:F10] 영역을 드래그한 후 [추가]를 클릭한다.

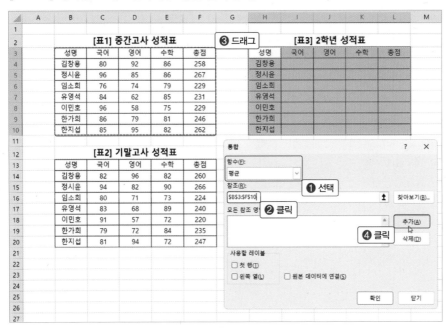

③ 같은 방법으로 [B13:F20] 영역을 추가한다. 사용할 레이블은 '첫 행', '왼쪽 열'을 체크하고 [확인]을 클릭한다.

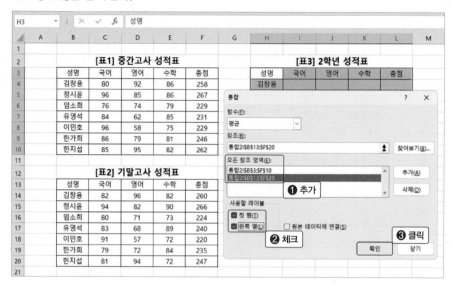

풀이결과

	[표1] 중간고사 성적표							[표3] 2학년 성적표				
	성명	국어	영어	수학	총점			성명	국어	영어	수학	총점
	김창용	80	92	86	258			김창용	81	94	84	259
	정시윤	96	85	86	267			정시윤	95	83.5	88	266.5
	임소희	76	74	79	229			임소희	78	72.5	76	226.5
	유영석	84	62	85	231			유영석	83.5	65	87	235.5
	이민호	96	58	75	229			이민호	93.5	57.5	73.5	224.5
	한가희	86	79	81	246			한가희	82.5	75.5	82.5	240.5
	한지섭	85	95	82	262			한지섭	83	94.5	77	254.5
	[표2] 기말고사 성적표											
	성명	국어	영어	수학	총점							
	김창용	82	96	82	260							
	정시윤	94	82	90	266							
	임소희	80	71	73	224							
	유영석	83	68	89	240							
	이민호	91	57	72	220							
	한가희	79	72	84	235							
	한지섭	81	94	72	247							

▲ '통합2(결과)' 시트

출제유형 ③ **'통합3' 시트에 다음의 지시사항을 처리하시오.**

데이터 도구 [통합] 기능을 이용하여 [표1]에서 품목별 데이터 '입고량', '출고량', '재고량'의 품명이 '마우스로 시작, '키'로 시작, '블루투스로 시작하는 품목별 합계를 [표2]의 [H3:J5] 영역에 계산하시오.

	A	B	C	D	E	F	G	H	I	J	K
1	[표1]	컴퓨터용품 입출고 현황					[표2]	1/4분기 컴퓨터용품 입출고 현황			
2	월	품명	입고량	출고량	재고량		품명	입고량	출고량	재고량	
3	1월	마우스	200	186	14						
4	1월	마우스패드	150	120	30						
5	1월	키보드	300	255	45						
6	1월	키스킨	100	67	33						
7	1월	블루투스 이어폰	250	241	9						
8	1월	블루투스 헤드셋	150	111	39						
9	1월	블루투스 스피커	100	68	32						
10	2월	마우스	250	241	9						
11	2월	마우스패드	140	120	20						
12	2월	키보드	350	304	46						
13	2월	키스킨	100	65	35						
14	2월	블루투스 이어폰	300	236	64						
15	2월	블루투스 헤드셋	180	128	52						
16	2월	블루투스 스피커	120	101	19						
17	3월	마우스	300	241	59						
18	3월	마우스패드	150	135	15						
19	3월	키보드	350	301	49						
20	3월	키스킨	80	55	25						
21	3월	블루투스 이어폰	250	204	46						
22	3월	블루투스 헤드셋	150	124	26						
23	3월	블루투스 스피커	150	109	41						
24											

▲ '통합3' 시트

① '마우스'로 시작, '키'로 시작, '블루투스'로 시작하는 조건을 입력하기 위혜 [G3:G5] 영역에 다음과 같이 조건을 입력한다.

	F	G	H	I	J	K
1		[표2]	1/4분기 컴퓨터용품 입출고 현황			
2		품명	입고량	출고량	재고량	
3		마우스*				
4		키*				
5		블루투스*				
6		입력				

② 데이터 통합 결과를 표시할 영역 [G2:J5]를 드래그하여 범위를 지정한 후 [데이터]–[데이터 도구] 그룹의 [통합](📊)을 클릭하고, [통합]에서 함수는 '합계'를 선택한다.

🅑 기적의 TIP

는 임의의 모든 문자를 대신하는 문자로 '마우스'는 마우스로 시작하는 모든 단어(셀)를 찾을 수 있다.

③ 데이터 통합을 할 범위를 지정하기 위해 '참조'의 입력란을 클릭한 후 마우스로 [B2:E23] 영역을 드래그한 후 [추가]를 클릭한다.

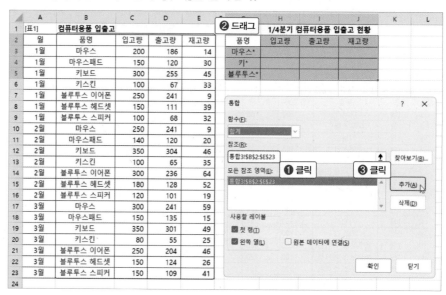

④ 사용할 레이블은 '첫 행', '왼쪽 열'을 체크하고 [확인]을 클릭한다.

풀이결과

	A	B	C	D	E	F	G	H	I	J	K
1	[표1]	컴퓨터용품 입출고 현황					[표2]	1/4분기 컴퓨터용품 입출고 현황			
2	월	품명	입고량	출고량	재고량		품명	입고량	출고량	재고량	
3	1월	마우스	200	186	14		마우스*	1,190	1,043	147	
4	1월	마우스패드	150	120	30		키*	1,280	1,047	233	
5	1월	키보드	300	255	45		블루투스*	1,650	1,322	328	
6	1월	키스킨	100	67	33						
7	1월	블루투스 이어폰	250	241	9						
8	1월	블루투스 헤드셋	150	111	39						
9	1월	블루투스 스피커	100	68	32						
10	2월	마우스	250	241	9						
11	2월	마우스패드	140	120	20						
12	2월	키보드	350	304	46						
13	2월	키스킨	100	65	35						
14	2월	블루투스 이어폰	300	236	64						
15	2월	블루투스 헤드셋	180	128	52						
16	2월	블루투스 스피커	120	101	19						
17	3월	마우스	300	241	59						
18	3월	마우스패드	150	135	15						
19	3월	키보드	350	301	49						
20	3월	키스킨	80	55	25						
21	3월	블루투스 이어폰	250	204	46						
22	3월	블루투스 헤드셋	150	124	26						
23	3월	블루투스 스피커	150	109	41						
24											

▲ '통합3(결과)' 시트

CHAPTER 04

기타작업

학습 방향

기타작업에서는 매크로 작성하고 매크로를 실행할 수 있도록 버튼 또는 도형에 연결하는 문제와 작성된 차트에 서식을 지정하는 문제 2문항이 출제되고 있습니다. 각각의 부분점수가 있습니다. 매크로 작성은 연결할 도형이나. 버튼을 만든 후에 기록을 시작하는 방법과 매크로 기록을 시작하여 기록한 후 도형이나 버튼에 연결하는 방법이 있습니다. 독자가 편한 방법을 사용하시면 됩니다. 주의사항은 매크로 기록과 종료 버튼을 꼭 확인하여 계속 기록되지 않도록 주의합니다.

▶ 합격 강의

난 이 도 상 (중) 하
반복학습 ① ② ③

작업파일 [2025컴활2급₩이론] 폴더의 '16매크로' 파일을 열어서 작업하시오.

➕ 더 알기 TIP

리본 메뉴에 [개발 도구] 탭이 표시되어 있지 않다면

① [파일]을 클릭하여 [옵션]을 클릭한다.

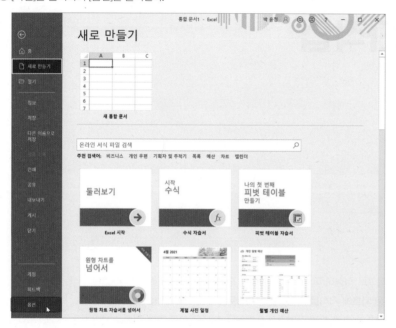

② '리본 사용자 지정'을 클릭한 후 '개발 도구'를 체크하고 [확인]을 클릭한다.

'매크로1' 시트의 [표1]에서 다음과 같은 기능을 수행하는 매크로를 현재 통합 문서에 작성하고 실행하시오.

❶ [N4:N14] 영역에 평균을 계산하는 매크로를 생성하여 실행하시오.
  ▶ 매크로 이름 : 평균
  ▶ AVERAGE 함수 사용
  ▶ 평균은 1월부터 12월까지의 발생건수의 평균임
  ▶ [개발 도구]–[삽입]–[양식 컨트롤]의 '단추(□)'를 동일 시트의 [C18:D19] 영역에 생성하고, 텍스트를 '평균'으로 입력한 후 단추를 클릭할 때 '평균' 매크로가 실행되도록 설정하시오.

❷ [B3:B14], [D3:D14] 영역에 채우기 색을 '표준 색 – 파랑'으로 적용하는 매크로를 생성하여 실행하시오.
  ▶ 매크로 이름 : 서식
  ▶ [도형]–[사각형]의 '직사각형(□)'을 동일 시트의 [F18:G19] 영역에 생성하고, 텍스트를 '서식'으로 입력한 후 도형을 클릭할 때 '서식' 매크로가 실행되도록 설정하시오.
  ※ 셀 포인터의 위치에 상관없이 현재 통합문서에서 매크로가 실행되어야 정답으로 인정됨

01 '평균' 매크로

① [개발 도구]–[컨트롤] 그룹의 [삽입]–[단추(양식 컨트롤)](□)을 클릭한다.

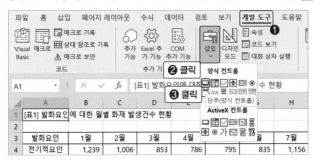

② 마우스 포인트가 '+'로 바뀌면 [C18:D19] 영역에 드래그하여 그리면 [매크로 지정] 대화상자가 나타난다.

기적의 TIP

Alt를 누르면 셀의 모서리에 정확하게 맞추어 그릴 수 있다.

	A	B	C	D	E	F
1	[표1] 발화요인에 대한 월별 화재 발생건수 현황					
2						
3	발화요인	1월	2월	3월	4월	5월
4	전기적요인	1,239	1,006	853	786	795
5	기계적요인	537	372	332	330	306
6	화학적요인	26	26	22	28	19
7	가스누출	26	22	8	19	13
8	교통사고	55	33	43	42	43
9	부주의	2,306	2,173	3,210	2,470	1,468
10	기타(실화)	103	79	96	84	53
11	자연적요인	4	2	3	102	22
12	방화	38	43	56	48	54
13	방화의심	148	149	209	198	167
14	미상	521	420	430	428	313
15						
16						
17				드래그		
18						
19						
20						

③ [매크로 지정] 대화상자에 **평균**을 입력하고 [기록]을 클릭한다.

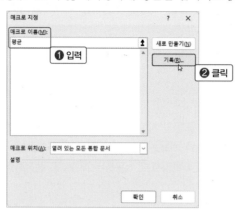

④ [매크로 기록] 대화상자에 자동으로 '평균'으로 매크로 이름이 표시되면 [확인]을 클릭한다.

기적의 TIP

함수는 대소문자 상관없이 입력이 가능하다.

기적의 TIP

[B4:N14] 영역을 범위 지정한 후 [수식] 탭의 [함수 라이브러리] 그룹에서 [자동 합계]-[평균]을 클릭하여 평균을 구할 수 있다.

⑤ 평균을 구할 [N4] 셀을 클릭하여 **=average(B4:M4)**를 입력한 후 [Enter]를 누른다.

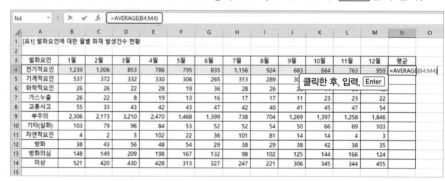

발화요인	1월	2월	3월	4월	5월	6월	7월	8월	9월	10월	11월	12월	평균
전기적요인	1,239	1,006	853	786	795	835	1,156	924	683	664	763	959	=AVERAGE(B4:M4)
기계적요인	537	372	332	330	306	265	313	289	30				
화학적요인	26	26	22	28	19	36	28	26	26				
가스누출	26	22	8	19	13	16	17	17	11	23	23	22	
교통사고	55	33	43	42	43	47	42	40	41	45	47	54	
부주의	2,306	2,173	3,210	2,470	1,468	1,399	738	704	1,269	1,397	1,258	1,846	
기타(실화)	103	79	96	84	53	52	52	54	50	66	69	103	
자연적요인	4	2	3	102	22	36	101	81	14	14	4	3	
방화	38	43	56	48	54	29	38	29	38	42	38	35	
방화의심	148	149	209	198	167	132	98	102	125	144	166	124	
미상	521	420	430	428	313	327	247	221	306	345	344	455	

⑥ [N4] 셀을 클릭한 후 채우기 핸들을 이용하여 [N14] 셀까지 드래그하여 수식을 복사한다.

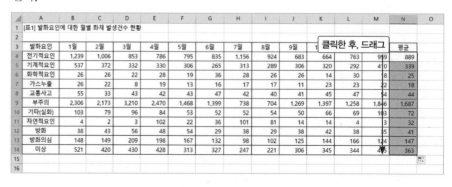

발화요인	1월	2월	3월	4월	5월	6월	7월	8월	9월		평균
전기적요인	1,239	1,006	853	786	795	835	1,156	924	683	664	763	959	889
기계적요인	537	372	332	330	306	265	313	289	306	320	292	410	339
화학적요인	26	26	22	28	19	36	28	26	26	14	30		25
가스누출	26	22	8	19	13	16	17	17	11	23	23	22	18
교통사고	55	33	43	42	43	47	42	40	41	45	47	54	44
부주의	2,306	2,173	3,210	2,470	1,468	1,399	738	704	1,269	1,397	1,258	1,846	1,687
기타(실화)	103	79	96	84	53	52	52	54	50	66	69	103	72
자연적요인	4	2	3	102	22	36	101	81	14	14	4	3	32
방화	38	43	56	48	54	29	38	29	38	42	38	35	41
방화의심	148	149	209	198	167	132	98	102	125	144	166	124	147
미상	521	420	430	428	313	327	247	221	306	345	344		363

⑦ 매크로 기록을 종료하기 위해 [개발 도구]–[코드] 그룹의 [기록 중지](□)를 클릭한다.

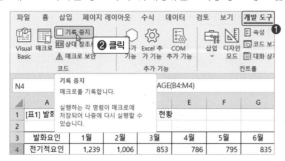

⑧ 단추에 텍스트를 수정하기 위해서 단추에서 마우스 오른쪽 버튼을 눌러 [텍스트 편집]을 선택한다.

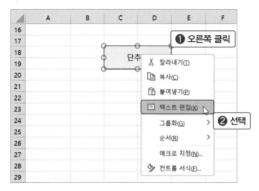

⑨ 단추에 입력된 '단추 1'을 지우고 **평균**을 입력한다.

02 '서식' 매크로

① [삽입]–[일러스트레이션] 그룹에서 [도형]–[사각형]의 [직사각형](□)을 클릭한다.

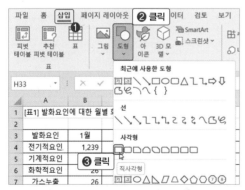

② 마우스 포인트가 '+'로 바뀌면 [F18:G19] 영역에 드래그한다.

③ '직사각형' 도형에서 마우스 오른쪽 버튼을 눌러 [매크로 지정]을 선택한다.

④ [매크로 지정] 대화상자의 '매크로 이름'에 **서식**을 입력하고 [기록]을 클릭한다.

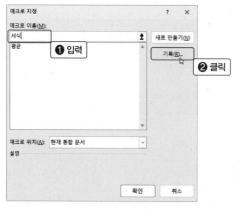

⑤ [매크로 기록] 대화상자에 자동으로 '서식'으로 매크로 이름이 표시되면 [확인]을 클릭한다.

⑥ [B3:B14] 영역을 드래그하고 Ctrl 을 누른 채 [D3:D14] 영역을 드래그하여 범위를 지정한 후, [홈]-[글꼴] 그룹의 [채우기 색](◇ ▾) 도구를 클릭하여 '표준 색 – 파랑'을 선택한다.

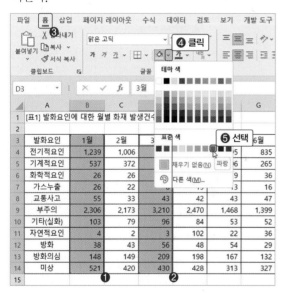

⑦ 매크로 기록을 종료하기 위해 [개발 도구]-[코드] 그룹의 [기록 중지](□)를 클릭한다.

⑧ '직사각형' 도형에서 마우스 오른쪽 버튼을 눌러 [텍스트 편집]을 선택한다.

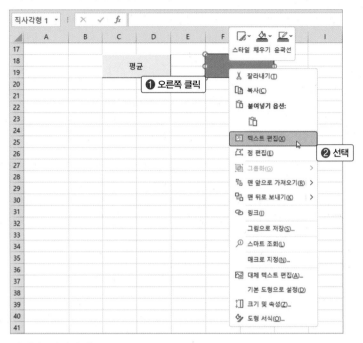

⑨ **서식**을 입력한다.

	A	B	C	D	E	F	G	H
17								
18			평균				서식	
19								
20								

풀이결과

	A	B	C	D	E	F	G	H	I	J	K	L	M	N	O
1	[표1] 발화요인에 대한 월별 화재 발생건수 현황														
2															
3	발화요인	1월	2월	3월	4월	5월	6월	7월	8월	9월	10월	11월	12월	평균	
4	전기적요인	1,239	1,006	853	786	795	835	1,156	924	683	664	763	959	889	
5	기계적요인	537	372	332	330	306	265	313	289	306	320	292	410	339	
6	화학적요인	26	26	22	28	19	36	28	26	26	14	30	18	25	
7	가스누출	26	22	8	19	13	16	17	17	11	23	23	22	18	
8	교통사고	55	33	43	42	43	47	42	40	41	45	47	54	44	
9	부주의	2,306	2,173	3,210	2,470	1,468	1,399	738	704	1,269	1,397	1,258	1,846	1,687	
10	기타(실화)	103	79	96	84	53	52	52	54	50	66	69	103	72	
11	자연적요인	4	2	3	102	22	36	101	81	14	14	4	3	32	
12	방화	38	43	56	48	54	29	38	29	38	42	38	35	41	
13	방화의심	148	149	209	198	167	132	98	102	125	144	166	124	147	
14	미상	521	420	430	428	313	327	247	221	306	345	344	455	363	
15															
16															
17															
18			평균			서식									
19															
20															

▲ '매크로1(결과)' 시트

'매크로2' 시트의 [표]에서 다음과 같은 기능을 수행하는 매크로를 현재 통합 문서에 작성하고 실행하시오.

❶ [E4:E8] 영역에 총점을 계산하는 매크로를 생성하여 실행하시오.
- ▶ 매크로 이름 : 총점
- ▶ 총점 = 소양인증 + 직무인증
- ▶ [개발 도구]−[삽입]−[양식 컨트롤]의 '단추(□)'를 동일 시트의 [A10:B11] 영역에 생성하고, 텍스트를 '총점'으로 입력한 후 단추를 클릭할 때 '총점' 매크로가 실행되도록 설정하시오.

❷ [A3:E8] 영역에 '모든 테두리(⊞)'를 적용하는 매크로를 생성하여 실행하시오.
- ▶ 매크로 이름 : 테두리
- ▶ [도형]−[기본 도형]의 '사각형: 빗면(□)'을 동일 시트의 [D10:E11] 영역에 생성하고, 텍스트를 '테두리'로 입력한 후 도형을 클릭할 때 '테두리' 매크로가 실행되도록 설정하시오.
- ※ 셀 포인터의 위치에 상관없이 현재 통합문서에서 매크로가 실행되어야 정답으로 인정됨

01 '총점' 매크로

① [개발 도구]−[컨트롤] 그룹의 [삽입]−[단추(양식 컨트롤)](□)을 클릭한다.

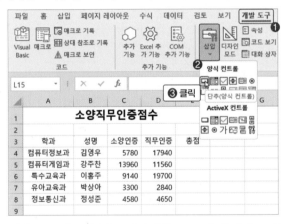

② 마우스 포인트가 '+'로 바뀌면 [A10:B11] 영역에 드래그하여 그리면 [매크로 지정] 대화상자가 나타난다.

	A	B	C	D	E	F
1		소양직무인증점수				
2						
3	학과	성명	소양인증	직무인증	총점	
4	컴퓨터정보과	김영우	5780	17940		
5	컴퓨터게임과	강주찬	13960	11560		
6	특수교육과	이홍주	9140	19700		
7	유아교육과	박상아	3300	2840		
8	정보통신과	정성준	4580	4650		
9						
10						
11						
12		드래그				

③ [매크로 지정] 대화상자에 **총점**을 입력하고 [기록]을 클릭한다.

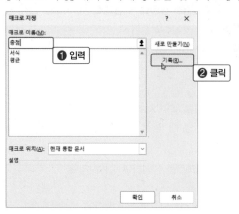

④ [매크로 기록] 대화상자에 자동으로 '총점'으로 매크로 이름이 표시되면 [확인]을 클릭한다.

⑤ 총점을 구할 [E4] 셀을 클릭하여 **=C4+D4**를 입력한 후 Enter 를 누른다. [E4] 셀을 클릭한 후 채우기 핸들을 이용하여 [E8] 셀까지 드래그하여 수식을 복사한다.

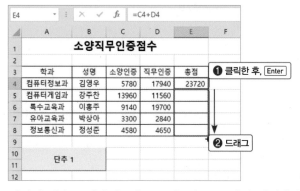

⑥ 임의의 셀을 클릭한 후 매크로 기록을 종료하기 위해 [개발 도구]–[코드] 그룹의 [기록 중지](□)를 클릭한다.

⑦ 단추에 텍스트를 수정하기 위해서 단추에서 마우스 오른쪽 버튼을 눌러 [텍스트 편집]을 선택한다.

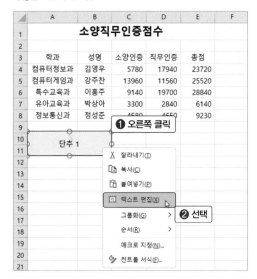

⑧ 단추에 입력된 '단추 1'을 지우고 **총점**을 입력한다.

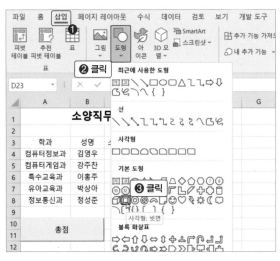

02 '서식' 매크로

① [삽입]-[일러스트레이션] 그룹에서 [도형]-[기본 도형]의 '사각형: 빗면'(□)을 클릭한다.

② 마우스 포인트가 '+'로 바뀌면 [D10:E11] 영역에 드래그한다.

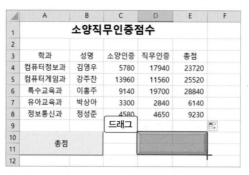

③ '빗면' 도형에서 마우스 오른쪽 버튼을 눌러 [매크로 지정]을 선택한다.

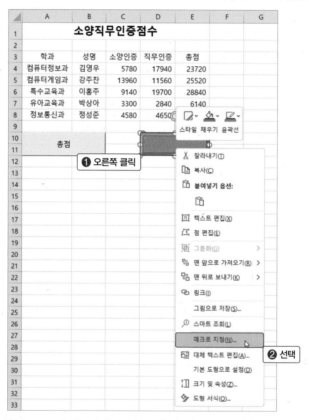

④ [매크로 지정] 대화상자의 '매크로 이름'에 **테두리**를 입력하고 [기록]을 클릭한다.

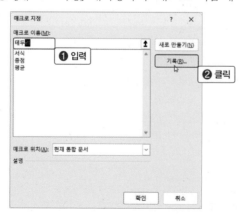

⑤ [매크로 기록] 대화상자에 자동으로 '테두리'로 매크로 이름이 표시되면 [확인]을 클릭한다.

⑥ [A3:E8] 영역을 드래그하여 범위를 지정한 후 [홈]-[글꼴] 그룹의 [테두리](⊞ ▾) 도구의 [모든 테두리](⊞)를 선택한다.

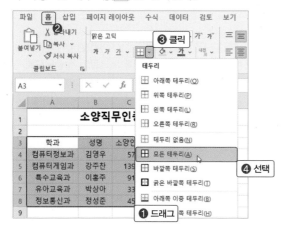

⑦ 매크로 기록을 종료하기 위해 [개발 도구]-[코드] 그룹의 [기록 중지](□)를 클릭한다.

⑧ '빗면' 도형에서 마우스 오른쪽 버튼을 눌러 [텍스트 편집]을 클릭한 후 **테두리**를 입력한다.

	A	B	C	D	E	F
1		소양직무인증점수				
2						
3	학과	성명	소양인증	직무인증	총점	
4	컴퓨터정보과	김영우	5780	17940	23720	
5	컴퓨터게임과	강주찬	13960	11560	25520	
6	특수교육과	이홍주	9140	19700	28840	
7	유아교육과	박상아	3300	2840	6140	
8	정보통신과	정성준	4580	4650	9230	
9						
10	총점			테두리		
11						
12						

풀이결과

	A	B	C	D	E	F
1		소양직무인증점수				
2						
3	학과	성명	소양인증	직무인증	총점	
4	컴퓨터정보과	김영우	5780	17940	23720	
5	컴퓨터게임과	강주찬	13960	11560	25520	
6	특수교육과	이홍주	9140	19700	28840	
7	유아교육과	박상아	3300	2840	6140	
8	정보통신과	정성준	4580	4650	9230	
9						
10	총점			테두리		
11						
12						

▲ '매크로2(결과)' 시트

🅑 기적의 TIP

빗면의 텍스트 '테두리'는 문제에서 가운데 맞춤에 대한 언급이 없다면, 가운데 맞춤을 하지 않아도 된다.

'매크로3' 시트의 [표]에서 다음과 같은 기능을 수행하는 매크로를 현재 통합 문서에 작성하고 실행하시오.

❶ [F4:F11] 영역에 이익금액을 계산하는 매크로를 생성하여 실행하시오.

▶ 매크로 이름 : 이익금액

▶ 이익금액 = 판매금액 − 매입금액

▶ [개발 도구]-[삽입]-[양식 컨트롤]의 '단추(□)'를 동일 시트의 [B13:C14] 영역에 생성하고, 텍스트를 '이익금액'으로 입력한 후 단추를 클릭할 때 '이익금액' 매크로가 실행되도록 설정하시오.

❷ [A3:F3] 영역에 셀 스타일을 '파랑, 강조색1'로 적용하는 매크로를 생성하여 실행하시오.

▶ 매크로 이름 : 셀스타일

▶ [도형]-[사각형]의 '사각형: 둥근 모서리(□)'을 동일 시트의 [E13:F14] 영역에 생성하고, 텍스트를 '셀스타일'로 입력한 후 도형을 클릭할 때 '셀스타일' 매크로가 실행되도록 설정하시오.

※ 셀 포인터의 위치에 상관없이 현재 통합문서에서 매크로가 실행되어야 정답으로 인정됨

01 '이익금액' 매크로

기적의 TIP

매크로 기록을 먼저 한 후 매크로를 연결하는 방법으로도 매크로를 연결할 수 있다. 2가지 방법 중에서 편한 방법을 사용하면 된다.

① [개발 도구]-[코드] 그룹의 [매크로 기록](📷) 도구를 클릭한다.

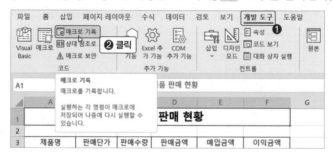

② [매크로 기록]에서 매크로 이름은 **이익금액**을 입력한 후 [확인]을 클릭한다.

③ [F4] 셀을 클릭한 후 =D4−E4를 입력한 후 Enter 를 누른 후 [F4] 셀을 클릭한 후 채우기 핸들을 이용하여 [F11] 셀까지 드래그하여 수식을 복사한다.

④ 임의의 셀을 클릭한 후 매크로 기록을 종료하기 위해 [개발 도구]–[코드] 그룹의 [기록 중지](□)를 클릭한다.

⑤ [개발 도구]–[컨트롤] 그룹의 [삽입]–[단추(양식 컨트롤)](□)을 클릭한다.

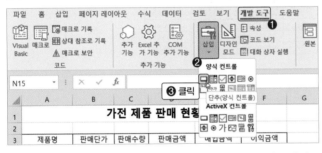

⑥ 마우스 포인트가 '+'로 바뀌면 [B13:C14] 영역에 드래그한다.

	A	B	C	D	E	F	G
1			가전 제품 판매 현황				
2							
3	제품명	판매단가	판매수량	판매금액	매입금액	이익금액	
4	건조기	1,400,000	34	47,600,000	38,080,000	9,520,000	
5	공기청정기	960,000	25	24,000,000	19,200,000	4,800,000	
6	김치냉장고	1,585,000	55	87,175,000	69,740,000	17,435,000	
7	노트북	790,000	27	21,330,000	17,064,000	4,266,000	
8	냉장고	1,564,000	28	43,792,000	35,033,600	8,758,400	
9	TV	887,000	36	31,932,000	25,545,600	6,386,400	
10	세탁기	705,000	38	26,790,000	21,432,000	5,358,000	
11	에어컨	1,870,000	52	97,240,000	77,792,000	19,448,000	
12			드래그				
13							
14							
15							

⑦ [매크로 지정] 대화상자가 표시되면 미리 기록한 매크로 '이익금액'을 선택하고 [확인]을 클릭한다.

기적의 TIP

매크로 지정을 한 후 바로 텍스트를 입력하면 따로 마우스 오른쪽 버튼을 눌러 [텍스트 편집]을 이용하지 않아도 된다.

⑧ 단추가 선택된 상태에서 **이익금액**을 입력한다.

	A	B	C	D	E	F	G
1			가전 제품 판매 현황				
2							
3	제품명	판매단가	판매수량	판매금액	매입금액	이익금액	
4	건조기	1,400,000	34	47,600,000	38,080,000	9,520,000	
5	공기청정기	960,000	25	24,000,000	19,200,000	4,800,000	
6	김치냉장고	1,585,000	55	87,175,000	69,740,000	17,435,000	
7	노트북	790,000	27	21,330,000	17,064,000	4,266,000	
8	냉장고	1,564,000	28	43,792,000	35,033,600	8,758,400	
9	TV	887,000	36	31,932,000	25,545,600	6,386,400	
10	세탁기	705,000	38	26,790,000	21,432,000	5,358,000	
11	에어컨	1,870,000	52	97,240,000	77,792,000	19,448,000	
12							
13			이익금액				
14							
15							

⑫ '셀스타일' 매크로

① [개발 도구]–[코드] 그룹의 [매크로 기록]( ) 도구를 클릭한다.
② [매크로 기록]에서 매크로 이름은 **셀스타일**을 입력한 후 [확인]을 클릭한다.

③ [A3:F3] 영역을 드래그하여 범위를 지정한 후 [홈]-[스타일] 그룹에서 [셀 스타일]을 클릭하여 '파랑, 강조색1'을 선택한다.

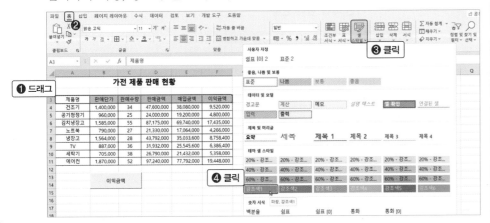

④ 임의의 셀을 클릭한 후 매크로 기록을 종료하기 위해 [개발 도구]-[코드] 그룹의 [기록 중지](□)를 클릭한다.

⑤ [삽입]-[일러스트레이션] 그룹에서 [도형]-[사각형]의 '사각형: 둥근 모서리(□)'을 클릭한다.

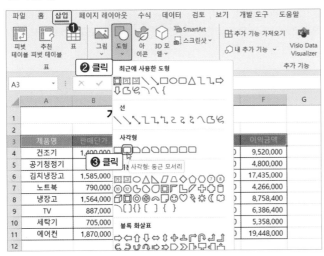

⑥ 마우스 포인트가 '+'로 바뀌면 [E13:F14] 영역에 드래그한다.

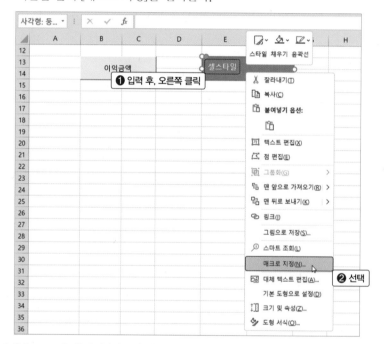

기적의 TIP

사각형: 둥근 모서리의 텍스트 '셀스타일'은 문제에서 가운데 맞춤에 대한 언급이 없다면, 가운데 맞춤을 하지 않아도 된다.

⑦ 도형을 그린 후에 도형에 바로 텍스트 **셀스타일**을 입력하고, 도형에서 마우스 오른쪽 버튼을 눌러 [매크로 지정]을 선택한다.

⑧ [매크로 지정]에서 '셀스타일'을 선택하고 [확인]을 클릭한다.

	A	B	C	D	E	F	G
1			가전 제품 판매 현황				
2							
3	제품명	판매단가	판매수량	판매금액	매입금액	이익금액	
4	건조기	1,400,000	34	47,600,000	38,080,000	9,520,000	
5	공기청정기	960,000	25	24,000,000	19,200,000	4,800,000	
6	김치냉장고	1,585,000	55	87,175,000	69,740,000	17,435,000	
7	노트북	790,000	27	21,330,000	17,064,000	4,266,000	
8	냉장고	1,564,000	28	43,792,000	35,033,600	8,758,400	
9	TV	887,000	36	31,932,000	25,545,600	6,386,400	
10	세탁기	705,000	38	26,790,000	21,432,000	5,358,000	
11	에어컨	1,870,000	52	97,240,000	77,792,000	19,448,000	
12							
13			이익금액		셀스타일		
14							
15							

▲ '매크로3(결과)' 시트

➕ 더 알기 TIP

매크로가 포함된 문서에 매크로를 실행하기 위해서

① 매크로를 포함한 문서에 '보안 경고' 메시지가 표시되면 '보안 경고'의 [콘텐츠 사용] 단추를 클릭한다.

[보안 경고] 메시지 없이 통합 문서에 포함된 모든 컨텐츠를 사용하기 위해서

① [개발 도구]-[코드] 그룹의 [매크로 보안]을 클릭한다.

② '매크로 설정'의 'VBA 매크로 사용(권장 안 함, 위험한 코드가 시행될 수 있음)'을 선택하고 [확인]을 클릭한다.

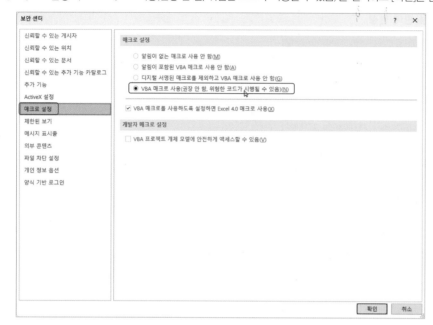

[보안 경고]에서 '이 콘텐츠 사용'이 표시되지 않을 때

① 모든 Microsoft Office 프로그램을 종료한다.
② 윈도우 검색창을 클릭한다.
③ [실행]에서 「regedit」을 입력한다.

④ 다음 레지스트리 키를 찾아 클릭한다.

HKEY_CURRENT_USER → Software → Microsoft → Office → 16.0 → Excel → Security

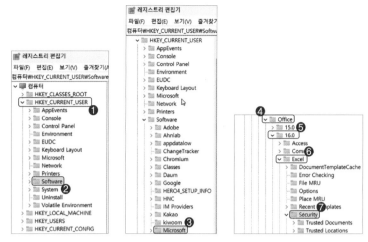

⑤ Security를 선택한 후 [편집]-[새로 만들기]-[DWORD(32비트) 값] 메뉴를 클릭한다.

⑥ 「ExcelBypassEncryptedMacroScan」을 입력한 후 [Enter]를 누른다.

⑦ 'ExcelBypassEncryptedMacroScan'에서 마우스 오른쪽 단추를 클릭하여 [수정]을 클릭한다.

⑧ [DWORD 값 편집]에서 '값 데이터'에 「1」을 입력한 다음 [확인]을 클릭한다.

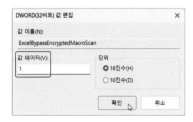

⑨ [파일]-[끝내기] 메뉴를 클릭하여 레지스트리 편집기를 종료한다.

작업파일 [2025컴활2급₩이론] 폴더의 '17차트' 파일을 열어서 작업하시오.

➕ 더 알기 TIP

차트 구성 요소 설명

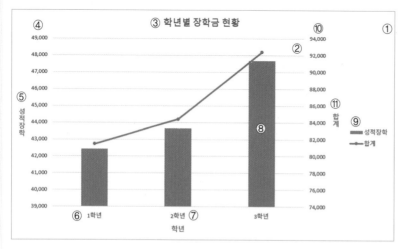

① **차트 영역** : 차트의 전체 영역, 차트의 위치와 크기 조절 및 글꼴 조절

② **그림 영역** : 실제 그래프가 표시되는 영역

③ **차트 제목** : 차트의 내용을 대표하는 제목

④, ⑩ **세로(값) 축** : 그래프의 높낮이를 결정하는데 기준이 되는 수치 자료를 나타내는 선

⑤, ⑪ **세로(값) 축 제목** : 값 축 수치가 무엇을 의미하는지 알려주는 문자열

⑥ **가로(항목) 축** : 그래프가 표시될 각 문자 자료의 자리

⑦ **가로(항목) 축 제목** : 항목 축 문자열이 무엇을 의미하는지 알려주는 문자열

⑧ **데이터 계열** : 수치 자료를 막대나 선의 도형으로 표현한 것으로 범례에 있는 한 가지 종류를 데이터 계열이라고 하며, 데이터 계열 중에 또 한 개를 데이터 요소라고 함

⑨ **범례** : 그래프의 각 색이나 모양이 어떤 데이터 계열인지 알려주는 표식

출제유형 ① '차트1' 시트의 차트를 지시사항에 따라 아래 그림과 같이 수정하시오.

※ 차트는 반드시 문제에서 제공한 차트를 사용하여야 하며, 신규로 작성 시 0점 처리됨

❶ '별정통신서비스' 계열이 제거되도록 데이터 범위를 수정하시오.

❷ 차트 종류를 '누적 세로 막대형'으로 변경하시오.

❸ 차트 제목은 '차트 위'로 추가하여 〈그림〉과 같이 입력하시오.

❹ '기간통신서비스' 계열의 '2023년' 요소에만 데이터 레이블 '값'을 표시하고, 레이블의 위치를 '가운데'로 설정하시오.

❺ 전체 계열의 계열 겹치기와 간격 너비를 각각 0%로 설정하고, 범례는 아래쪽에 표시하시오.

▲ '차트1(결과)' 시트

① 붉은색 '별정통신서비스' 계열을 선택한 후 마우스 오른쪽 버튼을 눌러 [삭제]를 선택한다.

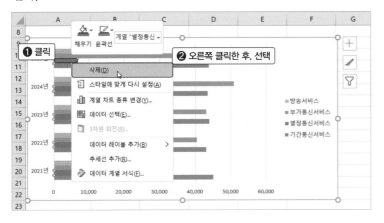

🎓 **24년 출제**

서비스[A3:A7], 2025년 [F3: F7]을 이용하여 원형 대 원형 차트를 작성하시오.
서비스[A3:A7], 2025년 [F3:F7] 영역을 범위 지정한 후 [삽입] 탭의 [차트]-[원형]에서 '원형 대 원형'을 선택한다.

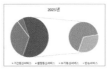

🎓 **24년 출제**

차트 제목을 도형 스타일 '색 윤곽선 – 파랑, 강조 1'을 설정하시오.
'차트 제목'을 선택한 후 [서식] 탭의 도형 스타일에서 '색 윤곽선 – 파랑, 강조 1'을 선택한다.

② 차트 종류를 변경하기 위해서 차트 안에서 마우스 오른쪽 버튼을 눌러 [차트 종류 변경]을 선택한다.

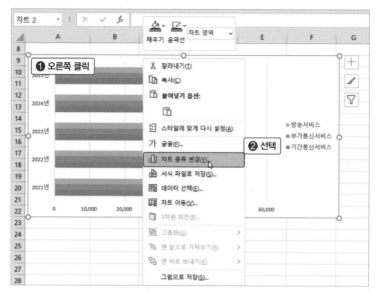

③ [차트 종류 변경]에서 '세로 막대형'의 '누적 세로 막대형'을 선택하고 [확인]을 클릭한다.

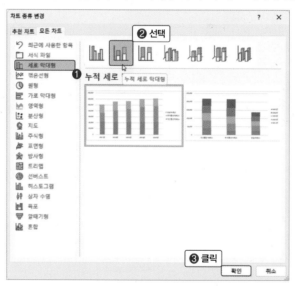

④ 차트 제목을 입력하기 위해서 [차트 요소](⊞)를 클릭하여 [차트 제목]을 체크한다.

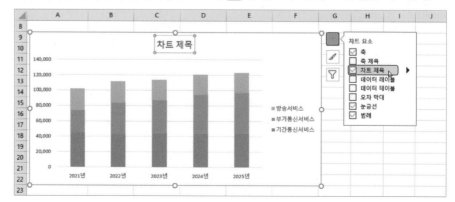

🅑 기적의 TIP

[차트 디자인] 탭의 [차트 레이아웃] 그룹에서 [차트 요소 추가]-[차트 제목]-[차트 위]를 클릭하여 '차트 제목'을 표시할 수 있다.

⑤ 차트 제목 **정보통신서비스별 세부인력**을 입력하고, '기간통신서비스' 계열의 '2023' 요소를 클릭하면 '기간통신서비스' 계열이 모두 선택된다.

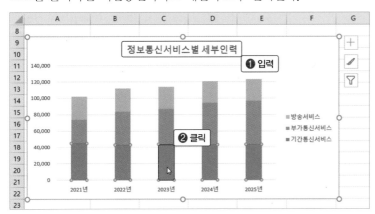

⑥ '기간통신서비스' 계열의 '2023' 요소를 다시 한번 클릭하여 하나의 요소만을 선택한 후 마우스 오른쪽 버튼을 눌러 [데이터 레이블 추가]를 선택한다.

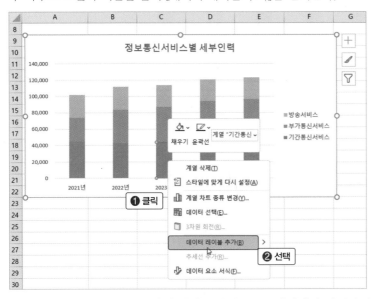

⑦ 전체 계열의 계열 겹치기와 간격 너비를 각각 0%로 설정하기 위해서, '방송서비스' 계열에서 마우스 오른쪽 버튼을 눌러 [데이터 계열 서식]을 선택한다.

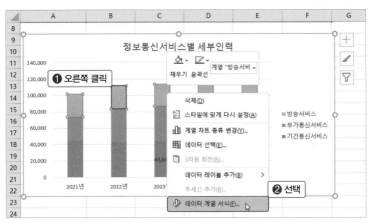

24년 출제

차트 제목은 '도형 스타일'의 '미세 효과 – 파랑, 강조1'의 서식을 적용하시오.

[서식] 탭의 '도형 스타일'을 클릭하여 '미세 효과 – 파랑, 강조1'을 선택한다.

⑧ [데이터 계열 서식]의 '계열 옵션'에서 계열 겹치기 0, 간격 너비 0을 입력한다.

⑨ 범례 위치를 변경하기 위해서 [차트 요소](田)를 클릭하여 [범례]-[아래쪽]을 클릭한다.

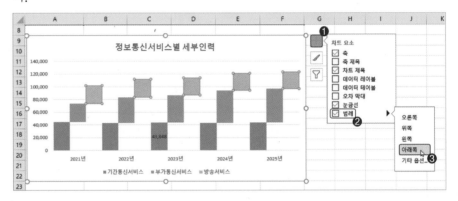

24년 출제

차트 종류는 '3차원 묶은 세로 막대형'으로 변경하시오.

차트에서 마우스 오른쪽 버튼을 클릭하여 [차트 종류 변경] 메뉴를 클릭하여 '3차원 묶은 세로 막대형'을 선택한다.

출제유형 ❷ '차트2' 시트의 차트를 지시사항에 따라 아래 그림과 같이 수정하시오.

※ 차트는 반드시 문제에서 제공한 차트를 사용하여야 하며, 신규로 작성 시 0점 처리됨

❶ '합계' 계열이 제거되도록 데이터 범위를 수정하시오.
❷ 차트 종류를 '누적 가로 막대형'으로 변경하시오.
❸ 차트 제목은 '차트 위로 지정한 후 [A1] 셀과 연동되도록 설정하시오.
❹ '근로장학' 계열에만 데이터 레이블 '값'을 표시하고, 레이블의 위치를 '안쪽 끝에'로 설정하시오.
❺ 차트 영역의 그림자는 '안쪽: 가운데', 테두리 스타일은 너비 '2pt'와 '둥근 모서리'로 설정하시오.

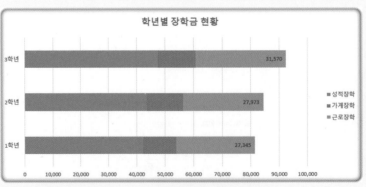

▲ '차트2(결과)' 시트

① '합계' 계열을 선택한 후 마우스 오른쪽 버튼을 눌러 [삭제]를 선택한다.

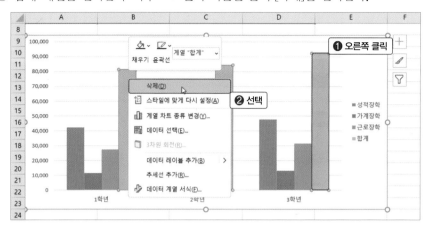

② 차트 안에서 마우스 오른쪽 버튼을 눌러 [차트 종류 변경]을 선택한다.

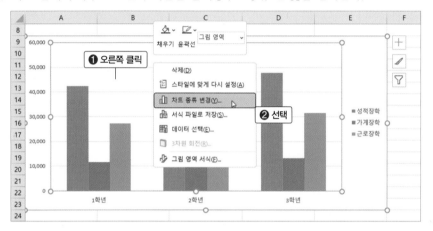

③ [차트 종류 변경]에서 '가로 막대형'의 '누적 가로 막대형'을 선택하고 [확인]을 클릭한다.

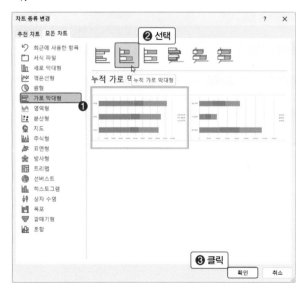

🗨 24년 출제

3차원 회전에는 X회전 '0도', Y회전 '0도'로 설정하시오.
차트에서 마우스 오른쪽 버튼을 클릭하여 [3차원 회전] 메뉴를 클릭하여 X 회전 0, Y 회전 0을 입력한다.

🗨 24년 출제

'성적장학' 계열은 '전체 원뿔형'으로 변경하시오.
[테이블 디자인] 탭의 '성적장학' 계열을 선택한 후 [데이터 계열 서식]에서 '전체 원뿔형'을 선택한다.

④ 차트 제목을 입력하기 위해서 [차트 요소](✛)를 클릭하여 [차트 제목]을 체크한다.

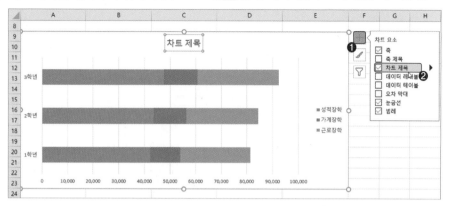

⑤ 차트 제목에 [A1] 셀을 연결하기 위해 차트 제목의 경계라인을 선택한 후, 수식 입력
줄에 =을 입력하고 마우스로 [A1] 셀을 클릭하면 '=차트2!$A$1'로 표시되고 Enter 를
눌러 완성한다.

A1	: × ✓ fx	=차트2!$A$1			
◢	A	B	C	D	E	F
1	**학년별 장학금 현황**					
2						
3	구분	1학년	2학년	3학년		
4	성적장학	42,437	43,632	47,664		
5	가계장학	11,666	12,769	13,182		
6	근로장학	27,345	27,973	31,570		
7	합계	81,448	84,374	92,353		
8						
9			차트 제목			
10						

⑥ '근로장학' 계열을 선택한 후 [차트 요소](✛)를 클릭하여 [데이터 레이블]-[안쪽 끝
에]를 클릭한다.

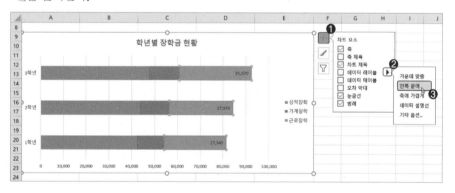

⑦ 차트 안에서 마우스 오른쪽 버튼을 눌러 [차트 영역 서식]을 선택한다.

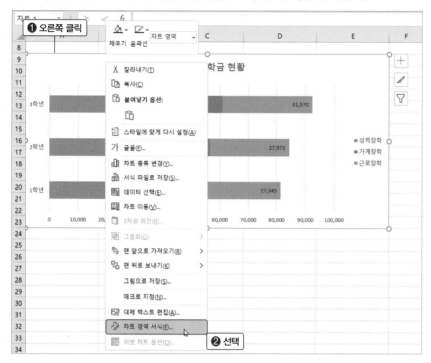

⑧ [차트 영역 서식]에서 [효과]를 선택한 후, '그림자'를 선택하고 '미리 설정'에서 '안쪽:
가운데'를 선택한다. [채우기 및 선]을 선택하고, '테두리'의 너비는 2를 입력하고, '둥
근 모서리'를 체크한다.

※ 차트는 반드시 문제에서 제공한 차트를 사용하여야 하며, 신규로 작성 시 0점 처리됨

❶ 모델명별 '수익'이 차트에 표시되도록 데이터 범위를 추가하시오.

❷ '수익' 계열의 차트 종류를 '표식이 있는 꺾은선형'으로 변경한 후 보조 축으로 지정하고, 보조 세로(값) 축의 최대값을 200,000으로 지정하시오.

❸ '수익' 계열에서 '가023' 요소에만 데이터 레이블 '값'을 표시하고, 레이블의 위치를 '위쪽'으로 지정하시오.

❹ 세로(값) 축 제목은 '가로 제목'으로 추가하여 〈그림〉과 같이 입력하시오.

❺ 차트 영역은 '색 변경(단색 색상표 5)'로 지정하시오.

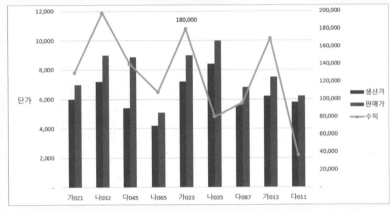

▲ '차트3(결과)' 시트

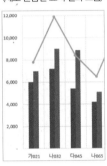

① [F3:F12] 영역을 드래그하여 범위를 지정하고 Ctrl + C 를 눌러 복사한 후 차트를 선택한 후 Ctrl + V 를 눌러 붙여넣기를 한다.

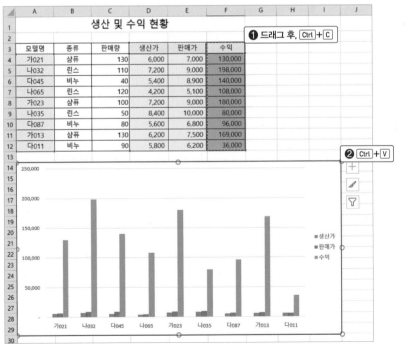

② '수익' 계열을 선택한 후 마우스 오른쪽 버튼을 눌러 [계열 차트 종류 변경]을 선택한다.

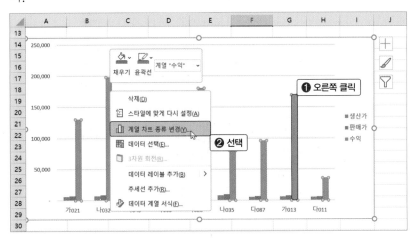

③ [차트 종류 변경]의 '수익' 계열을 '표식이 있는 꺾은선형'으로 변경한다.

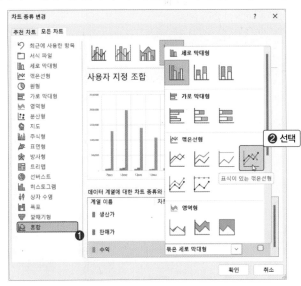

④ [차트 종류 변경]의 '수익' 계열에서 '보조 축'을 선택하고 [확인]을 클릭한다.

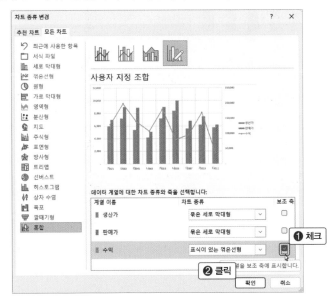

⑤ 보조 세로(값) 축에서 마우스 오른쪽 버튼을 눌러 [축 서식]을 선택한다.

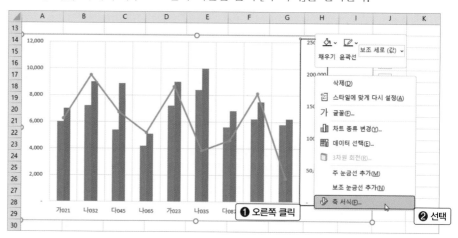

⑥ [축 서식] 대화상자의 '축 옵션'에서 '최대값'은 200,000을 입력한다.

⑦ '수익' 계열의 '가023'을 천천히 두 번을 클릭하여 하나의 요소만을 선택한 후 [차트 요소](田)를 클릭하여 [데이터 레이블]−[위쪽]을 클릭한다.

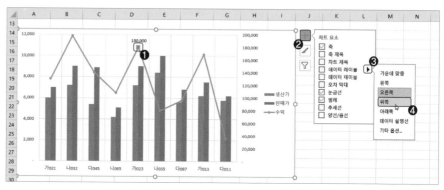

⑧ 차트를 선택한 후 [차트 요소](⊞)의 [축 제목]−[기본 세로]를 체크하고 **단가**를 입력 한다.

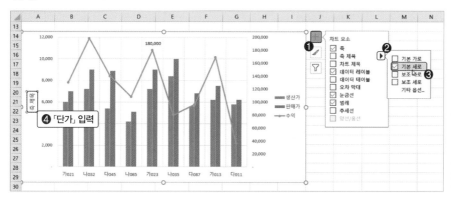

⑨ 세로(값) 축 제목을 선택한 후 [제목 옵션]의 [크기 및 속성]에서 텍스트 방향에서 '가 로'를 선택한다.

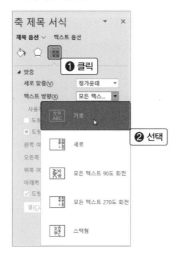

⑩ 차트를 선택한 후 [차트 디자인] 탭의 [차트 스타일]−[색 변경]을 클릭하여 단색형의 '단색 색상표 5'를 선택한다.

🅑 기적의 TIP

'단색 색상표 5'는 오피스 버 전에 따라 다르게 표시될 수 있다. 시험은 오피스 2021 버 전으로 응시한다.

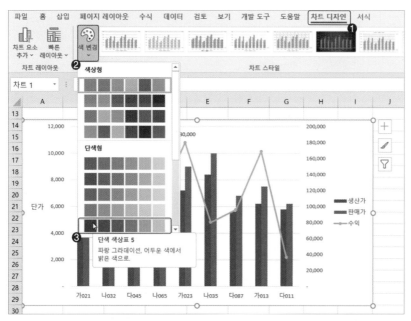

대표 기출 따라하기

대표 기출 **따라하기**

시험 시간	풀이 시간	합격 점수	내 점수
40분	분	70점	점

▶ 합격 강의

작업파일 [2025컴활2급₩대표기출따라하기] 폴더의 '대표기출따라하기' 파일을 열어서 작업하시오.

프로그램명	제한시간
EXCEL 2021	40분

수험번호 :

성   명 :

··· **유의사항** ···

- 인적 사항 누락 및 잘못 작성으로 인한 불이익은 수험자 책임으로 합니다.

- 화면에 암호 입력창이 나타나면 아래의 암호를 입력하여야 합니다.
  - 암호: 6752$2

- 작성된 답안은 주어진 경로 및 파일명을 변경하지 마시고 그대로 저장해야 합니다. 이를 준수하지 않으면 실격 처리됩니다.
  답안 파일명의 예: C:₩OA₩수험번호8자리.xlsm

- 외부데이터 위치: C:₩OA₩파일명

- 별도의 지시사항이 없는 경우, 다음과 같이 처리 시 실격 처리됩니다.
  - 제시된 시트 및 개체의 순서나 이름을 임의로 변경한 경우
  - 제시된 시트 및 개체를 임의로 추가 또는 삭제한 경우

- 답안은 반드시 문제에서 지시 또는 요구한 셀에 입력하여야 하며 다음과 같이 처리 시 채점 대상에서 제외됩니다.
  - 제시된 함수가 있을 경우 제시된 함수만을 사용하여야 하며 그 외 함수사용시 채점대상에서 제외
  - 수험자가 임의로 지시하지 않은 셀의 이동, 수정, 삭제, 변경 등으로 인해 셀의 위치 및 내용이 변경된 경우 해당 작업에 영향을 미치는 관련문제 모두 채점 대상에서 제외
  - 도형 및 차트의 개체가 중첩되어 있거나 동일한 계산결과 시트가 복수로 존재할 경우 해당 개체나 시트는 채점 대상에서 제외

- 수식 작성 시 제시된 문제 파일의 데이터는 변경 가능한(가변적) 데이터임을 감안하여 문제 풀이를 하시오

- 별도의 지시사항이 없는 경우, 주어진 각 시트 및 개체의 설정값 또는 기본 설정값 (Default)으로 처리하시오.

- 저장 시간은 별도로 주어지지 않으므로 제한된 시간 내에 저장을 완료해야 하며, 제한 시간 내에 저장이 되지 않은 경우에는 실격 처리됩니다.

- 출제된 문제의 용어는 MS Office LTSC Professional Plus 2021 기준으로 작성되어 있습니다.

대 한 상 공 회 의 소

01 '기본작업-1' 시트에 다음의 자료를 주어진 대로 입력하시오. (5점)

	A	B	C	D	E	F	G
1	상공산업 4월 매출현황						
2							
3	매출일자	거래처코드	매출지역	판매량	매출금액	연락처	
4	4월3일	BC103	강남구	230	276000	3470-1234	
5	4월5일	BL203	서초구	150	180000	3470-2200	
6	4월8일	AC205	송파구	270	324000	3470-3300	
7	4월12일	DU103	용산구	350	420000	3709-4321	
8	4월15일	GC104	양천구	420	504000	3470-5600	
9	4월15일	DB208	광진구	120	144000	3470-7890	
10	4월18일	MH303	종로구	630	756000	3709-4850	
11	4월20일	CT405	마포구	530	636000	3709-9870	
12	4월25일	PP206	노원구	290	348000	3709-7777	
13	4월28일	AN508	동작구	510	612000	3470-6360	
14							

02 '기본작업-2' 시트에 대하여 다음의 지시사항을 처리하시오. (각 2점)

① [A1:F1] 영역은 '병합하고 가운데 맞춤', 셀 스타일 '제목 1', 행의 높이를 '32'로 지정하시오.

② [A4:A6], [A7:A9], [A10:A12], [A13:A15] 영역은 '병합하고 가운데 맞춤'을 [A3:F3] 영역은 '가로 가운데 맞춤'을 지정하시오.

③ [D4:D15] 영역의 이름을 '가격'으로 정의하시오.

④ [D4:D15], [F4:F15] 영역은 사용자 지정 표시 형식을 이용하여 천 단위 구분 기호와 숫자 뒤에 "원"을 [표시 예]와 같이 표시하시오. [표시 예 : 11000 → 11,000원]

⑤ [A3:F15] 영역은 '모든 테두리(⊞)'를 적용하시오.

03 '기본작업-3' 시트에 대하여 다음의 지시사항을 처리하시오. (5점)

'상공 포장이사 예약 현황' 표에서 이사량(톤)이 6 이상이고 이사비용이 이사비용 평균 이상인 데이터를 고급 필터를 사용하여 검색하시오.

▶ 고급 필터 조건은 [A19:B20] 범위 내에 알맞게 입력하시오.

▶ 고급 필터 결과 복사 위치는 동일 시트의 [A23] 셀에서 시작하시오.

문제 ② **계산작업** | '계산작업' 시트에서 다음 과정을 수행하고 저장하시오. **40점**

01 [표1]에서 출발시간[C3:C10]과 정류장수[B3:B10]를 이용하여 도착시간[D3:D10]을 표시하시오. (8점)
- ▶ 도착시간 = 출발시간 + 정류장수 × 정류장당 소요 시간(5분)
  [표시 예 : 정류장수가 4개이고 출발시간이 10:00면 도착시간은 10:20임]
- ▶ TIME, HOUR, MINUTE 함수 사용

02 [표2]에서 판매실적[I3:I10]이 가장 높은 부서는 "최우수부서", 두 번째로 높은 부서는 "우수부서", 그 외는 공백으로 비고[J3:J10]에 표시하시오. (8점)
- ▶ IF와 LARGE 함수 사용

03 [표3]에서 장르[B14:B23]가 "드라마"인 영화의 예매수량[D14:D23] 평균을 [D24] 셀에 계산하시오. (8점)
- ▶ 조건은 [E23:E24] 영역에 입력하시오.
- ▶ DSUM, DAVERAGE, DMAX 함수 중 알맞은 함수 사용

04 [표4]에서 최저층[H14:H24]과 최고층[I14:I24]을 이용하여 추첨자별 당첨층수[J14:J24]을 계산하시오. (8점)
- ▶ 당첨층수 뒤에 "층"을 표시 [예 : 23층]
- ▶ RANDBETWEEN 함수와 & 연산자 사용

05 [표5]에서 수강코드[B28:B37]의 첫 번째 문자가 1이면 "공인중개사", 2이면 "사회복지사", 3이면 "주택관리사"를 수강과목[E28:E37]에 표시하시오. (8점)
- ▶ CHOOSE와 LEFT 함수 사용

문제 ③ **분석작업** | 주어진 시트에서 다음 작업을 수행하고 저장하시오. **20점**

01 '분석작업-1' 시트에 대하여 다음의 지시사항을 처리하시오. (10점)
'4월 스마트폰 매출 현황' 표에서 판매수량[B4]과 판매가격[B5]이 다음과 같이 변동하는 경우 순이익[E6]의 변동 시나리오를 작성하시오.
- ▶ 셀 이름 정의 : [B4] 셀은 '판매수량', [B5] 셀은 '판매가격', [E6] 셀은 '순이익'으로 정의하시오.
- ▶ 시나리오1 : 시나리오 이름은 '인상증가', 판매수량은 250, 판매가격은 700,000으로 설정하시오.
- ▶ 시나리오2 : 시나리오 이름은 '인하감소', 판매수량은 150, 판매가격은 600,000으로 설정하시오.
- ▶ 위 시나리오에 의한 '시나리오 요약' 보고서는 '분석작업-1' 시트 바로 앞에 위치시키시오.
※시나리오 요약 보고서 작성 시 정답과 일치하여야 하며, 오자로 인한 부분점수는 인정하지 않음

02 '분석작업-2' 시트에 대하여 다음의 지시사항을 처리하시오. (10점)
데이터 도구 [통합] 기능을 이용하여 [표1], [표2], [표3]에서 제품코드별 1/4분기의 영업실적 합계를 [표4]의 [G10:I13] 영역에 계산하시오.

01 '매크로작업' 시트의 [표]에서 다음과 같은 기능을 수행하는 매크로를 현재 통합 문서에 작성하고 실행하시오. (각 5점)

① [G4:G13] 영역에 총점을 계산하는 매크로를 생성하여 실행하시오.

▶ 매크로 이름 : 총점

▶ SUM 함수 사용

▶ [개발 도구] → [삽입] → [양식 컨트롤]의 '단추(□)'를 동일 시트의 [B15:C16] 영역에 생성하고, 텍스트를 "총점"으로 입력한 후 단추를 클릭할 때 '총점' 매크로가 실행되도록 설정하시오.

② [A3:G3] 영역에 글꼴 색 '표준 색 – 빨강', 채우기 색 '표준 색 – 노랑'을 지정하는 매크로를 생성하여 실행하시오.

▶ 매크로 이름 : 서식

▶ [도형] → [사각형]의 '사각형: 둥근 모서리(□)'를 동일 시트의 [E15:F16] 영역에 생성하고, 텍스트를 "서식"으로 입력한 후 도형을 클릭할 때 '서식' 매크로가 실행되도록 설정하시오.

※ 셀 포인터의 위치에 상관없이 현재 통합 문서에서 매크로가 실행되어야 정답으로 인정됨

02 '차트작업' 시트의 차트에서 다음 지시사항에 따라 아래 〈그림〉과 같이 차트를 수정하시오. (각 2점)

※ 차트는 반드시 문제에서 제공한 차트를 사용하여야 하며, 신규로 작성 시 0점 처리됨

① 차트의 종류를 '묶은 세로 막대형'으로 변경하시오.

② 차트 제목은 '차트 위'로 추가하여 〈그림〉과 같이 입력하고, 글꼴 '돋움', 크기 '16', 글꼴 색 '표준 색 – 녹색'으로 지정하시오.

③ '루미큐브' 계열의 '3월' 요소에만 데이터 레이블 '값'을 표시하고, 레이블의 위치를 '바깥쪽 끝에'로 지정하시오.

④ 세로(값) 축의 최소값을 1,000,000, 표시 단위를 '천'으로 지정하시오.

⑤ 차트 영역에 그림자는 '안쪽 가운데', 테두리 스타일은 '둥근 모서리'로 지정하시오.

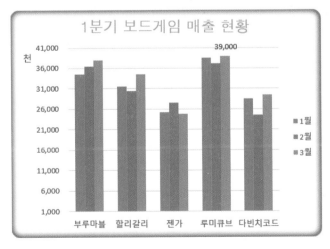

01 자료 입력

	A	B	C	D	E	F	G
1	상공산업 4월 매출현황						
2							
3	매출일자	거래처코드	매출지역	판매량	매출금액	연락처	
4	4월3일	BC103	강남구	230	276000	3470-1234	
5	4월5일	BL203	서초구	150	180000	3470-2200	
6	4월8일	AC205	송파구	270	324000	3470-3300	
7	4월12일	DU103	용산구	350	420000	3709-4321	
8	4월15일	GC104	양천구	420	504000	3470-5600	
9	4월15일	DB208	광진구	120	144000	3470-7890	
10	4월18일	MH303	종로구	630	756000	3709-4850	
11	4월20일	CT405	마포구	530	636000	3709-9870	
12	4월25일	PP206	노원구	290	348000	3709-7777	
13	4월28일	AN508	동작구	510	612000	3470-6360	
14							

02 서식 지정

	A	B	C	D	E	F	G
1			상공 정육식당 소고기 판매 현황				
2							
3	종류	등급	포장일자	가격(200g)	판매량(kg)	총판매금액	
4		1+	02월 03일	22,500원	85	9,562,500원	
5	꽃등심	1등급	02월 05일	18,500원	92	8,510,000원	
6		2등급	02월 07일	13,500원	51	3,442,500원	
7		1+	02월 03일	24,000원	78	9,360,000원	
8	갈비살	1등급	02월 05일	21,000원	88	9,240,000원	
9		2등급	02월 07일	12,000원	63	3,780,000원	
10		1+	02월 03일	19,800원	54	5,346,000원	
11	안심	1등급	02월 05일	9,500원	42	1,995,000원	
12		2등급	02월 07일	8,600원	31	1,333,000원	
13		1+	02월 03일	18,500원	35	3,237,500원	
14	채끝살	1등급	02월 05일	16,000원	28	2,240,000원	
15		2등급	02월 07일	8,200원	12	492,000원	
16							

03 고급 필터

B20   fx   =H4>=AVERAGE($H$4:$H$16)

	A	B	C	D	E	F	G	H	I
18									
19	이사량(톤)	평균							
20	>=6	FALSE							
21									
22									
23	예약일자	이사일자	계약자명	지역	이사량(톤)	차량(대)	이사거리	이사비용	
24	2025-02-10	2025-03-07	김대건	개봉동	8	2	11km	1,700,000	
25	2025-02-11	2025-03-04	고창희	아현동	8	2	13km	1,800,000	
26	2025-02-12	2025-03-14	최미은	성북동	7	2	24km	2,200,000	
27	2025-02-17	2025-03-03	이미정	상일동	8	2	34km	2,900,000	
28	2025-02-19	2025-03-14	구창일	신림동	9	2	12km	1,900,000	
29									

01 도착시간

	A	B	C	D
1	[표1]	셔틀버스 운행 시간표		
2	목적지	정류장수	출발시간	도착시간
3	경복궁	6	8:00	8:30
4	광화문	3	8:10	8:25
5	청계천	4	8:10	8:30
6	인사동	5	8:50	9:15
7	북촌	7	8:50	9:25
8	남산	7	9:10	9:45
9	동대문	9	9:10	9:55
10	서울역	8	9:30	10:10
11				

[D3] 셀에 「=TIME(HOUR(C3),MINUTE(C3)+B3*5,0)」를 입력하고 [D10] 셀까지 수식 복사

02 비고

	F	G	H	I	J
1	[표2]	영업부서별 실적표			
2	소속	부서명	매장위치	판매실적	비고
3	서울본부	강북영업	백화점	4,460	
4	서울본부	강서영업	쇼핑몰	6,800	우수부서
5	서울본부	강남영업	백화점	5,580	
6	서울본부	강동영업	쇼핑몰	3,560	
7	경기본부	분당영업	백화점	6,950	최우수부서
8	경기본부	평촌영업	백화점	2,890	
9	경기본부	수원영업	쇼핑몰	3,100	
10	인천본부	인천영업	백화점	4,570	

[J3] 셀에 「=IF(I3=LARGE($I$3:$I$10,1),"최우수부서",IF(I3=LARGE($I$3:$I$10,2),"우수부서",""))」를 입력하고 [J10] 셀까지 수식 복사

03 드라마 예매량 평균

	A	B	C	D	E
12	[표3]	영화예매현황			
13	영화제목	장르	상영등급	예매수량	
14	조커	드라마	15세이상	12,405	
15	알라딘	가족	전체	25,100	
16	남산의 부장들	드라마	15세이상	11,478	
17	극한직업	드라마	15세이상	30,100	
18	기생충	드라마	15세이상	33,542	
19	어벤져스	액션	12세이상	24,513	
20	걸캅스	코미디	15세이상	9,942	
21	엑시트	액션	12세이상	15,684	
22	백두산	가족	12세이상	14,214	<조건>
23	캡틴마블	액션	12세이상	13,548	장르
24	드라마 예매량 평균			21,881	드라마

[D24] 셀에 「=DAVERAGE(A13:D23,D13,E23:E24)」를 입력

04 당첨층수

	G	H	I	J
12	[표4]	아파트 당첨현황		
13	추첨자	최저층	최고층	당첨층수
14	김미정	1	30	22층
15	이시언	1	30	21층
16	오정환	1	30	13층
17	최사랑	1	30	13층
18	박지은	1	30	27층
19	민재준	1	30	26층
20	곽도원	1	30	16층
21	송하니	1	30	24층
22	강나래	1	30	25층
23	김진수	1	30	24층
24	방시훈	1	30	27층

[J14] 셀에 「=RANDBETWEEN(H14,I14)&"층"」을 입력하고 [J24] 셀까지 수식 복사

※ RANDBETWEEN 함수의 결과 값은 난수이므로 실행할 때마다 달라질 수 있음.

05 수강과목

	A	B	C	D	E
26	[표5]	자격증 수강등록 현황			
27	회원명	수강코드	수업일	강사명	수강과목
28	오미진	3-H-153	월/수/금	박진성	주택관리사
29	최수지	2-S-147	월/수/금	이하나	사회복지사
30	박미영	3-H-253	화/목	최하늘	주택관리사
31	민준호	1-R-189	월/수금	손미선	공인중개사
32	곽하나	2-S-247	화/목	이하나	사회복지사
33	송미래	3-H-253	화/목	최하늘	주택관리사
34	강준희	1-R-289	화/목	손미선	공인중개사
35	김영민	2-S-147	월/수/금	이하나	사회복지사
36	박지호	3-H-153	월/수/금	박진성	주택관리사
37	한준우	1-R-189	월/수금	손미선	공인중개사

[E28] 셀에 「=CHOOSE(LEFT(B28,1),"공인중개사","사회복지사","주택관리사")」를 입력하고 [E37] 셀까지 수식 복사

문제 ❸ 분석작업

01 시나리오

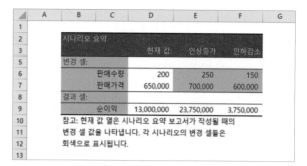

	현재 값:	인상증가	인하감소
시나리오 요약			
변경 셀:			
판매수량	200	250	150
판매가격	650,000	700,000	600,000
결과 셀:			
순이익	13,000,000	23,750,000	3,750,000

참고: 현재 값 열은 시나리오 요약 보고서가 작성될 때의
변경 셀 값을 나타냅니다. 각 시나리오의 변경 셀들은
회색으로 표시됩니다.

02 통합

[표4]	수도권 영업실적		(단위 : 천원)
제품코드	1월	2월	3월
SMT-S1	12,300	14,200	14,700
SMT-S2	9,800	10,400	10,700
SMT-G1	11,600	11,800	12,200
SMT-I2	14,000	12,790	13,300

문제 ❹ 기타작업

01 매크로

전국 연합학력평가 성적표

학생명	국어	수학	영어	사회탐구	과학탐구	총점
오미진	75	80	78	85	80	398
최수지	94	92	95	96	96	473
박미영	78	85	80	88	78	409
민준호	65	55	89	75	65	349
곽하나	89	88	87	90	95	449
송미래	86	98	94	75	92	445
강준희	77	59	88	85	94	403
김영민	93	95	94	92	94	468
박지호	92	88	65	85	75	405
한준우	85	86	94	89	85	439

총점   서식

02 차트

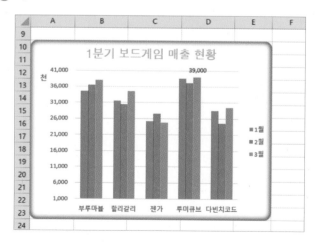

준비 파일 준비

2025컴활2급₩대표기출따라하기₩대표기출따라하기.xlsm 파일을 열어 파일을 준비한다.

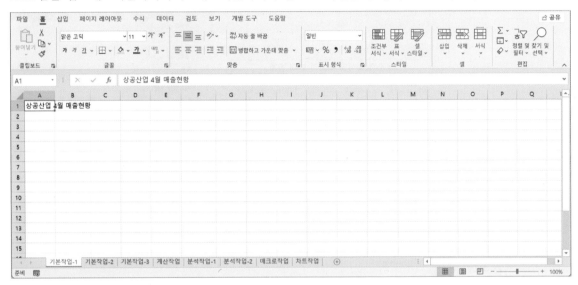

문제 ❶ 기본작업

01 자료 입력('기본작업-1' 시트)

① [A3:F13] 영역에 문제에서 주어진 내용을 입력한다.

	A	B	C	D	E	F	G
1	상공산업 4월 매출현황						
2							
3	매출일자	거래처코드	매출지역	판매량	매출금액	연락처	
4	4월3일	BC103	강남구	230	276000	3470-1234	
5	4월5일	BL203	서초구	150	180000	3470-2200	
6	4월8일	AC205	송파구	270	324000	3470-3300	
7	4월12일	DU103	용산구	350	420000	3709-4321	
8	4월15일	GC104	양천구	420	504000	3470-5600	
9	4월15일	DB208	광진구	120	144000	3470-7890	
10	4월18일	MH303	종로구	630	756000	3709-4850	
11	4월20일	CT405	마포구	530	636000	3709-9870	
12	4월25일	PP206	노원구	290	348000	3709-7777	
13	4월28일	AN508	동작구	510	612000	3470-6360	
14							

02 서식 지정('기본작업-2' 시트)

① [A1:F1] 영역을 범위 지정한 후 [홈]–[맞춤] 그룹의 [병합하고 가운데 맞춤](▥)을 클릭한 후 [홈]–[스타일] 그룹에서 [셀 스타일]의 '제목 1'을 클릭한다.

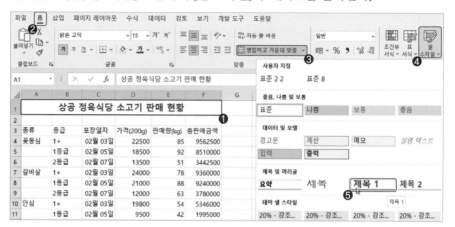

② 1행에서 마우스 오른쪽 버튼을 눌러 [행 높이]를 클릭한 후, 32를 입력하고 [확인]을 클릭한다.

③ Ctrl 을 이용하여 [A4:A6], [A7:A9], [A10:A12], [A13:A15] 영역을 범위 지정한 후, [홈]–[맞춤] 그룹의 [병합하고 가운데 맞춤](▥)을 클릭한다.

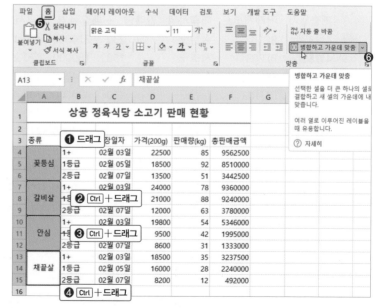

④ [A3:F3] 영역을 범위 지정한 후 [홈]-[맞춤] 그룹의 [가운데 맞춤](≡)을 클릭한다.

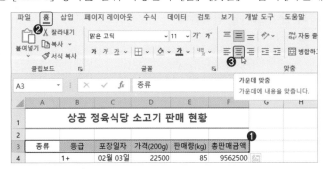

⑤ [D4:D15] 영역을 범위 지정한 후 '이름 상자'에 **가격**을 입력하고 Enter 를 누른다.

🅑 기적의 TIP

이름 정의를 잘못하여 삭제
하고자 할 때에는 [수식] 탭의
[이름 관리자]를 클릭하여 잘
못 정의한 이름을 선택한 후
[삭제]를 클릭한 후 새롭게 이
름을 정의한다.

⑥ [D4:D15], [F4:F15] 영역을 범위 지정한 후 마우스 오른쪽 버튼을 눌러 [셀 서식]
을 클릭한 후 [표시 형식] 탭에서 '사용자 지정'에 **#,###원**을 입력한 후 [확인]을 클
릭한다.

🅑 기적의 TIP

마우스 오른쪽 버튼을 클릭
한 후 키보드의 F 를 눌러도
셀 서식 메뉴가 나온다.

🅑 기적의 TIP

천단위 구분 기호와 숫자 뒤
에 '원'을 표시하기 위해서 사
용자 지정에 #,##0"원"을 입력
해도 가능하다.

🅑 기적의 TIP

#,###과 #,##0의 차이점

서식	#,###	#,##0
1234	1,234	1,234
0		0

#은 유효하지 않은 0은 표시
하지 않는다.

⑦ [A3:F15] 영역을 범위 지정한 후 [홈]-[글꼴] 그룹에서 [테두리](⊞ ▾) 도구의 [모
든 테두리](⊞)를 클릭한다.

03 고급 필터('기본작업-3' 시트)

① [A19:B20] 영역에 다음과 같이 조건을 입력한다.

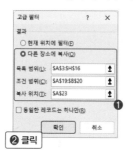

	A	B	C	D	E	F
18						
19	이사량(톤)	평균				
20	>=6	FALSE				
21						

B20 ... fx =H4>=AVERAGE($H$4:$H$16)

- **[B19]** : 평균 (※ 조건에 수식을 사용할 때에는 필드명을 사용할 수 없어서 임의로 작성)
- **[B20]** : =H4)=AVERAGE ($H$4:$H$16)

② [A3:H16] 영역을 범위 지정한 후 [데이터]-[정렬 및 필터] 그룹에서 [고급](🔽)을 클릭한다.

③ [고급 필터]에서 다음과 같이 지정하고 [확인]을 클릭한다.

고급 필터
결과
○ 현재 위치에 필터(F)
● 다른 장소에 복사(O)
목록 범위(L): $A$3:$H$16
조건 범위(C): $A$19:$B$20
복사 위치(T): $A$23
□ 동일한 레코드는 하나만(R) ❶
[확인] [취소]
❷ 클릭

- **결과** : 다른 장소에 복사
- **목록 범위** : [A3:H16]
- **조건 범위** : [A19:B20]
- **복사 위치** : [A23]

문제 ② 계산작업('계산작업' 시트)

01 도착시간[D3:D10]

[D3] 셀에 다음과 같이 수식을 입력하고 [D10] 셀까지 수식을 복사한다.

함수 설명 =TIME(HOUR(C3),MINUTE(C3)+B3*5,0)

① HOUR(C3) : [C3] 셀에서 '시'에 해당한 값이 반환
② MINUTE(C3) : [C3] 셀에서 '분'에 해당한 값이 반환
③ ②+B3*5 : [B3] 셀에 5분씩을 곱한 후에 ②의 값을 더해서 반환
=TIME(①,③,0) : ①시 ③분 형식으로 표시

02 비고[J3:J10]

[J3] 셀에 다음과 같이 수식을 입력하고 [J10] 셀까지 수식을 복사한다.

함수 설명 =IF(I3=LARGE($I$3:$I$10,1),"최우수부서",IF(I3=LARGE($I$3:$I$10,2),"우수부서",""))

① LARGE($I$3:$I$10,1) : [I3:I10] 영역에서 첫 번째로 큰 값을 추출함
② LARGE($I$3:$I$10,2) : [I3:I10] 영역에서 두 번째로 큰 값을 추출함
=IF(I3=①,"최우수부서",IF(I3=②,"우수부서","")) : [I3] 셀의 값이 ①과 같으면 '최우수부서', [I3] 셀의 값이 ②와 같으면 '우수부서', 나머지는 공백(" ")으로 표시

⑬ 평균[D24]

① [E23:E24] 영역에 다음과 같이 조건을 입력한다.

	E	F
21		
22	<조건>	
23	장르	
24	드라마	
25		

② [D24] 셀에 다음과 같이 수식을 입력한다.

> 🗨 함수 설명 **=DAVERAGE(A13:D23,D13,E23:E24)**
>
> [A13:D23] 영역에서 조건 '장르가 드라마'[E23:E24]에 해당한 자료를 예매수량[D13] 열에서 추출하여 평균을 구함

🗎 기적의 TIP

수식을 작성한 후 수식을 복사할 때 공통으로 참조하는 영역은 절대참조를 반드시 해야 한다. 단, 수식을 하나의 셀에만 작성한다면, 절대참조를 하셔도 되고, 안해도 결과에는 영향을 주지 않는다.

🗎 기적의 TIP

'D13' 대신에 '4'를 입력해도 된다.
=DAVERAGE(A13:D23,4, E23:E24)

⑭ 당첨층수[J14:J24]

[J14] 셀에 다음과 같이 수식을 입력하고 [J24] 셀까지 수식을 복사한다.

> 🗨 함수 설명 **=RANDBETWEEN(H14,I14)&"층"**
>   ①   ②
>
> ① RANDBETWEEN(H14,I14) : 가장 작은 정수[H14] 셀과 가장 큰 정수[I14] 사이의 난수를 생성하여 반환
> ② &"층" : ①의 값의 뒤에 "층"을 표시 (예 : 23층)

🗎 기적의 TIP

RANDBETWEEN 함수는 임의의 수를 구하는 함수이기 때문에 정답과 결과가 다를 수 있다. 또한, 실습할 때마다 결과도 다르다.

⑮ 수강과목[E28:E37]

[E28] 셀에 다음과 같이 수식을 입력하고 [E37] 셀까지 수식을 복사한다.

> 🗨 함수 설명 **=CHOOSE(LEFT(B28,1),"공인중개사","사회복지사","주택관리사")**
>   ①
>
> ① LEFT(B28,1) : [B28] 셀에서 왼쪽의 한 글자를 추출함
> **=CHOOSE(①,"공인중개사","사회복지사","주택관리사")** : ①의 값이 10이면 '공인중개사', 20이면 '사회복지사', 30이면 '주택관리사'로 표시

🗎 기적의 TIP

CHOOSE 함수는 함수 마법사를 이용하면 큰따옴표(" ")와 쉼표(,)를 입력하지 않아도 자동으로 처리 주어서 오류를 줄이고, 좀 더 편하게 사용할 수 있다.

문제 ❸ 분석작업

⑪ 시나리오('분석작업-1' 시트)

① [B4] 셀을 클릭한 후 '이름 상자'에 **판매수량**을 입력한다.

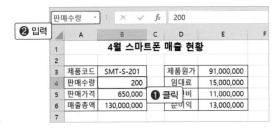

② 같은 방법으로 [B5] 셀은 '판매가격', [E6] 셀은 '순이익'으로 이름을 정의한다.

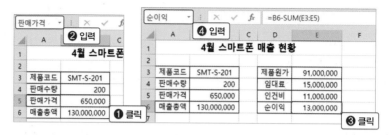

③ [B4:B5] 영역을 범위 지정한 후 [데이터]-[예측] 그룹의 [가상 분석]-[시나리오 관리자]를 클릭한다.

④ [시나리오 관리자]에서 [추가]를 클릭한다.

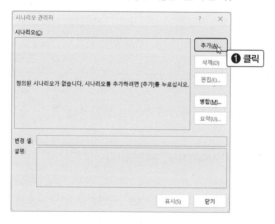

⑤ [시나리오 추가]에서 '시나리오 이름'은 **인상증가**를 입력하고, '변경 셀'은 [B4:B5]로 지정하고 [확인]을 클릭한다.

⑥ [시나리오 값]에서 '판매수량'은 250, '판매가격'은 700000을 입력하고 [추가]를 클릭한다.

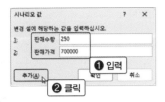

⑦ [시나리오 추가]에서 '시나리오 이름'은 **인하감소**를 입력하고 [확인]을 클릭한다.

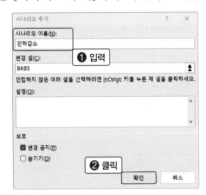

⑧ [시나리오 값]에서 '판매수량'은 150, '판매가격'은 600000을 입력하고 [확인]을 클릭한다.

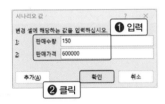

⑨ [시나리오 관리자]에서 [요약]을 클릭한다.

⑩ [시나리오 요약]에서 '결과 셀'에 [E6] 셀을 지정하고 [확인]을 클릭한다.

⑫ 통합('분석작업-2' 시트)

① [F9:I13] 영역을 범위 지정한 후 [데이터]-[데이터 도구] 그룹의 [통합](📊)을 클릭한다.

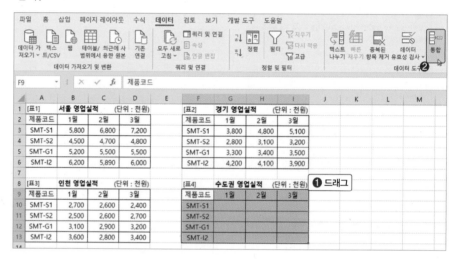

② [통합]에서 다음과 같이 지정하고 [확인]을 클릭한다.

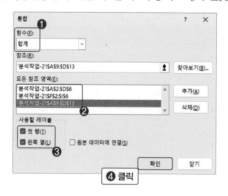

- **함수** : 합계
- **모든 참조 영역** : [A2:D6], [F2:I6], [A9:D13]
- **사용할 레이블** : 첫 행, 왼쪽 열

문제 ④ **기타작업**

01 매크로('매크로작업' 시트)

① [개발 도구]–[컨트롤] 그룹의 [삽입]–[단추(양식 컨트롤)](□)를 클릭한다.

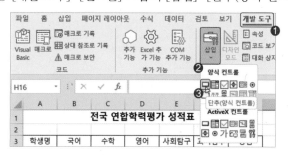

> **기적의 TIP**
>
> **[개발 도구] 탭이 보이지 않을 때**
> [파일]–[옵션]–[리본 사용자 지정]에서 오른쪽 '기본 탭'에서 개발 도구에 체크해준다.

② 마우스 포인트가 '+'로 바뀌면 [B15:C16] 영역에 드래그하면 [매크로 지정] 대화상 자가 나타난다.

③ [매크로 지정]에서 '매크로 이름'은 **총점**을 입력하고 [기록]을 클릭한다.

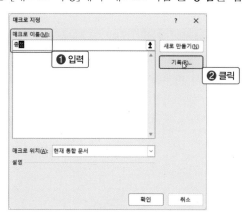

> **기적의 TIP**
>
> 셀에 드래그 할 때 Alt 를 누르고 드래그하면 셀 크기에 맞춰 그릴 수 있다.

> **기적의 TIP**
>
> [개발 도구]–[코드] 그룹의 [매크로 기록]을 클릭하여 매크로 기록을 한 후 [기록 중지]를 클릭하고, [개발 도구]–[컨트롤] 그룹의 [양식]–[단추]를 이용하여 매크로 지정을 통하여 매크로를 연결해 주는 방법도 있다.

④ [매크로 기록] 대화상자에 자동으로 '총점'으로 매크로 이름이 표시되면 [확인]을 클릭한다.

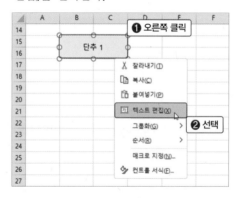
F 기적의 TIP

자동합계 대신에 [G4] 셀에
「=SUM(B4:F4)」를 입력한 후
[G13] 셀까지 수식을 복사해
도 된다.

⑤ [B4:G13] 영역을 범위 지정한 후 [수식]-[함수 라이브러리] 그룹에서 [자동 합
계]-[합계]를 선택한다.

⑥ 임의의 셀을 클릭한 후 매크로 기록을 종료하기 위해 [개발 도구]-[코드] 그룹의
[기록 중지](□)를 클릭한다.

⑦ 단추에 텍스트를 수정하기 위해서 단추에서 마우스 오른쪽 버튼을 눌러 [텍스트
편집]을 선택한다.

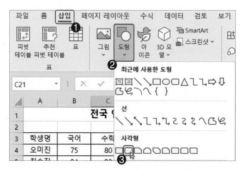

⑧ 단추에 입력된 '단추 1'을 지우고 **총점**을 입력한다.

⑨ [삽입]-[일러스트레이션] 그룹에서 [도형]-[사각형]의 [사각형: 둥근 모서리](□)
를 클릭한다.

⑩ 마우스 포인트가 '+'로 바뀌면 [E15:F16] 영역에 드래그한다.

⑪ '사각형: 둥근 모서리'(◻) 도형에서 마우스 오른쪽 버튼을 눌러 [매크로 지정]을
클릭한다.

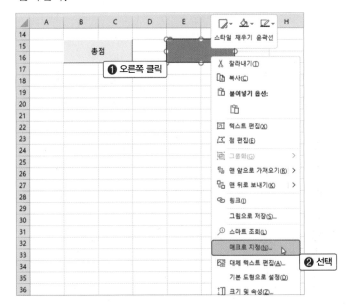

⑫ [매크로 지정] 대화상자의 '매크로 이름'에 **서식**을 입력하고 [기록]을 클릭한다.

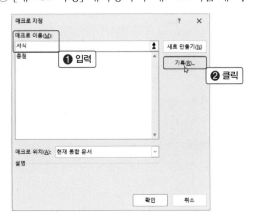

⑬ [매크로 기록]에 자동으로 '서식'으로 매크로 이름이 표시되면 [확인]을 클릭한다.

⑭ [A3:G3] 영역을 범위 지정한 후 [홈]-[글꼴] 그룹의 [글꼴 색](**가** ▾) 도구를 클릭하여
'표준 색 – 빨강', [채우기 색](◇ ▾) 도구를 클릭하여 '표준 색 – 노랑'을 선택한다.

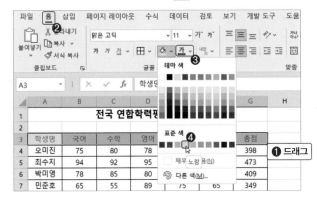

⑮ 매크로 기록을 종료하기 위해 [개발 도구]–[코드] 그룹의 [기록 중지](□)를 클릭한다.

⑯ '사각형: 둥근 모서리'(□) 도형에서 마우스 오른쪽 버튼을 눌러 [텍스트 편집]을 클릭하여 서식을 입력한다.

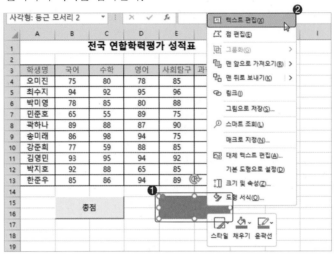

02 차트('차트작업' 시트)

① 차트를 선택한 후 마우스 오른쪽 버튼을 눌러 [차트 종류 변경]을 선택한다.

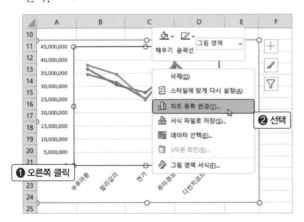

② [차트 종류 변경]에서 '세로 막대형'의 '묶은 세로 막대형'을 선택하고 [확인]을 클릭한다.

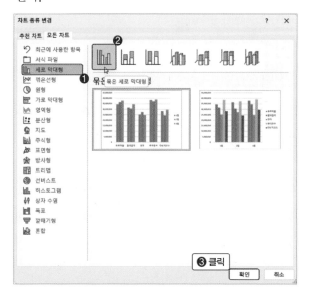

③ 차트를 선택한 후 [차트 요소](⊞)-[차트 제목]-[차트 위]를 클릭한 후 **1분기 보드게임 매출 현황**을 입력하고, [홈]-[글꼴] 그룹에서 '돋움', 크기 '16', 글꼴 색 '표준색 – 녹색'을 선택한다.

🅱 기적의 TIP

[차트 디자인] 탭의 [차트 레이아웃] 그룹에서 [차트 요소 추가]-[차트 제목]- [차트 위]를 클릭하여 '차트 제목'을 표시할 수 있다.

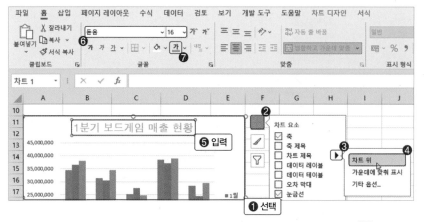

④ '루미큐브' 계열의 '3월' 요소를 천천히 2번 클릭한 후 [차트 요소](⊞)-[데이터 레이블]-[바깥쪽 끝에]를 클릭한다.

🅱 기적의 TIP

'루미큐브'의 '3월' 막대계열을 선택하면 회색 '3월' 계열이 모두 선택이 된다. 다시 한 번 '루미큐브'의 '3월'을 선택해야만 하나의 요소를 선택할 수 있다.

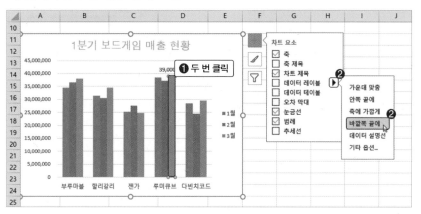

⑤ '세로 값(Y) 축'에서 마우스 오른쪽 버튼을 눌러 [축 서식]을 선택한다.

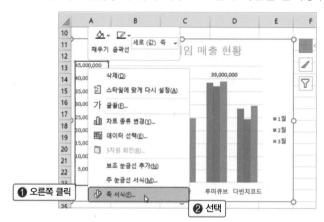

⑥ [축 서식]의 '축 옵션'에서 '최소값'은 1000000을 입력하고, 표시 단위는 '천'을 선택한다.

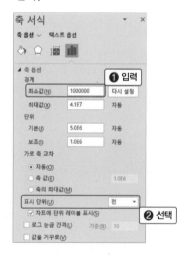

⑦ 차트에서 표시 단위 '천'을 선택한 후 [표시 단위 레이블 서식]-[레이블 옵션]-[크기 및 속성]에서 [맞춤]에서 '텍스트 방향'은 '가로'를 선택한다.

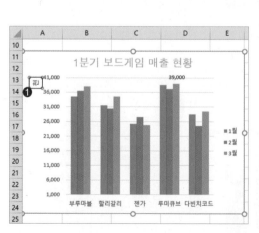

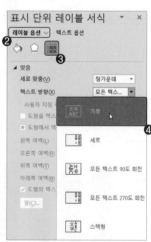

⑧ 차트에서 차트 영역을 선택한 후 [차트 영역 서식]-[차트 옵션]-[효과]에서 [그림자]의 '미리 설정'을 클릭하여 '안쪽 가운데'를 선택한다.

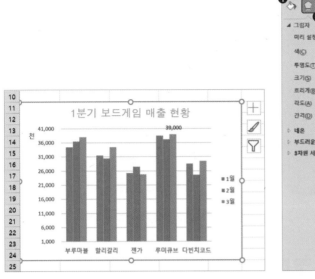

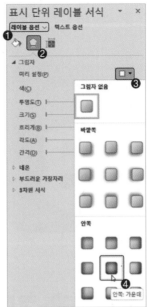

⑨ 차트 영역을 선택한 후 [차트 영역 서식]-[차트 옵션]-[채우기 및 선]에서 [테두리]의 '둥근 모서리'를 체크한다.

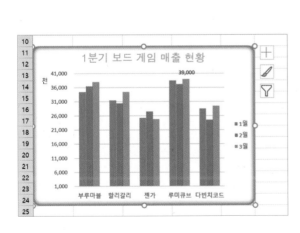

자주 출제되는
함수사전

날짜와 시간 함수 (날짜와 시간.xlsx 파일 이용)

▶ 합격 강의

01 연도(YEAR)를 구하자.

형 식	=YEAR(일련 번호 또는 날짜 문자열)	
사용방법	=YEAR("2025/4/22")	2025

입사일자[B2:B6]를 이용하여 근무기간을 [C2:C6] 영역에 표시하시오.

▶ 근무기간 = 2025 - 입사일자의 년도   ▶ 표기 예 : 10년
▶ YEAR 함수와 & 연산자 사용

	A	B	C	D
1	사원	입사일자	**근무기간**	
2	최찬식	1998-01-03		
3	황요한	1992-10-03		
4	김율동	1995-10-05		
5	장길산	2003-04-02		
6	이은관	1997-02-01		
7				

◀ 'YEAR1(예제)' 시트

정답 [C2] 셀에 「=2025-YEAR(B2)&"년"」를 입력하고 [C6] 셀까지 수식 복사

02 월(MONTH)을 구하자.

형 식	=MONTH(일련 번호 또는 날짜 문자열)	
사용방법	=MONTH("2025/4/22")	4

숫자(45748)를 함수를 사용하여 [E2] 셀에 '4'로 바꾸시오.

▶ MONTH 함수 사용

	A	B	C	D	E	F
1	월별 수출입 통계					
2	월별	1	2	3	45748	
3	수산물	150,250	132,570	135,720	137,810	
4	농산물	105,370	110,540	114,635	117,325	
5	임산물	28,435	29,710	3,011	31,445	
6	축산물	9,063	9,280	9,547	9,653	
7						

▲ 'MONTH(예제)' 시트

정답 [E2] 셀에 「=MONTH(45748)」를 입력

함수 설명 =MONTH(45748)

45748은 2025년 04월 30일을 나타내는 일련번호로 MONTH 함수를 통해 '4'라는 결과가 나온다.
[E2] 셀에서 Ctrl + 1을 눌러 [표기 형식] 탭에서 '날짜'를 선택하면 확인할 수 있다.

03 일(DAY)를 구하자.

형 식	=DAY(일련 번호 또는 날짜 문자열)	
사용방법	=DAY('2025/4/22')	22

기준일자[D2]를 사용하여 주문일자(일)[B4:B6]를 계산하여 표시하시오.

▶ 주문일자(일) = 기준일자[D2] − 소요기간(일)

▶ 주문일자(일)는 일(날)을 표시하는 숫자만 나타낼 것

▶ DAY 함수 사용

▲	A	B	C	D	E
1		납품일정계획			
2			기준일자:	25-02-10	
3	재료	주문일자(일)	소요기간(일)	납품일자(일)	
4	백설탕		5	15	
5	향료		7	10	
6	밀가루		9	9	
7					

▲ 'DAY(예제)' 시트

> **정답** [B4] 셀에 「=DAY($D$2)−DAY(C4)」를 입력하고 [B6] 셀까지 수식 복사

---

04 시(HOUR)를 구하자.

형 식	=HOUR(일련 번호 또는 시간 문자열)	
사용방법	=HOUR('16:13:15')	16

출발시간에서 도착시간의 차이를 이용하여 요금[E3:E8]에 표시하시오.

▶ 단, 분 단위는 제외되며 시간당 4,000원 적용

▶ HOUR, MONTH, TODAY 중 알맞은 함수를 선택하여 사용

▲	A	B	C	D	E	F
1			버스 요금 정산표			
2	출발지	출발시간	도착지	도착시간	요금	
3	서울	9:00	대전	11:30		
4	부산	11:30	대구	14:30		
5	광주	9:30	속초	15:30		
6	대구	12:00	인천	17:00		
7	대전	8:00	수원	10:00		
8	인천	10:00	청주	12:10		
9						

▲ HOUR(예제)' 시트

> **정답** [E3] 셀에 「=(HOUR(D3)−HOUR(B3))*4000」을 입력하고 [E8] 셀까지 수식 복사 또는 「=HOUR(D3−B3)*4000」을 입력해도 된다.

05 분(MINUTE)을 구하자.

형 식	=MINUTE(일련 번호 또는 시간 문자열)	
사용방법	=MINUTE("16:13:15")	13

특허 신청 일시[B3:B10]를 이용하여 시간을 [C3:C10] 영역에 표시하시오.

▶ 표시 예 : 15시10분

▶ HOUR, MINUTE 함수와 연산자 & 사용

▲	A	B	C	D
1	특허 신청 일시			
2	제출회사	특허 신청 일시	시간	
3	미리내	2025-09-09 9:45		
4	거장	2025-09-09 8:20		
5	제온	2025-09-10 18:35		
6	미크론	2025-09-09 8:45		
7	씽크	2025-09-10 15:10		
8	인포	2025-09-09 8:45		
9	신화	2025-09-11 11:40		
10	창조	2025-09-09 10:48		
11				

▲ 'MINUTE(예제)' 시트

정답 [C3] 셀에 「=HOUR(B3)&"시"&MINUTE(B3)&"분"」를 입력하고 [C10] 셀까지 수식 복사

06 초(SECOND)를 구하자.

형 식	=SECOND(일련 번호 또는 시간 문자열)	
사용방법	=SECOND("16:13:15")	15

07 현재 날짜(TODAY)를 구하자.

사용방법	=TODAY()	2025-08-15

미수금 현황에서 [E3] 셀에 작성일자를 표시하되 셀 형식을 '12年 3月 14日'의 형식으로 표시하시오.

▶ TODAY 함수와 셀 서식 활용

▲	A	B	C	D	E	F
1			미수금 현황			
2						
3				작성일		
4	거래처명	품목명	수량	판매금액	미수금	
5	고려화학	Blue	20	₩240,000	₩83,720	
6	명지페인트	Red300	7	₩84,000	₩312,000	
7	삼화페인트	Violet550	7	₩80,500	₩156,000	
8	고려화학	Red334	12	₩300,000		
9	삼화페인트	Yellow	12	₩150,000		
10	명지페인트	Violet550	7	₩80,500	₩130,000	
11	삼화페인트	Violet600	15	₩278,250	₩702,000	
12						

◀ 'TODAY(예제)' 시트

정답 ① [E3] 셀에 「=TODAY()」를 입력
② [E3] 셀을 선택한 후 [Ctrl]+[1]을 눌러 [셀 서식]의 [표시 형식] 탭에서 범주는 '날짜', 형식은 '01年 3月 14日'을 선택

⓼ 현재 날짜와 시간(NOW)을 구하자.

사용방법	=NOW( )	2025-08-15 18:52

[B2] 셀에 시스템의 현재 날짜와 시간을 표시하시오.

▶ NOW 함수 사용

▶ 'yyyy년 mm월 dd일 h시 mm분' 형식으로 표시

	A	B	C
1			
2	작성일시		
3			

◀ 'NOW(예제)' 시트

정답 ① [B2] 셀에 「=NOW( )」를 입력
② [B2] 셀에서 Ctrl + 1 을 눌러 [셀 서식]의 [표시 형식] 탭에서 '범주'는 '사용자 지정'에 '형식'을 「yyyy년 mm월 dd일 h시 mm분」을 입력

⓽ 날짜(DATE)를 구하자.

형식	=DATE(년, 월, 일)	
사용방법	=DATE(2025,5,10)	2025-05-10

공사계획표에서 비고란의 연도, 월, 일 표시의 숫자를 이용하여 공사개시일[B3:B5]을 구하시오.

	A	B	C	D	E	F	G	H	I	J	K	L	M
1			공사계획표										
2	공사구간	공사개시일	공사기간(월)	완공예정일				비고란					
3	1구간		7	2025/12/3	2025	년	5	월	3	일	(목)	공사시작	
4	2구간		8	2026/2/1	2025	년	6	월	1	일	(금)	공사시작	
5	3구간		10	2026/5/2	2025	년	7	월	2	일	(월)	공사시작	
6													

◀ 'DATE(예제)' 시트

정답 공사개시일 [B3] 셀에 「=DATE(E3,G3,I3)」를 입력하고 [B5] 셀까지 수식 복사

⓾ 시간(TIME)을 구하자.

형식	=TIME(시, 분, 초)	
사용방법	=TIME(12,30,30)	12:30:30

메모란에 표시된 시, 분, 초 단위의 숫자를 사용하여 주행개시시각[B3:B5]을 표시하시오.

▶ TIME 함수 사용

	A	B	C	D	E	F	G	H	I	J	K	L
1			주행시간 예정표									
2	주행코스	주행개시시각	주행시간(분)	도착예정시각				메모				
3	1코스		3	1:08:05 AM	1	시	5	분	5	초	주행시작	
4	2구간		8	1:14:05 AM	1	시	6	분	5	초	주행시작	
5	3구간		10	1:17:05 AM	1	시	7	분	5	초	주행시작	
6												

◀ 'TIME(예제)' 시트

정답 [B3] 셀에 「=TIME(E3,G3,I3)」를 입력하고 [B5] 셀까지 수식 복사

⓫ **요일(WEEKDAY)의 일련번호를 구하자.**

형식	=WEEKDAY(일련번호, Returu_type) 옵션) Return_type 1 : 일요일을 1로 시작함(생략 시 기본설정) 2 : 월요일을 1로 시작함 3 : 월요일을 0으로 시작함	
사용방법	=WEEKDAY("2025-04-22",2)	2(2는 화요일을 의미)

생년월일[B3:B9]를 이용하여 해당되는 요일을 [C3:C9]에 계산하여 표시하시오.

▶ CHOOSE와 WEEKDAY 함수 사용

▶ 요일의 계산방식은 일요일부터 시작하는 1번 방식으로 지정

▶ '토요일'과 같이 문자열 전체를 표시하게 지정

	A	B	C	D
1		**동호 회원**		
2	회원명	생년월일	요일	
3	김상식	67-09-02		
4	이아영	72-10-10		
5	소시지	60-12-21		
6	박사영	75-03-14		
7	유정철	82-09-13		
8	송강	84-05-17		
9	임인성	83-08-07		
10				

▲ 'WEEKDAY(예제)' 시트

정답 [C3] 셀에 「=CHOOSE(WEEKDAY(B3,1),"일요일","월요일","화요일","수요일","목요일","금요일","토요일")」를 입력하고 [C9] 셀까지 수식 복사

⓬ **두 날짜 사이의 일 수(DAYS)를 반환한다.**

형식	DAYS(종료 날짜, 시작 날짜) : 종료 날짜에서 시작 날짜를 빼서 두 날짜 사이의 일 수를 계산	
사용방법	=DAYS("2025-10-30","2025-10-10")	20

가입일[C3:C12]과 탈퇴일[D3:D12]을 이용하여 보상금[E3:E12]을 표시하시오.

▶ 보상금 = 가입비 × 가입기간 × 0.2%

▶ 가입기간은 가입일과 탈퇴일 사이의 날짜 수이며 DATE, DAYS, DAY 함수 중 알맞은 함수를 선택하여 사용

▶ DAYS 함수 사용

	A	B	C	D	E	F
1	탈퇴회원 보상금 산출					
2	회원명	가입비	가입일	탈퇴일	보상금	
3	김선우	30,000	01월 11일	09월 25일		
4	유세준	50,000	03월 15일	12월 13일		
5	손상훈	20,000	02월 25일	05월 21일		
6	김승완	30,000	04월 08일	08월 14일		
7	박진수	30,000	01월 04일	02월 04일		
8	정명우	20,000	03월 11일	09월 19일		
9	조성진	50,000	05월 25일	11월 30일		
10	최정일	50,000	02월 13일	12월 24일		
11	전승호	20,000	04월 23일	06월 13일		
12	이동찬	30,000	01월 25일	07월 22일		
13						

▲ 'DAYS(예제)' 시트

정답 [E3] 셀에 「=B3*DAYS(D3,C3)*0.2%」를 입력하고 [E12] 셀까지 수식 복사

⑬ **시작 날짜에 개월 수를 더한 날짜(EDATE)의 일련번호를 구하자.**

형 식	=EDATE(시작 날짜, 개월 수)	
사용방법	=EDATE("2025-10-19",1)	45980(2025-11-19)

시작 날짜에 개월을 더하여 수정된 날짜[C3:C8]에 표시하시오.

▶ EDATE 함수 사용

⯅	A	B	C	D
1				
2	시작 날짜	개월	수정된 날짜	
3	2025-05-05	3		
4	2025-05-15	-1		
5	2025-06-06	2		
6	2025-07-17	-5		
7	2025-08-15	4		
8	2025-12-25	6		
9				

▲ 'EDATE(예제)' 시트

정답 [C3] 셀에 「=EDATE(A3,B3)」를 입력하고 [C8] 셀까지 수식 복사

⑭ **시작 날짜에 개월 수를 더한 달의 마지막 날짜(EOMONTH)의 일련번호를 구하자.**

형 식	=EOMONTH(시작 날짜, 개월 수)	
사용방법	=EOMONTH("2025-10-19",1)	45991(2025-11-30)

시작 날짜에 개월을 더한 마지막 날짜[C3:C8]를 표시하시오.

▶ EOMONTH 함수 사용

⯅	A	B	C	D
1				
2	시작 날짜	개월	마지막 날짜	
3	2025-05-05	3		
4	2025-05-15	-1		
5	2025-06-06	2		
6	2025-07-17	-5		
7	2025-08-15	4		
8	2025-12-25	6		
9				

▲ 'EOMONTH(예제)' 시트

정답 [C3] 셀에 「=EOMONTH(A3,B3)」를 입력하고 [C8] 셀까지 수식 복사

⑮ 시작 날짜에 날짜 수를 더한 평일 수를 적용한 날짜(WORKDAY)의 일련번호를 구하자.

형 식	=WORKDAY(시작 날짜, 날짜 수, [휴일])	
사용방법	=WORKDAY("2025-1-1",31)	45701(2025-02-13)

시작 날짜에 작업일수를 더해 공휴일을 제외한 평일 수만 계산하여 작업완료일[E3:E8]을 구하시오.

▶ WORKDAY 함수 사용

▲	A	B	C	D	E	F
1						
2	시작 날짜	작업일	공휴일1	공휴일2	작업완료일	
3	2021-01-01	130	05월 01일	06월 05일		
4	2022-01-01	160	03월 01일	04월 05일		
5	2023-01-01	180	02월 01일	05월 05일		
6	2024-01-01	200	06월 01일	08월 05일		
7	2025-01-01	220	07월 01일	09월 05일		
8	2026-01-01	250	08월 01일	09월 05일		
9						

▲ 'WORKDAY(예제)' 시트

> **정답** [E3] 셀에 「=WORKDAY(A3,B3,C3:D3)」를 입력하고 [E8] 셀까지 수식 복사

논리 함수(논리.xlsx파일 이용)

▶ 합격 강의

① 조건을 판단(IF)해 보자.

형 식	=IF(조건식, 값1, 값2)	
사용방법	=IF(C4)=20,5,0)	[C4] 셀의 값이 20 이상이면 5, 그렇지 않으면 0을 표기

① 점수가 90 이상이면 '우수', 90 미만 80 이상이면 '보통', 80 미만이면 '분발'이라고 등급[D3:D7] 영역에 표시하시오.

▶ IF 함수 사용

▲	A	B	C	D	E
1	상공주식회사 인사고과				
2	성명	부서	점수	등급	
3	류민수	경리부	95.8		
4	라우석	영업부	88.5		
5	김민석	관리부	72.6		
6	박우민	영업부	61.9		
7	강우식	관리부	88		
8					

▲ 'IF1(예제)' 시트

> **정답** [D3] 셀에 「=IF(C3>=90,"우수",IF(C3>=80,"보통","분발"))」를 입력하고 [D7] 셀까지 수식 복사

② 비만도 측정에서 신장[C3:C9]과 체중[D3:D9]을 이용한 판정을 기준으로 비만여부[E3:E9]를 구하시오.

▶ 판정 = 체중 − (신장 − 110)

▶ 비만여부는 판정이 6 이상이면 '비만', 6 미만 −5 이상이면 '표준', −5 미만이면 '허약'

▶ IF 함수 사용

	A	B	C	D	E	F
1			비만도 측정			
2	성명	성별	신장	체중	비만여부	
3	한장석	남	178	60		
4	오명회	여	152	58		
5	최철주	남	169	62		
6	마준희	여	162	45		
7	권길수	남	184	82		
8	장도애	여	175	68		
9	조서회	여	158	62		
10						

▲ 'IF2(예제)' 시트

정답 [E3] 셀에 「=IF(D3−(C3−110))>=6,"비만",IF(D3−(C3−110))>=−5,"표준","허약"))」를 입력하고 [E9] 셀까지 수식 복사

③ 판매일[B3:B10]을 이용하여 요일번호[D3:D10]를 유형 '1'로 구하고, 이때 요일번호가 '1'이면 '일요일', 그 외는 공란으로 표시하시오.

▶ IF와 WEEKDAY 함수 사용

	A	B	C	D	E
1		판매현황			
2	품목	판매일	수량	요일번호	
3	텔레비전	25-03-10	15		
4	전자레인지	25-03-11	8		
5	선풍기	25-06-01	30		
6	냉장고	24-04-20	20		
7	세탁기	24-05-17	12		
8	선풍기	24-06-10	31		
9	냉장고	24-11-12	24		
10	전자레인지	24-11-13	16		
11					

▲ 'IF3(예제)' 시트

정답 [D3] 셀에 「=IF(WEEKDAY(B3,1)=1,"일요일","")」를 입력하고 [D10] 셀까지 수식 복사

④ 근무년수[B3:B8]와 소득액[C3:C8]을 이용하여 세금[D3:D8]을 구하시오.

▶ 세금은 근무년수가 10 이상이면 소득액 × 20%, 5 이상 10 미만이면 소득액 × 15%, 5 미만이면 소득액 × 8%로 계산

▶ IF 함수 사용

	A	B	C	D	E
1		세금계산서			
2	직급코드	근무년수	소득액	세금	
3	H9	16	3,500,000		
4	H10	8	2,700,000		
5	H9	5	2,300,000		
6	H3	13	3,000,000		
7	H7	3	1,800,000		
8	H8	1	1,500,000		
9					

▲ 'IF4(예제)' 시트

정답 [D3] 셀에 「=IF(B3>=10,C3*0.2,IF(B3>=5,C3*0.15,C3*0.08))」를 입력하고 [D8] 셀까지 수식 복사

02 논리곱(AND)을 구하자.

정 의	모든 논리식이 참(TRUE)일 경우에만 결과 값이 TRUE로 나타남	
형 식	=AND(논리식1, 논리식2, …)	
사용방법	=AND(10>5, 5>2)	TRUE (모두 참이기 때문에)

① 필기[B3:B7]와 실기[C3:C7]가 40 이상이고 평균[E3:E7]이 60 이상이면 '합격', 나머지는 '불합격'이라고 판정 [F3:F7]에 표시하시오.

▶ IF와 AND 함수 사용

▲	A	B	C	D	E	F	G
1			컴퓨터활용 평가				
2	성명	필기	실기	총점	평균	판정	
3	김구호	75	45	120	60		
4	하창명	56	58	114	57		
5	민구연	38	24	62	31		
6	이상희	88	92	180	90		
7	오정민	83	39	122	61		
8							

▲ 'AND1(예제)' 시트

정답 [F3] 셀에 =IF(AND(B3>=40,C3>=40,E3>=60),"합격","불합격")를 입력하고 [F7] 셀까지 수식 복사

② 컴퓨터일반[B3:B8]과 워드[C3:C8]를 이용하여 합격여부를 [D3:D8]에 표시하시오.

▶ 합격여부는 컴퓨터일반과 워드의 평균이 60 이상이고, 워드가 70 이상이면 '합격', 그 이외에는 '불합격' 으로 표기

▶ AND, AVERAGE와 IF 함수 사용

▲	A	B	C	D	E
1		사원현황			
2	사원명	컴퓨터일반	워드	합격여부	
3	이지연	65	75		
4	한가람	77	25		
5	오두영	85	62		
6	안치연	90	88		
7	명기영	45	55		
8	나미인	50	78		
9					

▲ 'AND2(예제)' 시트

정답 [D3] 셀에 「=IF(AND(AVERAGE(B3:C3)>=60,C3>=70),"합격","불합격")」를 입력하고 [D8] 셀까지 수식 복사

③ 논리합(OR)을 구하자.

정 의	논리식 중에 하나라도 TRUE가 있을 경우 결과 값으로 TRUE를 구함	
형 식	=OR(논리식1, 논리식2, …)	
사용방법	=OR(10<5, 5<2)	FALSE (모두 거짓이기 때문에)

① 영어[B3:B9]나 전산[C3:C9] 점수가 80 이상이면 '합격' 그렇지 않으면 '불합격'으로 판정[D3:D9]에 표시하시오.

▶ IF와 OR 함수 사용

◢	A	B	C	D	E
1	남산㈜ 승진시험 성적 현황				
2	성명	영어	전산	판정	
3	박시영	80	80		
4	김명훈	85	60		
5	서태훈	80	75		
6	강수현	81	85		
7	정미숙	50	60		
8	김보람	60	80		
9	최정민	75	79		
10					

▲ 'OR1(예제)' 시트

정답 [D3] 셀에 「=IF(OR(B3>=80,C3>=80),"합격","불합격")」를 입력하고 [D9] 셀까지 수식 복사

② 주민등록번호[C3:C8]를 이용하여 [E3:E8]을 입력하시오.

▶ 주민등록 앞에서 여덟 번째 숫자가 '1' 또는 '3'이면 '남', '2' 또는 '4'이면 '여'로 표기
▶ IF, OR, MID 함수 사용

◢	A	B	C	D	E	F
1			소아병원 환자명단			
2	진료일	환자명	주민등록번호		성별	
3	09월 09일	조영아	121019-4156347			
4	09월 10일	박근애	130215-4029834			
5	09월 11일	최진영	151113-3623718			
6	09월 12일	이필용	141209-3214591			
7	09월 13일	장세미	160129-4828731			
8	09월 14일	정대수	151212-3675234			
9						

▲ 'OR2(예제)' 시트

정답 [E3] 셀에 「=IF(OR(MID(C3,8,1)="1",MID(C3,8,1)="3"),"남","여")」를 입력하고 [E8] 셀까지 수식 복사

04 수식에서 오류가 발생할 경우 지정한 값을 반환하고, 그렇지 않으면 수식 결과(IFERROR)를 반환하자.

형 식	=IFERROR(수식, 값)	
사용방법	=IFERROR(4/가,"수식오류")	수식오류

'값1'을 '값2'로 나눈 값을 결과값[C3:C8]에 표시하시오. 단, 수식에 오류가 있을 때에는 '계산오류'라고 표시하시오.

▶ IFERROR 함수 사용

▲	A	B	C	D
1				
2	값1	값2	결과 값	
3	10	5		
4	35	없음		
5	40	8		
6	63	3		
7	64	4		
8	72	없음		
9				

▲ 'IFERROR(예제)' 시트

> **정답** [C3] 셀에 「=IFERROR(A3/B3,"계산오류")」를 입력하고 [C8] 셀까지 수식 복사

---

05 여러 조건에 대한 다른 결과 값(IFS)을 반환한다.

형 식	=IFS(조건식1, 값1, 조건식2, 값2, ...)	
사용방법	=IFS(C3>=90,"A",C3>=80,"B",C3>=70,"C",TRUE,"F")	[C3] 셀의 값이 95이면 'A'

영어시험[C3:C9]를 이용하여 등급[D3:D9]을 표시하시오.

▶ 영어시험이 90 이상이면 'A', 80 이상이면 'B', 70 이상이면 'C', 그 외는 'F'로 표시

▶ IFS 함수 사용

▲	A	B	C	D	E
1		상공주식회사 인사고과			
2	성명	부서	영어시험	등급	
3	김소연	경리부	95.8		
4	한현숙	영업부	88.5		
5	이유진	관리부	72.6		
6	박소진	영업부	61.9		
7	유진희	관리부	88		
8	이수청	영업부	69.5		
9	고아진	관리부	75.6		
10					

▲ 'IFS(예제) 시트'

> **정답** [D3] 셀에 「=IFS(C3>=90,"A",C3>=80,"B",C3>=70,"C",TRUE,"F")」를 입력하고 [D9] 셀까지 수식 복사

06 조건식의 결과에 따라 다른 값(SWITCH)을 반환한다.

형 식	=SWITCH(조건식, 결과값1, 반환값1, 결과값2, 반환값2, ...)	
사용방법	=SWITCH(B,"B","해피제과","G","참존제과","S","파랑제과")	해피제과

제품코드[A3:A12]를 이용하여 제작회사[E3:E12]을 표시하시오.

▶ 제품코드가 'B'로 시작하면 '해피제과', 'G'이면 '참존제과', 'S'이면 '파랑제과'로 표시
▶ SWITCH, LEFT 함수 사용

	A	B	C	D	E	F
1	제과류 분류표					
2	제품코드	성명	출시연도	단가(원)	제작회사	
3	BS-100	에이시	1974	500		
4	GU-200	짜이리톨	2000	500		
5	SN-300	꼬깔스넥	1983	500		
6	SN-301	멋동산	1975	700		
7	GI-200	쵸코파이	1974	500		
8	BI-301	오예에스	1984	400		
9	BS-101	체크칩스	1994	700		
10	GO-300	투우유	1987	500		
11	SN-302	고래밥	1984	500		
12	BI-202	마가레티	1987	300		
13						

▲ 'SWITCH(예제) 시트'

정답 [E3] 셀에 「=SWITCH(LEFT(A3,1),"B","해피제과","G","참존제과","S","파랑제과")」를 입력하고 [E12] 셀까지 수식 복사

데이터베이스 함수(데이터베이스.xlsx 파일 이용)

▶ 합격 강의

01 데이터베이스의 합계(DSUM)를 구하자.

형 식	=DSUM(데이터베이스 범위, 필드 번호, 조건 범위)	
사용방법	=DSUM(A2:E10,5,D12:D13)	[A2:E10] 영역에서 [D12:D13]의 조건(제품분류가 가전제품)인 데이터를 찾아 5번째 열(매출액)에서 합계를 구함

제품분류[A3:A10] 중 가전제품의 매출액[E3:E10] 합계를 계산하여 [E13] 셀에 표시하시오.

▶ DSUM, COUNTIF, DMAX 중 알맞은 함수를 선택하여 사용

	A	B	C	D	E	F
1			제품 판매 현황			
2	제품분류	품명	판매가	판매량	매출액	
3	화장품	립스틱	13,524	45	608,580	
4	가전제품	면도기	7,200	89	640,800	
5	사무용품	만년필	2,900	230	667,000	
6	사무용품	타자기	18,000	30	540,000	
7	가전제품	선풍기	30,625	120	3,675,000	
8	화장품	비누	2,600	120	312,000	
9	화장품	샴푸	5,460	325	1,774,500	
10	가전제품	전기담요	66,120	60	3,967,200	
11						
12				제품분류	매출액	
13				가전제품		
14						

◀ 'DSUM(예제) 시트'

정답 [E13] 셀에 「=DSUM(A2:E10,5,D12:D13)」를 입력

02 데이터베이스의 평균(DAVERAGE)을 구하자.

형 식	=DAVERAGE(데이터베이스 범위, 필드 번호, 조건 범위)	
사용방법	=DAVERAGE(A2:E9,C2,B2:B3)	[A2:E9] 영역에서 [B2:B3]의 조건(임대평수가 40)인 데이터를 찾아 C열(임대료)에서 평균을 구함

임대평수가 40인 사무실의 임대료, 관리비, 부가세의 평균[C10:E10]을 구하시오.

▶ DAVERAGE, DMAX, DCOUNT 중 알맞은 함수를 선택하여 사용

	A	B	C	D	E	F
1	사무실 월 사용료 계산					
2	사무실	임대평수	임대료	관리비	부가세	
3	1-101	40	502,200	50,200	55,240	
4	1-102	35	439,425	43,925	48,335	
5	2-101	28	351,540	35,140	38,668	
6	2-102	40	495,000	49,500	54,450	
7	2-103	20	251,100	25,100	27,620	
8	3-101	40	451,000	45,100	49,610	
9	3-102	35	439,425	43,925	48,335	
10	40평 사무실 평균					
11						

◀ 'DAVERAGE(예제)' 시트

정답 [C10] 셀에 「=DAVERAGE($A$2:$E$9,C2,$B$2:$B$3)」를 입력하고 [E10] 셀까지 수식 복사

함수 설명
- 임대료, 관리비, 부가세의 평균을 구하는 문제이기 때문에 하나의 식으로 복사하여 사용이 가능하다.
- 공통적인 부분 : 데이터베이스 범위 [A2:E9], 조건 범위 [B2:B3]은 절대참조
- 임대료, 관리비, 부가세 : 3, 4, 5 대신에 [C2], [D2], [E2]를 지정해도 된다.

03 데이터베이스의 숫자 개수(DCOUNT)를 구하자.

형 식	=DCOUNT(데이터베이스 범위, 필드 번호, 조건 범위)	
사용방법	=DCOUNT(A2:C10,3,E5:E6)	[A2:C10] 영역에서 [E5:E6]의 조건(칼로리가 20을 초과)인 데이터를 찾아 3번째 열(칼로리)에서 숫자의 개수를 구함

칼로리가 20을 초과하는 식품의 수를 [E9] 셀에 계산하여 표시하시오.

▶ DCOUNT 함수 사용

	A	B	C	D	E	F
1	음식별 칼로리량					
2	식 품	분 량 (g)	칼로리			
3	시금치	100	24			
4	브로콜리	100	28			
5	양상추	100	11		칼로리	
6	아스파라거스	100	18		>20	
7	연근	100	53			
8	양배추	100	20		식품수	
9	무	100	16			
10	셀러리	100	8			
11						

◀ 'DCOUNT(예제)' 시트

정답 식품수 [E9] 셀에 「=DCOUNT(A2:C10,3,E5:E6)」를 입력

04 데이터베이스의 공백이 아닌 데이터의 개수(DCOUNTA)를 구하자.

형 식	=DCOUNTA(데이터베이스 범위, 필드 번호, 조건 범위)	
사용방법	=DCOUNTA(A2:D13,1,A15:B16)	[A2:D13] 영역에서 [A15:B16]의 조건(나이가 25세 이상이고 성별이 '여')인 데이터를 찾아 1번째 열(출신지역)에서 공백이 아닌 데이터의 개수를 구함

나이가 25세 이상이고 성별이 '여'인 사원의 수를 구하여 인원수[C16]에 표시하시오.

▶ COUNTA, DCOUNTA, COUNT 중 알맞은 함수를 선택하여 사용

	A	B	C	D	E
1	신입 사원 현황				
2	출신지역	이름	나이	성별	
3	서울	최보라	26	여	
4	부산	임미나	23	여	
5	경기	윤지덕	25	남	
6	충청	추하영	22	여	
7	강원	지영은	21	여	
8	제주	김영찬	25	남	
9	전라	안광식	26	남	
10	대구	유호경	27	남	
11	인천	이청우	28	여	
12	대전	김미나	29	여	
13	광주	심재훈	24	남	
14					
15	나이	성별	인원수		
16	>=25	여			
17					

◀ 'DCOUNTA(예제)' 시트

정답 [C16] 셀에 「=DCOUNTA(A2:D13,1,A15:B16)」를 입력

함수 설명
• "1" 대신에 2 또는 3, 4를 입력해도 된다.
• DCOUNTA는 문자가 들어있는 셀에서도 개수를 구한다.

05 데이터베이스의 최대값(DMAX)을 구하자.

형 식	=DMAX(데이터베이스 범위, 필드 번호, 조건 범위)	
사용방법	=DMAX(A2:C10,3,D5:D6)	[A2:C10] 영역에서 [D5:D6]의 조건(학과가 기계과)인 데이터를 찾아 3번째 열(성적)에서 최대값을 구함

06 데이터베이스의 최소값(DMIN)을 구하자.

형식	=DMIN(데이터베이스 범위, 필드 번호, 조건 범위)	
사용방법	=DMIN(A2:F10,6,H10:H11)	[A2:F10] 영역에서 [H10:H11]의 조건(지원부서가 홍보부)인 데이터를 찾아 6번째 열(총점)에서 최소값을 구함

① '학과'가 기계과인 학생들 중 최고성적과 최저성적의 차이를 [E6] 셀에 계산하시오.

▶ DMAX와 DMIN 함수 사용

	A	B	C	D	E	F
1		성적현황				
2	이름	학과	성적			
3	강소영	전자과	89.5			
4	이소영	기계과	91.6			
5	현승수	기계과	85.4	학과	차이값	
6	나하나	경영과	90.5	기계과		
7	장하나	경영과	93.6			
8	김장희	기계과	83.4			
9	이문성	경영과	78.5			
10	문혜성	전자과	81.7			
11						

▲ 'DMAX,DMIN1(예제)' 시트

> **정답** [E6] 셀에 「=DMAX(A2:C10,3,D5:D6)-DMIN(A2:C10,3,D5:D6)」를 입력

② 지원부서[B3:B10]가 "홍보부"인 지원자들의 총점[F3:F10] 중 최대값과 최소값을 [F11] 셀에 [표시 예]와 같이 표시하시오.

▶ 표시 예 : 100(최소 88)
▶ 조건은 [H10:H11] 영역에 입력하시오.
▶ DMAX와 DMIN 함수의 & 연산자 이용
▶ 함수는 DMAX, DMIN 순서로 적용하시오.

	A	B	C	D	E	F	G	H	I
1		신입사원 응시 현황							
2	응시번호	지원부서	필기	면접	자격증	총점			
3	A18011	경리부	37	25	27	89			
4	A18012	경리부	29	26	25	80			
5	A18013	경리부	38	28	29	95			
6	A18014	경리부	31	21	22	74			
7	A18015	홍보부	27	19	29	75			
8	A18016	홍보부	35	27	26	88			
9	A18017	홍보부	39	26	25	90		<조건>	
10	A18018	홍보부	31	22	24	77			
11		홍보부 총점 최대최소값							
12									

▲ 'DMAX,DMIN2(예제)' 시트

> **정답** [F11] 셀에 「=DMAX(A2:F10,6,H10:H11)&"(최소 "&DMIN(A2:F10,6,H10:H11)&")"」를 입력
> 단, 조건은 [H10] 셀에 「지원부서」, [H11] 셀에 「홍보부」를 입력

▶ 합격 강의

01 문자열의 왼쪽(LEFT)에서 문자를 추출하자.

형식	=LEFT(문자열, 구할 문자수)	
사용방법	=LEFT("KOREA",3)	KOR

① 학번[B3:B10]을 이용하여 입학년도[E3:E10]를 아래의 '표기 예' 방식으로 나타내시오.

▶ 표기 예 : 2025년　　▶ 학번의 처음 2자리가 입학년도임　　▶ LEFT 함수와 연산자 & 사용

	A	B	C	D	E	F
1			동아리 회원 현황			
2	성명	학번	계열	학과	입학년도	
3	구영화	2421919	문과	철학		
4	조아영	2321934	사범	국어교육		
5	박천수	2251912	공과	전자		
6	안영자	2161905	의과	의예		
7	최경민	2090423	문과	사학		
8	김건호	2262007	의과	치의예		
9	오상철	2351845	공과	컴퓨터		
10	장성희	2431922	이과	수학		
11						

▲ 'LEFT1(예제)' 시트

> **정답** [E3] 셀에 「=20&LEFT(B3,2)&"년"」를 입력하고 [E10] 셀까지 수식 복사

② 회원번호[A3:A12]를 이용하여 가입일자[E3:E12]를 표시하시오.

▶ 가입일자의 '연도'는 2000 + 회원번호 1, 2번째 자리, '월'은 회원번호 3, 4번째 자리, '일'은 회원번호 5, 6 번째 자리임

▶ DATE, MID, LEFT 함수 사용

	A	B	C	D	E	F
1		상공마트 회원관리				
2	회원번호	회원명	등급	포인트	가입일자	
3	22062403	조현준	우수	90,425		
4	20120123	이도현	VIP	183,496		
5	21092202	이은지	일반	38,654		
6	21043001	박지원	우수	924,637		
7	23072610	유영일	일반	13,258		
8	22082106	한지민	일반	24,352		
9	20010512	강성민	VIP	125,493		
10	21121114	신영회	일반	30,146		
11	21082305	최선영	우수	89,351		
12	22101904	이건우	일반	42,352		
13						

▲ 'LEFT2(예제)' 시트

> **정답** [E3] 셀에 「=DATE(2000+LEFT(A3,2),MID(A3,3,2),MID(A3,5,2))」를 입력하고 [E12] 셀까지 수식 복사

③ 보육원 유아명단에서 주민등록번호[C3:C8]의 앞의 6자리를 이용하여 생년월일[D3:D8]에 해당하는 날짜를 나타내시오.

▶ DATE, LEFT, MID 함수와 연산자 & 사용

	A	B	C	D	E
1		보육원 유아명단			
2	유아명	연락처	주민등록번호	생년월일	
3	고소은	258-9632	240604-456789		
4	박철수	145-6987	230303-345678		
5	김재영	458-9687	220905-323232		
6	나빛나	897-8526	230101-432345		
7	최순애	147-8529	210616-467459		
8	강철준	987-1235	220331-394857		
9					

▲ 'LEFT3(예제)' 시트

정답 [D3] 셀에 「=DATE(20&LEFT(C3,2),MID(C3,3,2),MID(C3,5,2))」를 입력하고 [D8] 셀까지 수식 복사

02 문자열의 중간(MID)에서 문자를 추출하자.

형 식	=MID(문자열, 시작 위치, 문자수)	
사용방법	=MID("KOREA",3, 2)	RE

① 주민등록번호[C3:C13]를 이용하여 생년월일[D3:D13]를 표시하시오.

▶ DATE, MID 함수 사용

	A	B	C	D	E
1		동호회 회원 현황			
2	성명	지역	주민등록번호	생년월일	
3	조수홍	마포구	800621-1******		
4	최유영	서초구	930823-2******		
5	윤정민	노원구	881201-1******		
6	조인성	관악구	830725-1******		
7	유현진	서초구	860903-1******		
8	현상화	마포구	920817-2******		
9	유시연	관악구	841113-2******		
10	신선미	노원구	811023-2******		
11	이동현	노원구	910103-1******		
12	김강준	마포구	880802-1******		
13	박혜리	서초구	900617-2******		
14					

▲ 'MID1(예제)' 시트

정답 [D3] 셀에 「=DATE(MID(C3,1,2),MID(C3,3,2),MID(C3,5,2))」를 입력하고 [D13] 셀까지 수식 복사

② 제품코드[A3:A12]의 앞에서 네 번째 자리가 '1'이면 '해피제과', '2'이면 '참존제과', '3'이면 '파랑제과'로 제작회사[E3:E12]에 표시하시오.

▶ CHOOSE와 MID 함수 사용

	A	B	C	D	E	F
1	제과류 분류표					
2	제품코드	성명	출시연도	단가(원)	제작회사	
3	BS-100	에이시	1974	500		
4	GU-200	짜이리톨	2000	500		
5	SN-300	꼬깔스넥	1983	500		
6	SN-301	멋동산	1975	700		
7	PI-200	쵸코파이	1974	500		
8	PI-301	오예에스	1984	400		
9	BS-101	체크칩스	1994	700		
10	CO-300	투우유	1987	500		
11	SN-302	고래밥	1984	500		
12	PI-202	마가레티	1987	300		
13						

▲ 'MID2(예제)' 시트

정답 [E3] 셀에 「=CHOOSE(MID(A3,4,1),"해피제과","참존제과","파랑제과")」를 입력하고 [E12] 셀까지 수식 복사

03 문자열의 오른쪽(RIGHT)에서 문자를 추출하자.

형 식	=RIGHT(문자열, 구할 문자수)	
사용방법	=RIGHT("KOREA",3)	REA

사원번호[A3:A10]를 이용하여 직책[E3:E10]을 나타내시오.

▶ 사원번호의 마지막 번호가 'P'이면 '부장', 'G'이면 '과장', 'S'이면 '사원'으로 표기
▶ IF와 RIGHT 함수 사용

	A	B	C	D	E	F
1			사내 서클회원 현황			
2	사원번호	사원명	부서	구내번호	직책	
3	9901S	고상수	영업부	101		
4	9603G	정진호	홍보부	203		
5	9211P	장영자	기획부	302		
6	9005P	안경자	홍보부	202		
7	9508G	조호철	기획부	303		
8	9804S	김성식	총무부	402		
9	9907S	이미나	영업부	103		
10	9403G	장철진	영업부	102		
11						

▲ 'RIGHT(예제)' 시트

정답 [E3] 셀에 「=IF(RIGHT(A3,1)="P","부장",IF(RIGHT(A3,1)="G","과장","사원"))」를 입력하고 [E10] 셀까지 수식 복사

04 영문자의 소문자(LOWER)로 변환하자.

형 식	=LOWER(문자열)	
사용방법	=LOWER("YOUNGJIN")	youngjin

'...을'[B3:B5]에 표시되어 있는 영문 대문자를 소문자로 바꾸어 [C3:C5]에 표시하시오.

▶ LOWER 함수 사용

	A	B	C	D	E
1		원고 수정내용			
2	페이지	...을	...으로	비고	
3	23	(PAPERLESS)		위에서 3째줄	
4	46	(E-MAIL)		위에서 9째줄	
5	73	HTTP://WWW.		위에서 5째줄	
6					

▲ 'LOWER(예제)' 시트

정답 '...으로'[C3] 셀에 「=LOWER(B3)」를 입력하고 [C5] 셀까지 수식 복사

05 영문자의 대문자(UPPER)로 변환하자.

형 식	=UPPER(문자열)	
사용방법	=UPPER("youngjin")	YOUNGJIN

초과강의명[A2:A5]을 이용하여 강의기호[B2:B5]를 구하시오.

▶ 강의기호는 초과강의명 뒤의 4 글자를 뺀 나머지이며, 대문자로 표기
▶ UPPER, LEFT, LEN 함수 사용

	A	B	C
1	초과강의명	강의기호	
2	asp(공개강의)_WEB		
3	Jsp(재수강)_WEB		
4	cgi(교양)_WEB		
5	nsapi/isapi_ASP		
6			

▲ 'UPPER(예제)' 시트

정답 [B2] 셀에 「=UPPER(LEFT(A2,LEN(A2)-4))」를 입력하고 [B5] 셀까지 수식 복사

함수 설명
LEN 함수는 [A2] 셀의 텍스트를 세워서 개수를 구하는 함수이다.

06 영문자의 첫 글자만 대문자(PROPER)로 변환하자.

형식	=PROPER(문자열)	
사용방법	=PROPER("youngjin")	Youngjin

① 현재[B3:B5]에 표시되어 있는 영문자의 첫글자만 대문자로 되도록 수정[C3:C5]에 표시하시오.

▶ PROPER 함수 사용

	A	B	C	D	E
1	영어단어 교정				
2	시트 번호	현재	수정	비고	
3	Sheet1	average		표2	
4	Sheet2	total		표7	
5	Sheet3	sum		표12	
6					

▲ 'PROPER1(예제)' 시트

정답 [C3] 셀에 「=PROPER(B3)」를 입력하고 [C5] 셀까지 수식 복사

② [표1]에서 팀명[B3:B8]에 대해 전체 문자를 대문자로 변환하고, 국가[C3:C8]에 대해 첫 문자를 대문자로 변환하여 팀명(국가)[D3:D8]에 표시하시오.

▶ 표기 예 : 팀명이 'star', 국가가 'korea'인 경우 'STAR(Korea)'로 표기
▶ UPPER와 & 연산자, PROPER 함수 이용

	A	B	C	D	E
1	[표1] 세계 클럽컵 축구대회				
2	순위	팀명	국가	팀명(국가)	
3	1	susung	korea		
4	2	baroserona	spain		
5	3	chelsy	england		
6	4	roma	italy		
7	5	hoven	netherlands		
8	6	isac	france		
9					

▲ 'PROPER2(예제)' 시트

정답 [D3] 셀에 「=UPPER(B3)&"("&PROPER(C3)&")"」를 입력하고 [D8] 셀까지 수식 복사

07 텍스트 값에서 다른 텍스트 값(FIND)을 찾자. (대/소문자 구분)

형 식	=FIND(찾을 텍스트, 찾을 텍스트를 포함한 텍스트)	
사용방법	=FIND("X","EXCEL")	2

Beauty news[A3:A8]에서 쉼표(,) 앞에 있는 글자만을 추출하여 회사명[B3:B8]에 표시하시오.

▶ MID, FIND 함수 사용

	A	B	C
1			
2	Beauty news	회사명	
3	듀크레이, '아나패즈 크림 샴퓨' 출시		
4	아더마, 보습케어 제안		
5	아토팜, 페이스북 팬 페이지 오픈		
6	아니보, '오트밀 PLAY' 클래스 개최		
7	제로투세븐, 베이비페어 첫 참가		
8	한국치코, 유모차 '아이무브' 출시		
9			

◀ 'FIND(예제)' 시트

정답 [B3] 셀에 「=MID(A3,1,FIND(",",A3)-1)」를 입력하고 [B8] 셀까지 수식 복사

---

08 텍스트 값에서 다른 텍스트 값(SEARCH)을 찾아 시작 위치를 구하자. (대/소문자 구분 안 함)

형 식	=SEARCH(찾을 텍스트, 찾을 텍스트를 포함한 텍스트)	
사용방법	=SEARCH("N","printer")	4

엄마표 백일상 차리기[A3:A9]에서 공백( ) 앞에 있는 글자만을 추출하여 회사명[B3:B9]에 표시하시오.

▶ LEFT, SEARCH 함수 사용

	A	B	C
1			
2	엄마표 백일상 차리기	회사명	
3	달콤한정원 www.dalcomgarden.com		
4	더라임 café.naver.com/partythelime		
5	아이앤맘 café.naver.com/loveiandmam		
6	자이소 www.jaiso.co.kr		
7	하얌 www.hayam.co.kr		
8	팰리스연 café.naver.com/palaceyeon.café		
9	베이비소원 café.naver.com/babysoone		
10			

◀ 'SEARCH(예제)' 시트

정답 [B3] 셀에 「=LEFT(A3,SEARCH(" ",A3)-1)」를 입력하고 [B9] 셀까지 수식 복사

▶ 합격 강의

01 총합(SUM)을 구하자.

형 식	=SUM(수치1, 수치2, …)	
사용방법	=SUM(10,20,30)	60

① 각 지점의 재고수량[D4:D10]을 누계하여 재고누계[E4:E10]에 표시하시오.

▶ SUM, SUMIF, DSUM 중 알맞은 함수를 선택하여 사용

	A	B	C	D	E	F
1			지점별 재고 현황			
2					단위: 대	
3	지점	매입수량	판매수량	재고수량	재고누계	
4	부산	3,382	3,299	83		
5	영등포	2,290	1,567	723		
6	강북	3,457	3,420	37		
7	강서	1,578	1,578	-		
8	강동	2,106	2,000	106		
9	강남	4,250	4,239	11		
10	광주	2,350	2,278	72		
11						

▲ 'SUM1(예제)' 시트

정답 [E4] 셀에 「=SUM($D$4:D4)」를 입력하고 [E10] 셀까지 수식 복사

② 필기 시험 평가에서 영어[B3:B10], 전산[C3:C10], 상식[D3:D10]의 세 과목합계가 270 이상이면 '우수상', 그 외에는 공란으로 평가[E3:E10]에 표시하시오.

▶ IF와 SUM 함수 사용

	A	B	C	D	E	F
1	필기 시험 평가					
2	성명	영어	전산	상식	평가	
3	장혁준	75	86	85		
4	이선돌	92	89	94		
5	민영호	50	98	90		
6	곽태우	55	90	95		
7	전준호	65	85	70		
8	박태식	75	65	40		
9	차만석	86	100	95		
10	이미자	85	68	98		
11						

▲ 'SUM2(예제)' 시트

정답 [E3] 셀에 「=IF(SUM(B3:D3)>=270,"우수상","")」를 입력하고 [E10] 셀까지 수식 복사

③ 상식[C3:C11]과 영어[D3:D11]의 합이 140 이상이고 컴퓨터[E3:E11]가 80 이상이면 "합격", 이외에는 공백을 결과[F3:F11]에 표시하시오.

▶ IF, SUM, AND 함수 사용

	A	B	C	D	E	F	G
1		승진 시험 결과					
2	사원번호	사원명	상식	영어	컴퓨터	결과	
3	100321	김민호	86	87	50		
4	113574	유옥영	64	76	77		
5	103893	문보람	92	93	98		
6	129647	박훈규	75	71	83		
7	112365	김진회	53	67	71		
8	124573	최대건	69	86	88		
9	106987	정태회	69	54	81		
10	100638	이해윤	84	83	89		
11	116845	우정승	92	91	90		
12							

▲ 'SUM3(예제)' 시트

정답 [F3] 셀에 「=IF(AND(SUM(C3:D3)>=140,E3>=80),"합격","")」를 입력하고 [F11] 셀까지 수식 복사

02 반올림(ROUND)을 하자.

형 식	=ROUND(수치, 자릿수)			
사용방법	=ROUND(3.14156,2)	3.14	=ROUND(1567,-2)	1600

① 측정치[B4:B8]을 소수점 둘째 자리까지 나타나도록 조정하여 조정 측정치[C4:C8]에 표시하시오.

▶ ROUND, ROUNDDOWN, ROUNDUP 함수 중 알맞은 함수를 이용
▶ 단, 소수점 이하 3번째 자리에서 반올림함 [예 : 6.35479 → 6.35]

	A	B	C	D
1	서울 산성비(Ph) 측정 현황			
2				
3	조사시기	측정치	조정 측정치	
4	2025. 6	6.35479		
5	2025. 5	6.213459		
6	2025. 4	6.285789		
7	2025. 3	5.784565		
8	2025. 2	6.012423		
9				

▲ 'ROUND1(예제)' 시트

정답 [C4] 셀에 「=ROUND(B4,2)」를 입력하고 [C8] 셀까지 수식 복사

② '출신고'가 '우주고'인 학생들의 종합[E3:E12] 점수의 평균을 구하여 [C15]에 표시하시오.

▶ 우주고 종합은 소수점 이하 둘째 자리에서 반올림하여 표시하시오. [예 : 64.66 → 64.7]
▶ ROUND와 DAVERAGE 함수 사용

	A	B	C	D	E	F
1	경시대회 성적					
2	성명	출신고	필기	실기	종합	
3	고영인	우주고	77	97	87	
4	성수영	대한고	77	89	83	
5	은혜영	상공고	56	76	66	
6	남민철	대한고	88	80	84	
7	구정철	우주고	88	93	90.5	
8	박대철	우주고	91	67	79	
9	전소영	상공고	85	56	70.5	
10	여혜경	우주고	76	89	82.5	
11	기민해	대한고	34	90	62	
12	변진철	상공고	59	91	75	
13						
14			우주고 종합 평균			
15						
16						

▲ 'ROUND2(예제)' 시트

정답 [C15] 셀에 「=ROUND(DAVERAGE(A2:E12,E2,B2:B3),1)」를 입력

---

③ 올림(ROUNDUP)을 하자.

형식	=ROUNDUP(수치, 자릿수)			
사용방법	=ROUNDUP(3.14156,2)	3.15	=ROUNDUP(1567,-2)	1600

품목[A3:A8]이 '세탁기'인 자료의 매출액[D3:D8]의 합계를 구하여 [E5] 셀에 표시하시오.

▶ 세탁기 품목의 매출액합계는 백 단위에서 올림하여 천 단위까지 표기 [예 : 124,780 → 125,000]
▶ DSUM과 ROUNDUP 함수 사용

	A	B	C	D	E	F	G	H
1	가전제품 판매현황							
2	품목	수량	단가	매출액				
3	세탁기	15	1,575	23,625				
4	DVD 재생:	20	3,287	65,740	세탁기 품목의 매출액합계			
5	냉장고	13	1,795	23,335				
6	DVD 재생:	18	3,687	66,366				
7	세탁기	11	2,874	31,614				
8	세탁기	15	12,959	194,385				
9								

▲ 'ROUNDUP(예제)' 시트

정답 [E5] 셀에 「=ROUNDUP(DSUM(A2:D8,D2,A2:A3),-3)」를 입력

04 내림(ROUNDDOWN)을 하자.

형 식	=ROUNDDOWN(수치, 자릿수)			
사용방법	=ROUNDDOWN(3.14156,2)	3.14	=ROUNDDOWN(1567,−2)	1500

총지급액[D4:D9]을 다음과 같이 조정하여 조정지급액[E4:E9]에 표시하시오.

▶ 천 단위 미만은 내림하여 표시할 것 [예 : 521,663 → 521,000]

▶ ROUND, ROUNDUP, ROUNDDOWN 중 알맞은 함수를 이용

	A	B	C	D	E	F
1		휴가비 지급 내역서				
2					(단위:원)	
3	사원명	휴가비	특별휴가비	총지급액	조정지급액	
4	김성원	234,543	33,345	267,888		
5	최지성	455,654	65,655	521,309		
6	노재성	576,767	56,565	633,332		
7	성지영	565,454	57,678	623,132		
8	피천동	787,897	76,766	864,663		
9	심양섭	788,877	78,787	867,664		
10						

▲ 'ROUNDDOWN(예제)' 시트

정답 [E4] 셀에 「=ROUNDDOWN(D4,−3)」를 입력하고 [E9] 셀까지 수식 복사

05 조건에 맞는 값의 총합(SUMIF)을 구하자.

형 식	=SUMIF(범위, 검색조건, 합계범위)	
사용방법	=SUMIF(A1:A10,">=40",C1:C10)	[A1:A10] 영역의 수치에서 40 이상의 데이터가 있는 경우에 [C1:C10]에 대응하는 곳에 있는 데이터의 합계를 구함

① 경력[C3:C7]이 10년 이상 되는 사원의 수당[D3:D7]의 합을 [D8]에 구하시오.

▶ SUMIF, COUNTIF 중 알맞은 함수를 선택하여 사용

	A	B	C	D	E
1		사원 현황			
2		이름	경력	수당	
3		이민호	17	100,000	
4		최창수	10	60,000	
5		박지은	15	80,000	
6		연지연	2	20,000	
7		한상호	5	40,000	
8		10년 이상 사원 수당 합			
9					

▲ 'SUMIF1(예제)' 시트

정답 [D8] 셀에 「=SUMIF(C2:C7,">=10",D2:D7)」를 입력

② A-Market, B-Market의 가격차이[D2:D7]가 0보다 작은 A-Market의 상품의 가격합계를 [F7] 셀에 표시하시오.

▶ SUMIF, COUNTIF 중 알맞은 함수 사용

	A	B	C	D	E	F	G
1	상품	A-Market	B-Market	가격차이			
2	어린이바스	5,490	4,980	510			
3	바디클린저	6,470	5,100	1,370			
4	헤어샴프	5,520	5,100	420			
5	선크림	6,500	7,400	-900			
6	풋케어1	5,200	4,800	400		A-Market	
7	핸드케어	4,800	5,200	-400			
8							

▲ 'SUMIF2(예제)' 시트

정답 [F7] 셀에 「=SUMIF(D2:D7,"<0",B2:B7)」를 입력

③ 판매금액[D3:D15]을 이용하여 서점별 판매금액 합계를 [D17:D19] 영역에 표시하시오.

▶ 판매금액 합계의 십의 자리는 올림하여 표시하시오. [예 : 905,994 → 906,000]
▶ ROUNDUP와 SUMIF 함수 사용

	A	B	C	D	E
1	도서 거래 현황				
2	서점명	출고단가	거래량	판매금액	
3	세종서점	5763	15	86,445	
4	상공문고	4567	21	95,907	
5	대한서적	4532	16	72,512	
6	대한서적	6231	17	105,927	
7	세종서점	6520	18	117,360	
8	상공문고	9870	32	315,840	
9	세종서점	7450	25	186,250	
10	대한서적	6543	18	117,774	
11	상공문고	6289	23	144,647	
12	대한서적	5546	23	127,558	
13	세종서점	6800	25	170,000	
14	대한서적	8700	25	217,500	
15	상공문고	7600	46	349,600	
16					
17		상공문고 판매금액 합계			
18		세종서점 판매금액 합계			
19		대한서적 판매금액 합계			
20					

▲ 'SUMIF3(예제)' 시트

정답 [D17] 셀에 「=ROUNDUP(SUMIF($A$3:$A$15,B17,$D$3:$D$15),-2)」를 입력하고 [D19] 셀까지 수식 복사
※ [B17], [C17], [D17] 셀은 셀 서식을 이용하여 '판매금액 합계'가 표시되어 있음

④ 집행금액이 200,000 이상 300,000 미만인 금액의 총합을 구하여 [D3] 셀에 표시하시오.

▶ SUMIF 함수 사용

	A	B	C	D	E	F	G
1		대출금 집행내역					
2	이름	날짜	집행금액	200000~300000원 집행금액의 합계			
3	김미라	04월 02일	250,000				
4	강은철	04월 05일	345,000				
5	고아라	04월 08일	705,000				
6	김성일	04월 15일	120,000				
7	감우성	04월 17일	234,000				
8	오빈나	04월 21일	123,500				
9	김시은	04월 28일	258,000				
10							

▲ 'SUMIF4(예제)' 시트

> 정답 [D3] 셀에 「=SUMIF(C3:C9,">=200000",C3:C9)−SUMIF(C3:C9,">=300000",C3:C9)」를 입력 또는 [D3] 셀에 「=SUMIF(C3:C9,">=200000")−SUMIF(C3:C9,">=300000")」를 입력해도 된다.

06 절대값(ABS)을 구하자.

형 식	=ABS(수치)	
사용방법	=ABS(−2002)	2002 (절대값은 음수와 양수에서 +, −를 뗀 수를 말함)

① '신촌' 소속의 영업평가의 합계와 '종로' 소속의 영업평가의 합계의 차이를 구하여 [B15] 셀에 절대값으로 표시하시오.

▶ ABS와 SUMIF 함수 사용

	A	B	C	D
1		영업실적 현황		
2	성명	소속	영업평가	
3	박정호	신촌	73	
4	신정희	종로	92	
5	김용태	구로	98	
6	김진영	신촌	65	
7	유현숙	종로	69	
8	최정렬	신촌	80	
9	강창회	신촌	86	
10	천영주	종로	85	
11	박인수	구로	68	
12	장인구	종로	80	
13				
14		영업평가 차이값		
15				
16				

◀ 'ABS1(예제)' 시트

> 정답 [B15] 셀에 「=ABS(SUMIF(B3:B12,"신촌",C3:C12)−SUMIF(B3:B12,"종로",C3:C12))」를 입력

② 판매점[A3:A9]이 '중구'인 냉장고[B3:B9]의 최대수량에서 판매점[A3:A9]이 '중구'인 세탁기[D3:D9]의 최소수량의 차이를 구하여 [A12] 셀에 표시하시오.

▶ 중구지점의 냉장고 최대수량과 중구지점의 세탁기 최소수량의 차이는 항상 양수 값을 갖도록 계산

▶ ABS, DMAX, DMIN 함수 사용

	A	B	C	D	E	F	G
1	매출 판매 수량 집계				(단위 : 대)		
2	판매점	냉장고	홈시어터	세탁기	합계		
3	중구	78	86	75	239		
4	동구	85	86	95	266		
5	중구	98	78	98	274		
6	북구	100	95	98	293		
7	동구	85	75	75	235		
8	중구	100	95	98	293		
9	북구	85	75	75	235		
10							
11	중구지점의 냉장고 최대수량과 중구지점의 세탁기 최소수량의 차이						
12							
13							

◀ 'ABS2(예제)' 시트

정답 [A12] 셀에 「=ABS(DMAX(A2:E9,B2,A2:A3)−DMIN(A2:E9,D2,A2:A3))」를 입력

---

07 나눗셈의 나머지(MOD)를 구하자.

형 식	=MOD(수치, 나누는 수)	
사용방법	=MOD(10,3)	1

① 각 품목의 생산량[B2:B6]을 상자당 개수[C2:C6]에 맞추어 상자에 담아 출하시키고 남은 나머지[D2:D6]를 표시하시오.

▶ MOD, MODE.SNGL, INT 중 알맞은 함수를 선택하여 사용

	A	B	C	D	E
1	품목	생산량	상자당 개수	나머지	
2	사과	250	24		
3	배	170	16		
4	복숭아	330	30		
5	오렌지	290	17		
6	감	560	34		
7					

▲ 'MOD1(예제)' 시트

정답 [D2] 셀에 「=MOD(B2,C2)」를 입력하고 [D6] 셀까지 수식 복사

② 세대수[B3:B11]의 숫자가 짝수이면 짝수, 홀수이면 홀수라고 짝홀수[C3:C11]에 표시하시오.

▶ IF와 MOD 함수 사용

	A	B	C	D
1		지역별 세대수 현황		
2	지역	세대수	짝홀수	
3	경기도	253,875		
4	강원도	150,770		
5	충청북도	159,441		
6	충청남도	270,016		
7	전라북도	269,507		
8	전라남도	408,708		
9	경상북도	405,806		
10	경상남도	355,713		
11	제주도	48,996		
12				

▲ 'MOD2(예제)' 시트

정답 [C3] 셀에 「=IF(MOD(B3,2)=0,"짝수","홀수")」를 입력하고 [C11] 셀까지 수식 복사

③ 차량번호[A4:A8]를 이용하여 차량 5부제를 실시하려 한다. 차량번호의 끝자리가 1과 6인 경우 '월', 2와 7인 경우 '화', 3과 8인 경우 '수', 4와 9인 경우 '목', 5와 0인 경우 '금'으로 쉬는날[C4:C8] 영역에 표시하시오.

▶ IF, MOD, RIGHT 함수 사용

	A	B	C	D
1		차량 5부제		.
2				
3	차량번호	차종	쉬는날	
4	70조2855	카니발		
5	43러2908	마티즈		
6	01저4047	체어맨		
7	65라2564	로체		
8	55아2093	에스엠3		
9				

▲ 'MOD3(예제)' 시트

정답 [C4] 셀에 「=IF(MOD(RIGHT(A4,1),5)=1,"월",IF(MOD(RIGHT(A4,1),5)=2,"화",IF(MOD (RIGHT(A4,1),5)=3,"수",IF(MOD(RIGHT(A4,1),5)=4,"목","금"))))」를 입력하고 [C8] 셀까지 수식 복사

08 수치를 넘지 않는 최대 정수(INT)를 구하자.

형 식	=INT(수치)			
사용방법	=INT(3.14156)	3	=INT(-10.8)	-11
	양의 값은 같은 값을 산출, 음의 값에서는 INT(수치)=TRUNC(수치) -1			

① 건구온도와 습구온도를 이용하여, 불쾌지수[D3:D9]를 표시하시오.

▶ 불쾌지수 = (건구온도 + 습구온도) × 0.72 + 40.6

▶ 불쾌지수는 정수로 표시하시오. [표기 예 : 66.736 → 66]

▶ ABS, INT, FACT, RAND, PI 중 알맞은 함수 사용

	A.	B	C	D	E
1					
2	일자	건구온도	습구온도	불쾌지수	
3	08월 15일	30.4	30		
4	08월 16일	29.6	45		
5	08월 17일	28.7	32		
6	08월 18일	26.3	10		
7	08월 19일	26.7	15		
8	08월 20일	25	20		
9	08월 21일	23.1	30		
10					

▲ 'INT1(예제)' 시트

정답 [D3] 셀에 「=INT((B3+C3)*0.72+40.6)」를 입력하고 [D9] 셀까지 수식 복사

② 각 창고마다 저장되어 있는 총저장량[C3:C9]을 일일사용량[D3:D9]씩 사용할 경우 사용일수와 나머지를 사용일[E3:E9]에 계산하시오.

▶ 사용일수와 나머지 표시 방법 : 사용일수가 15일이고 나머지가 8인 경우 "15일(8남음)"으로 표시
▶ MOD, INT 함수와 & 연산자 사용

	A	B	C	D	E	F
1	창고별 사용현황					
2	구분	지역	총저장량	일일사용량	사용일	
3	1창고	안산	5,000	24		
4	2창고	화성	5,500	32		
5	3창고	수원	3,500	18		
6	4창고	평택	4,000	26		
7	5창고	안성	4,500	17		
8	6창고	의왕	5,000	22		
9	7창고	용인	4,000	24		
10						

▲ 'INT2(예제)' 시트

정답 [E3] 셀에 「=INT(C3/D3)&"일("&MOD(C3,D3)&"남음)"」를 입력하고 [E9] 셀까지 수식 복사

09 소수점 아래를 버린 정수(TRUNC)를 구하자.

형 식	=TRUNC(수치, [자리수])			
사용방법	=TRUNC(3.14156)	3	=TRUNC(-10.8)	-10

각 학생들의 중간, 수행, 기말 점수에 대한 평균을 구하여 평균[E3:E9]에 표시하시오.

▶ 반올림 없이 소수 이하 첫째자리까지 표시하시오. [예 : 94.37 → 94.3]
▶ AVERAGE와 TRUNC 함수 사용

	A	B	C	D	E	F
1	1학기 국어 성적					
2	성명	중간	수행	기말	평균	
3	김정훈	78.45	45.78	87.23		
4	오석현	88.79	87.34	90.45		
5	이영선	92.45	80.23	78.23		
6	임현재	88.45	77.54	98.56		
7	남정왕	88.66	89.12	89.54		
8	고문섭	90	90.23	77.45		
9	라동훈	48.54	94.35	67.79		
10						

◀ 'TRUNC(예제)' 시트

정답 [E3] 셀에 「=TRUNC(AVERAGE(B3:D3),1)」를 입력하고 [E9] 셀까지 수식 복사

❿ 여러 조건을 만족하는 셀(SUMIFS)을 더하자.

형 식	=SUMIFS(합계를 구할 범위, 조건 범위1, 조건1, 조건 범위2, 조건2, …)	
사용방법	=SUMIFS(A1:A20, B1:B20, ")0", C1:C20, "<10")	[B1:B20] 영역의 숫자가 0보다 크고, [C1:C20] 영역의 숫자가 10보다 작은 경우에 [A1:A20] 영역에서 합계를 구함

① 분류는 '스킨케어'이고, 브랜드는 '에뛰드하우스'인 가격의 합계를 구하여 [C15] 셀에 표시하시오.

▶ SUMIFS 함수 사용

	A	B	C	D	E
1					
2	분류	브랜드	제품명	가격	
3	스킨케어	스킨푸드	블랙슈가 마스크 워시오프	7,700	
4	메이크업	바닐라코	스파클링 나이트 팔레트	28,000	
5	스킨케어	에뛰드하우스	리얼 아트 클렌징 오일 모이스처	12,800	
6	스킨케어	토니모리	인텐스 듀얼 이펙트 슬리핑팩	15,800	
7	스킨케어	이니스프리	에코사이언스 링클스팟 에센스	33,000	
8	메이크업	스킨푸드	생과일 립 앤 치크	6,000	
9	스킨케어	에뛰드하우스	수분 가득 콜라겐 퍼스트 원액 에센스	15,000	
10	베이스 메이크업	이니스프리	미네랄 멜팅 파운데이션	12,000	
11	베이스 메이크업	바닐라코	프라임 프라이머 클래식	18,000	
12	스킨케어	쏘내추럴	라이트 에너자이징 페이셜 트리트먼트 오일	24,000	
13					
14	분류	브랜드	가격		
15	스킨케어	에뛰드하우스			
16					

◀ 'SUMIFS1(예제)' 시트

정답 [C15] 셀에 「=SUMIFS(D3:D12,A3:A12,A15,B3:B12,B15)」를 입력

② 성별[B3:B10]이 "여"이면서 지역[C3:C10]이 "인천"인 사원들의 판매금액[D3:D10] 합계를 [D11] 셀에 계산하시오.

▶ COUNTIFS, SUMIFS, AVERAGEIFS 함수 중 알맞은 함수 사용

	A	B	C	D	E
1		제품 판매 현황			
2	사원명	성별	지역	판매금액	
3	신병훈	남	서울	1,250,000	
4	김민서	여	인천	1,000,000	
5	김대현	남	인천	1,340,000	
6	정회식	남	인천	1,090,000	
7	지성미	여	서울	1,290,000	
8	최미경	여	서울	1,150,000	
9	황진주	여	인천	1,320,000	
10	장세용	남	서울	1,330,000	
11	인천지역 여사원 판매금액 합계				
12					

▲ 'SUMIFS2(예제)' 시트

정답 [D11] 셀에 「=SUMIFS(D3:D10,B3:B10,"여",C3:C10,"인천")」를 입력

▶ 합격 강의

01 HLOOKUP 함수로 열의 셀 값을 구하자.

정 의	범위의 첫 행을 검색하여 지정한 행에서 해당하는 열의 셀 값을 구한다.	
형 식	=HLOOKUP(검색값, 범위, 행번호, [검색유형]) 옵션 검색유형 • TRUE(=생략) : 일치하는 값이 없을 경우 값 미만의 최대값을 검색 • FALSE(=0) : 일치하는 값이 없을 경우 #N/A 에러를 발생	
사용방법	=HLOOKUP("123",A1:F3,2)	[A1:F3] 영역의 1행에서 "123"을 찾아 2행에서 같은 열에 있는 값을 나타냄

① 진료코드[C3:C9]와 진료코드표[A12:E14]를 이용하여 진료과목[E3:E9]을 구하시오.

▶ VLOOKUP, HLOOKUP, CHOOSE 중 알맞은 함수를 선택하여 사용

	A	B	C	D	E	F
1	환자진료현황					
2	초진일	재진일	진료코드	환자명	진료과목	
3	01월 12일	01월 25일	NE	조성진		
4	01월 13일	02월 14일	IT	박성희		
5	01월 14일	01월 20일	PE	도명준		
6	01월 15일	03월 06일	SU	장영호		
7	01월 16일	02월 26일	IT	정승환		
8	01월 17일	04월 24일	NE	김가영		
9	01월 18일	02월 11일	PE	서영철		
10						
11	<진료코드표 >					
12	진료코드	PE	IT	SU	NE	
13	담당의사	김영회	나준길	최만영	조수진	
14	진료과목	소아과	내과	외과	신경과	
15						

▲ 'HLOOKUP1(예제)' 시트

정답 [E3] 셀에 「=HLOOKUP(C3,$A$12:$E$14,3,FALSE)」를 입력하고 [E9] 셀까지 수식 복사

② 대출 기준표[B12:E13]를 이용하여 연봉[B3:B9]에 따른 대출가능액[C3:C9]을 표시하시오.

▶ 연봉이 5000 이상이면 대출가능액이 2000, 4000 이상 5000 미만이면 1500, 3000 이상 4000 미만이면 1000, 1000 이상 3000 미만이면 200

▶ HLOOKUP 함수 사용

	A	B	C	D	E	F
1	대출가능액		(단위:만 원			
2	이름	연봉	대출가능액			
3	이세창	4,000				
4	김은정	2,000				
5	최은철	1,000				
6	김성실	3,000				
7	고성현	5,000				
8	이은성	4,000				
9	김희도	3,000				
10						
11	대출 기준표					
12	연봉	1,000	3,000	4,000	5,000	
13	대출가능액	200	1,000	1,500	2,000	
14						

▲ 'HLOOKUP2(예제)' 시트

정답 [C3] 셀에 「=HLOOKUP(B3,$B$12:$E$13,2)」를 입력하고 [C9] 셀까지 수식 복사

③ 제품코드[A3:A6]와 제품별 단가표[A9:E10]를 이용하여 제품별 판매금액[D3:D6]을 구하시오.

▶ 판매금액 = 판매수량 × 판매단가

▶ 판매단가는 제품코드의 왼쪽 첫 번째 글자와 제품별 단가표의 제품기호[B9:E9]를 참조

▶ HLOOKUP와 LEFT 함수 사용

	A	B	C	D	E	F
1	가전 제품 판매 현황					
2	제품코드	제품명	판매수량	판매금액		
3	S-1289	냉장고	5			
4	K-3456	TV	35			
5	H-1234	컴퓨터	120			
6	U-5647	VTR	12			
7						
8			제품별 단가표			
9	제품기호	H	K	S	U	
10	판매단가	887,000	463,000	785,000	346,000	
11						

▲ 'HLOOKUP3(예제)' 시트

정답 [D3] 셀에 「=C3*HLOOKUP(LEFT(A3,1),$B$9:$E$10,2,0)」를 입력하고 [D6] 셀까지 수식 복사

② VLOOKUP 함수로 행의 셀 값을 구하자.

정 의	범위의 첫 열을 검색하여 지정한 열에서 해당하는 행의 셀 값을 구한다.	
형 식	=VLOOKUP(검색값, 범위, 열번호, [검색유형]) 옵션 검색유형 • TRUE(=생략) : 일치하는 값이 없을 경우 값 미만의 최대값을 검색 • FALSE(=0) : 일치하는 값이 없을 때는 #N/A 에러를 발생	
사용방법	=VLOOKUP("123",A1:F3,2)	[A1:F3] 영역의 A열에서 "123"을 찾아 2열에서 같은 행에 있는 값을 나타냄

① 면접등급[C3:C10]과 면접등록표[G4:H8]를 이용하여 평가점수[E3:E10]를 구하시오.

▶ 평가점수 = 평점 + 필기점수

▶ HLOOKUP, VLOOKUP, INDEX 함수 중 알맞은 함수를 선택하여 사용

	A	B	C	D	E	F	G	H	I
1		입사 지원자 현황							
2	성명	부서	면접등급	필기점수	**평가점수**		<면접등급표>		
3	김한국	영업부	A	45			면접등급	평점	
4	정미애	영업부	B	25			A	50	
5	박진만	총무부	B	40			B	40	
6	강현태	총무부	A	30			C	30	
7	강수정	영업부	E	25			D	20	
8	최현우	총무부	D	30			E	10	
9	박미정	영업부	D	36					
10	안혁진	영업부	C	42					
11									

▲ 'VLOOKUP1(예제)' 시트

정답 [E3] 셀에 「=VLOOKUP(C3,$G$4:$H$8,2,FALSE)+D3」을 입력하고 [E10] 셀까지 수식 복사

② 등록번호[C3:C8]와 학교코드표[F3:G8]를 이용하여 출신학교[D3:D8]를 표시하시오.

▶ 학교코드는 등록번호의 왼쪽의 두 번째 문자를 이용하여 계산

▶ MID와 VLOOKUP 함수 사용

	A	B	C	D	E	F	G	H
1		대한고 신입생 지원 현황				학교코드표		
2	접수번호	성명	등록번호	**출신학교**		학교코드	학교명	
3	1	김민찬	123			1	상계중	
4	2	홍길동	148			2	동호중	
5	3	안국현	157			3	명성중	
6	4	도지원	116			4	성동여중	
7	5	박수영	139			5	상공중	
8	6	이덕철	161			6	대한중	
9								

▲ 'VLOOKUP2(예제)' 시트

정답 [D3] 셀에 「=VLOOKUP(MID(C3,2,1),$F$3:$G$8,2,0)」를 입력하고 [D8] 셀까지 수식 복사

03 리스트에서 값을 선택(CHOOSE)하자.

형식	=CHOOSE(인덱스번호, 값1, 값2, ...)	
사용방법	=CHOOSE(2,"월","화","수")	"화" (2번째에 해당하는 값)

① 사원코드[A3:A11]의 오른쪽 끝 문자가 '1'이면 '영업부', '2'이면 '인사부', '3'이면 '총무부', '4'이면 '기획부'로 소속부서[D3:D11]에 표시하시오.

▶ CHOOSE와 RIGHT 함수 사용

▲	A	B	C	D	E
1	상공전자 사원 현황				
2	사원코드	성명	근무년수	소속부서	
3	H203-1	이지원	12		
4	K102-2	나오미	13		
5	B333-3	권경애	8		
6	D104-2	강수영	15		
7	F405-3	나우선	19		
8	G306-4	임철수	28		
9	H203-1	이미지	18		
10	G408-4	진주여	21		
11	M109-3	방대현	18		
12					

▲ 'CHOOSE1(예제)' 시트

정답 [D3] 셀에 「=CHOOSE(RIGHT(A3,1),"영업부","인사부","총무부","기획부")」를 입력하고 [D11] 셀까지 수식 복사

② 승진시험[C3:C10]에 대한 순위를 구하여 1~2위는 '승진', 3~4위는 '보너스', 5~8위는 '현상유지'로 결과 [D3:D10]에 표시하시오.

▶ CHOOSE와 RANK.EQ 함수 사용
▶ 순위는 승진시험 성적이 높을수록 1순위

▲	A	B	C	D	E
1		인사기록표			
2	사원번호	사원명	승진시험	결과	
3	251011	권미숙	86		
4	252123	박정현	78		
5	253012	장동수	96		
6	254103	이인균	74		
7	252012	윤선화	80		
8	251023	주성권	92		
9	251024	양정현	68		
10	251025	한효숙	90		
11					

▲ 'CHOOSE2(예제)' 시트

정답 [D3] 셀에 「=CHOOSE(RANK.EQ(C3,$C$3:$C$10),"승진","승진","보너스","보너스","현상유지","현상유지","현상유지","현상유지")」를 입력하고 [D10] 셀까지 수식 복사

04 셀 범위나 배열(INDEX)에서 참조나 값을 구하자.

형 식	=INDEX(범위, 행 번호, 열 번호, [참조 영역 번호])	
사용방법	=INDEX({1,2,3;4,5,6;7,8,9},1,3) $\begin{bmatrix} 1 & 2 & 3 \\ 4 & 5 & 6 \\ 7 & 8 & 9 \end{bmatrix}$ 에서 1행, 3열의 값	3

① 리프트 요금표에서 정회원의 오후권 요금을 찾아서 [H3] 셀에 표시하시오.

▶ INDEX 함수 사용

▲	A	B	C	D	E	F	G	H	I
1		리프트 요금표							
2	구분	전일권	오전권	오후권	야간권			오후권	
3	콘도회원	30,000	18,000	19,000	15,000		정회원		
4	정회원	45,000	25,000	26,000	23,000				
5	준회원	50,000	30,000	31,000	28,000				
6	비회원	53,000	35,000	37,000	35,000				
7									

▲ 'INDEX1(예제)' 시트

정답 [H3] 셀에 「=INDEX(B3:E6,2,3)」를 입력

② [B3:E6] 영역을 참조하여 출발지(서울)에서 도착지(수원)까지의 택배요금을 계산하여 [E8] 셀에 표시하시오.

▶ INDEX 함수와 MID 함수 사용
▶ 출발지와 도착지의 구분은 ( ) 안의 두 자리 숫자를 이용한다.

▲	A	B	C	D	E	F
1		수도권 택배 요금표				
2		서울(01)	인천(02)	수원(03)	안양(04)	
3	서울(01)	5000	10000	15000	14000	
4	인천(02)	10000	5000	18000	17000	
5	수원(03)	15000	18000	5000	8000	
6	안양(04)	14000	17000	8000	5000	
7			출발코드	도착코드	요금	
8			서울(01)	수원(03)		
9						

▲ 'INDEX2(예제)' 시트

정답 [E8] 셀에 「=INDEX(B3:E6,MID(C8,4,2),MID(D8,4,2))」를 입력

05 참조의 열 번호를 반환(COLUMN)하자.

형 식	=COLUMN(참조)	
사용방법	=COLUMN(C10)	3(C는 세 번째 열)

번호[B4:F4] 영역에 현재 열 번호를 이용하여 1, 2, 3, 4, 5로 표시하시오.

▶ COLUMN 함수 사용

	A	B	C	D	E	F	G
1							
2	아이와 지하철 여행 떠나볼까?						
3							
4	번호						
5	장소	어린이 박물관	뽀로로파크	롯데월드	서울대공원	딸기가 좋아	
6	지하철	4호선 이촌역	1, 2호선 신도림역	2, 8호선 잠실역	4호선 대공원역	8호선 몽촌토성역	
7	테마	무료로 떠나는 체험여행	뽀통령의 품으로	동화 속 나라	동물원 산책하기	친환경 오감체험장	
8							

▲ 'COLUMN(예제)' 시트

정답 [B4] 셀에 「=COLUMN()–1」를 입력하고 [F4] 셀까지 수식 복사

06 참조의 열 수를 반환(COLUMNS)하자.

형식	=COLUMNS(배열)	
사용방법	=COLUMNS(C1:E4)	3(C, D, E 3개의 열)

07 참조의 행 번호를 반환(ROW)하자.

형식	=ROW(참조)	
사용방법	=ROW(C10)	10

순서[A7:A10] 영역에 현재 행 번호를 이용하여 1, 2, 3, 4로 표시하시오.

▶ ROW 함수 사용

	A	B	C
1			
2	양배추 파프리카 샐러드		
3			
4	재료 : 양배추 20g, 주황 노랑 파프리카 15g씩, 홍시 30g, 찐 밤 20g		
5			
6	순서	내용	
7		홍시는 숟가락으로 으깨거나 믹서에 간다.	
8		파프리카와 양배추는 다진다.	
9		찐 밤은 속을 파내서 으깬다.	
10		볼에 ①~③을 넣고 섞는다.	
11			

▲ 'ROW(예제)' 시트

정답 [A7] 셀에 「=ROW()–6」를 입력하고 [A10] 셀까지 수식을 복사

08 참조의 행 수를 반환(ROWS)하자.

형식	=ROWS(배열)	
사용방법	=ROWS(C1:E4)	4

▶ 합격 강의

01 숫자의 평균값(AVERAGE)을 구하자.

형식	=AVERAGE(수치1, 수치2, …)	
사용방법	=AVERAGE(10,20,30)	20

① 교양[B3:B8], 영어[C3:C8], 컴퓨터[D3:D8] 영역에 대해 평균[B9:D9]을 구하시오.

▶ HOUR, ABS, AVERAGE 중 알맞은 함수를 선택하여 사용

	A	B	C	D	E
1	연수 평가 결과				
2	성명	교양	영어	컴퓨터	
3	안명회	78	56	89	
4	임전환	85	67	88	
5	김인혜	67	97	89	
6	박영회	45	78	92	
7	도남덕	98	89	45	
8	나남희	100	90	98	
9	**평균**				
10					

▲ 'AVERAGE1(예제)' 시트

정답 [B9] 셀에 「=AVERAGE(B3:B8)」를 입력하고 [D9] 셀까지 수식 복사

② 개인별 실적 현황에서 1월[C3:C9] 실적이 1월 평균실적 이상이면 '우수', 그렇지 않으면 공란으로 평가 [D3:D9]에 표시하시오.

▶ IF와 AVERAGE 함수 사용

	A	B	C	D	E
1		개인별 영업 실적 현황			
2	영업소	사원이름	1월	평가	
3	서울	김정식	137,000		
4	경기	박기수	78,900		
5	강원	한송회	57,900		
6	충북	장영철	103,400		
7	대구	김만호	117,800		
8	경북	최수정	78,900		
9	부산	서용식	114,000		
10					

▲ 'AVERAGE2(예제)' 시트

정답 [D3] 셀에 「=IF(C3>=AVERAGE($C$3:$C$9),"우수","")」를 입력하고 [D9] 셀까지 수식 복사

③ 입사 시험 성적에서 서류전형[B3:B11], 필기[C3:C11], 면접[D3:D11]의 점수평균과 선발기준[B14:D15]을 참조하여 결과를 계산하여 [E3:E11] 영역에 표시하시오.

▶ 결과는 서류전형, 필기, 면접의 점수평균이 80 이상이면 '상', 60 이상 80 미만이면 '중', 60 미만이면 '하'로 표시

▶ AVERAGE와 HLOOKUP 함수 사용

	A	B	C	D	E	F
1		입사 시험 성적				
2	성명	서류전형	필기	면접	결과	
3	안도해	92	78	95		
4	임지훈	45	67	88		
5	남성남	76	89	76		
6	오기자	98	92	85		
7	최현도	77	56	72		
8	김미해	86	67	85		
9	유덕철	78	88	68		
10	나도향	92	82	78		
11	태지우	60	60	55		
12						
13		선발기준				
14	점수평균	0	60	80		
15	결과	하	중	상		
16						

▲ 'AVERAGE3(예제)' 시트

정답 [E3] 셀에 「=HLOOKUP(AVERAGE(B3:D3),$B$14:$D$15,2)」를 입력하고 [E11] 셀까지 수식 복사

02 숫자와 문자열, 논리값의 평균(AVERAGEA)을 구하자.

형 식	=AVERAGEA(수치1, 수치2, ...)	
사용방법	=AVERAGEA(80,25,45,70,TRUE)	44.2

각 심사관별로 1차 ~ 5차까지의 평가 점수의 평균값[G3:G5]을 계산하시오.

▶ '미실시', '중단'도 평균값 계산에 포함시킬 것

▶ AVERAGEA 함수 사용

	A	B	C	D	E	F	G	H
1			프로젝트-T 심사표					
2	심사관	1차평가	2차평가	3차평가	4차평가	5차평가	평균값	
3	1심사관	8	9	7	미실시		10	
4	2심사관	9	9	8	7	중단		
5	3심사관	7	7	9	7	9		
6								

▲ 'AVERAGEA(예제)' 시트

정답 [G3] 셀에 「=AVERAGEA(B3:F3)」를 입력하고 [G5] 셀까지 수식 복사

03 최대값(MAX)을 구하자.

형 식	=MAX(값1, 값2, …)	
사용방법	=MAX(10,20,30)	30

총점[E3:E9] 중에서 가장 큰 값을 구하여 최고점수[D11]에 표시하시오.

▶ RANK.EQ, MAX, MIN 함수 중 알맞은 함수를 선택하여 사용

◢	A	B	C	D	E	F
1	경진대회 성적 결과					
2	성명	필기	홈페이지	검색	총점	
3	이광수	97	56	99	252	
4	김동현	67	78	89	234	
5	이상한	70	90	78	238	
6	김정숙	90	92	68	250	
7	한현희	92	45	90	227	
8	정상두	66	96	70	232	
9	황석영	79	90	89	258	
10						
11			최고점수			
12						

▲ 'MAX(예제)' 시트

정답 [D11] 셀에 「=MAX(E3:E9)」를 입력

04 최소값(MIN)을 구하자.

형 식	=MIN(값1, 값2, …)	
사용방법	=MIN(10,20,30)	10

상담개론[B3:B8], 영업실습[C3:C8], 어학[D3:D8] 성적의 최고 점수와 최저 점수의 점수차이를 구하여 [B9:D9]에 표시하시오.

▶ MAX와 MIN 함수 사용

◢	A	B	C	D	E
1		연수 성적			
2	사원명	상담개론	영업실습	어학	
3	김덕우	77	98	83	
4	남효수	100	88	99	
5	정지용	67	45	77	
6	탁호영	94	76	58	
7	구연아	56	90	34	
8	김미나	82	73	84	
9	점수차이				
10					

▲ 'MAX,MIN(예제)' 시트

정답 [B9] 셀에 「=MAX(B3:B8)-MIN(B3:B8)」를 입력하고 [D9] 셀까지 수식 복사

05 데이터 범위에서 몇 번째 큰 값(LARGE)을 구하자.

형 식	=LARGE(범위, 순위)	
사용방법	=LARGE(A1:A10,3)	[A1:A10] 영역에서 3번째 큰 값을 구함

이용일수[B3:B11] 중에서 4번째로 이용일수가 많은 회원이름을 고객명[C14]에 표시하시오.

▶ VLOOKUP과 LARGE 함수 사용

▲	A	B	C	D	E
1	회원별 콘도 이용일수				
2	지역명	이용일수	회원이름	분류	
3	서울	25	서현순	특별회원	
4	제주	18	하지훈	일반회원	
5	서울	32	안동수	특별회원	
6	서울	21	김갑철	일반회원	
7	제주	13	사랑해	특별회원	
8	제주	22	현금보	특별회원	
9	서울	19	김인철	일반회원	
10	제주	28	유인국	일반회원	
11	제주	20	서수남	특별회원	
12					
13			고객명		
14					
15					

▲ 'LARGE(예제)' 시트

정답 [C14] 셀에 「=VLOOKUP(LARGE(B3:B11,4),B3:D11,2,FALSE)」를 입력

06 데이터 범위에서 몇 번째 작은 값(SMALL)을 구하자.

형 식	=SMALL(범위, 순위)	
사용방법	=SMALL(A1:A10,2)	[A1:A10] 영역에서 2번째 작은 값을 구함

[B3:E7]에서 세 번째로 큰 점수와 두 번째로 작은 점수의 차이를 [D10] 셀에 구하시오.

▶ MIN, LARGE, SMALL, MAX 중 알맞은 함수 2개를 선택하여 사용

▲	A	B	C	D	E	F
1			1학기 성적			
2	성명	어문	수리탐구	과학탐구	전산	
3	고아라	72	78	80	90	
4	나영희	88	90	78	44	
5	박철수	100	90	96	76	
6	안도해	66	62	60	86	
7	최순이	78	84	82	92	
8						
9				점수차		
10						
11						

◀ 'SMALL(예제)' 시트

정답 [D10] 셀에 「=LARGE(B3:E7,3)-SMALL(B3:E7,2)」를 입력

07 수치의 순위(RANK.EQ)를 구하자.

형 식	RANK.EQ(값, 참조 영역, [순위 결정 방법]) : 참조 영역 중에서 순위를 구함(순위가 같으면 값 집합에서 가장 높은 순위가 반환 됨) 옵션 • 0 또는 FALSE : 내림차순(가장 큰 값이 1등) – 생략하면 FALSE가 됨 • 1 또는 TRUE : 오름차순(가장 작은 값이 1등) ※ 범위는 고정된 영역을 참조해야 하므로 절대 주소 형식을 사용	
사용방법	RANK.EQ(D3,$D$3:$D$9)	[D3] 셀이 [D3:D9] 영역에서 순위를 구함(공동 1등일 때 둘 다 1로 반환)

① 기말[D3:D9]에 대한 순위를 구하여 1–3위는 '상위권', 4–5위는 '중위권', 6–7위는 '하위권'으로 평가[E3:E9]에 표시하시오.

▶ 순위는 기말점수 중 가장 높은 점수가 1위　　▶ IF와 RANK.EQ 함수 사용

▲	A	B	C	D	E	F
1	기말고사 성적표					
2	학번	출석	중간	기말	평가	
3	202501	8	85	83		
4	202502	9	79	86		
5	202503	10	68	75		
6	202504	7	91	86		
7	202505	9	89	88		
8	202506	10	72	82		
9	202507	7	54	78		
10						

◀ 'RANK1(예제)' 시트

정답 [E3] 셀에 「=IF(RANK.EQ(D3,$D$3:$D$9)<=3,"상위권",IF(RANK.EQ(D3,$D$3:$D$9)<=5,"중위권","하위권"))」를 입력하고 [E9] 셀까지 수식 복사

② 1학년 신체검사표에서 키[C3:C11]에 대한 순위와 좌석기준표[B14:D15]를 이용하여 배정자리[D3:D11]를 구하시오.

▶ 키순위는 키가 작은 사람이 1위
▶ 키순위가 1~3이면 가열, 4~6이면 나열, 7~9이면 다열로 계산
▶ HLOOKUP과 RANK.EQ 함수 사용

▲	A	B	C	D	E
1	1학년 신체검사표				
2	번호	성명	키	배정자리	
3	30602	오정선	166		
4	30606	정현정	162		
5	30610	김민정	158		
6	30614	장혜련	175		
7	30618	한시연	163		
8	30622	도연탁	168		
9	30626	연기정	172		
10	30630	임덕영	170		
11	30634	안남정	169		
12					
13	좌석기준표				
14	키순위	1	4	7	
15	배정자리	가열	나열	다열	
16					

◀ 'RANK2(예제)' 시트

정답 [D3] 셀에 「=HLOOKUP(RANK.EQ(C3,$C$3:$C$11,1),$B$14:$D$15,2)」를 입력하고 [D11] 셀까지 수식 복사

08 표본의 분산(VAR.S)을 구하자.

형 식	=VAR.S(수치1, 수치2, …)	
사용방법	=VAR.S(A1:A5)	[A1:A5] 영역의 분산을 구함

'신체현황'에서 키에 대한 분산을 계산하되 소수 2자리에서 올림하여 소수 1자리로 표시하시오.

▶ VAR.S 함수 사용

▲	A	B	C
1		신체현황	
2	성명	키	
3	김민수	171	
4	박정호	169	
5	심보미	158	
6	이용재	174	
7	정찬길	175	
8	최소현	160	
9	한송희	161	
10	**분산**		
11			

▲ 'VAR(예제)' 시트

정답 [B10] 셀에 「=ROUNDUP(VAR.S(B3:B9),1)」를 입력

09 표준편차(STDEV.S)를 구하자.

형 식	=STDEV.S(수치1, 수치2, …)	
사용방법	=STDEV.S(A1:A5)	[A1:A5] 영역의 표준편차를 구함

워드[C4:C8], 스프레드시트[D4:D8], 데이터베이스[E4:E8] 영역에 대해 각각의 표준편차[C9:E9]를 표시하시오.

▶ VAR.S, STDEV.S 함수 중 알맞은 함수를 이용

▲	A	B	C	D	E	F
1		컴퓨터활용능력 인증 결과				
2						
3		성명	워드	스프레드시트	데이터베이스	
4		이상훈	84	100	68	
5		장도열	77	99	88	
6		강민정	98	77	90	
7		박성식	78	66	95	
8		최만해	67	85	79	
9		**표준편차**				
10						

▲ 'STDEV(예제)' 시트

정답 [C9] 셀에 「=STDEV.S(C4:C8)」를 입력하고 [E9] 셀까지 수식 복사

⑩ 수치 데이터의 개수(COUNT)를 구하자.

형 식	=COUNT(값1, 값2, …)	
사용방법	=COUNT(10,20,30)	3

① 영어점수[C4:C10]을 이용하여 응시 인원수[E4]를 구하시오.

▶ COUNT, ROUND, ABS 함수 중 알맞은 함수를 이용

	A	B	C	D	E	F
1		영어 시험 점수				
2						
3		이름	영어점수		응시 인원수	
4		강인월	90			
5		차영국	100			
6		이미자	85			
7		류장결	70			
8		송태영	95			
9		박상영	65			
10		최현구	80			
11						

▲ 'COUNT1(예제)' 시트

정답 [E4] 셀에 「=COUNT(C4:C10)」를 입력

② 방통대 시험 평가에서 과제물[B3:B13], 중간[C3:C13], 기말[D3:D13]의 점수가 모두 존재하면 '이수완료', 그렇지 않으면 '재수강'으로 평가[E3:E13]에 표시하시오.

▶ IF와 COUNT 함수 사용

	A	B	C	D	E	F
1	방통대 시험 평가					
2	성명	과제물	중간	기말	평가	
3	이천소	78	85	76		
4	김주영	85	85	54		
5	박진영	89		84		
6	위청호	85	78	87		
7	이규병		85	65		
8	현진수	82	96	95		
9	송채영	95	85	75		
10	조기남	45	89			
11	황현남	75	65	84		
12	채진성	52	45	78		
13	박추영	45	45			
14						

▲ 'COUNT2(예제)' 시트

정답 [E3] 셀에 「=IF(COUNT(B3:D3)=3,"이수완료","재수강")」를 입력하고 [E13] 셀까지 수식 복사

⑪ **공백이 아닌 데이터의 개수(COUNTA)를 구하자.**

형 식	=COUNTA(값1, 값2, …)	
사용방법	=COUNTA(가,나,다)	3

1일차부터 3일차까지의 기간[B4:D12]을 이용하여 방학 중 연수 기간 동안의 총 결석 횟수를 구하여 [C14] 셀에 표시하시오.

▶ [표기 예 : 3 → 3회]
▶ COUNTA 함수와 & 연산자 이용

	A	B	C	D	E
1	방학 중 연수 참석 현황				
2				(결석표시 : X)	
3	성명	1일차	2일차	3일차	
4	김성호		X	X	
5	고준명				
6	강길자	X			
7	공성수			X	
8	박달자	X			
9	정성실				
10	태진영		X	X	
11	오수영				
12	장영순	X	X	X	
13					
14	연수 기간 중 총결석 횟수				
15					

정답 [C14] 셀에 「=COUNTA(B4:D12) &"회"」를 입력

▲ 'COUNTA(예제)' 시트

⑫ **공백 셀의 개수(COUNTBLANK)를 구하자.**

형 식	=COUNTBLANK(범위)	
사용방법	=COUNTBLANK(B3:B10)	[B3:B10] 영역 안에 공백 셀의 개수

① **공통필수, 전공필수, 전공선택 각각의 대금을 미납한 학생의 수를 미납자수[B11:D11]에 표시하시오.**

▶ 단, 'O' 표시는 대금을 납부한 것을 의미
▶ COUNTBLANK, COUNT, DCOUNT 중 알맞은 함수를 선택하여 사용

	A	B	C	D	E
1		대금 납부 현황			
2	성명	공통필수	전공필수	전공선택	
3	어동철	O		O	
4	인당수		O		
5	기형도	O		O	
6	안지만	O	O		
7	신호연			O	
8	윤동훈	O	O	O	
9	임미영		O	O	
10	구대성	O		O	
11	미납자수				
12					

◀ 'COUNTBLANK1(예제)' 시트

정답 [B11] 셀에 「=COUNTBLANK(B3:B10)」를 입력하고 [D11] 셀까지 수식 복사

② 1~4회차[B4:E13]까지 출석("○")이 3회 이상이면 "이수", 그렇지 않으면 공백으로 이수여부[F4:F13]에 표시하시오.

▶ IF와 COUNTBLANK 함수 사용

	A	B	C	D	E	F	G
1		교양강좌 이수현황					
2	학번	출석				이수여부	
3		1회차	2회차	3회차	4회차		
4	2025001	O		O	O		
5	2025002	O	O	O	O		
6	2025003	O	O		O		
7	2025004		O				
8	2025005			O	O		
9	2025006	O	O		O		
10	2025007		O		O		
11	2025008	O		O			
12	2025009	O	O	O			
13	2025010		O	O	O		
14							

▲ 'COUNTBLANK2(예제)' 시트

정답 [F4] 셀에 「=IF(COUNTBLANK(B4:E4)<=1,"이수","")」를 입력하고 [F13] 셀까지 수식 복사

⑬ 조건에 맞는 셀의 개수(COUNTIF)를 구하자.

형 식	=COUNTIF(범위, 검색조건)	
사용방법	=COUNTIF(A1:A10,"영진")	[A1:A10] 영역에서 "영진" 문자열이 입력된 셀 개수를 구함

① 근무점수[C3:C11]가 70 이상 80 미만인 사람 수를 구하여 [D5] 셀에 표시하시오.

▶ COUNT, COUNTIF, SUMIF 중 알맞은 함수를 선택하여 사용

	A	B	C	D	E	F
1	직원 근무 평가					
2	성명	입사일	근무점수			
3	박정호	2015-06-06	73			
4	신정희	2020-04-01	68	70점대		
5	김용태	2019-05-06	98			
6	김진영	2017-11-01	65			
7	유현숙	2021-01-01	69			
8	최정렬	2018-06-10	80			
9	강창희	2016-09-11	86			
10	천영주	2021-06-10	70			
11	박인수	2022-05-06	68			
12						

▲ 'COUNTIF1(예제)' 시트

정답 [D5] 셀에 「=COUNTIF(C3:C11,"<80")-COUNTIF(C3:C11,"<70")」를 입력하거나 「=COUNTIF(C3:C11,">=70")-COUNTIF(C3:C11,">=80")」을 입력

② '성명'별 '컴퓨터일반', '스프레드시트', '실기' 중 40 미만인 과목이 1개 이상이면 '탈락', 그 이외는 '본선출전'
으로 판정[E3:E11]에 표시하시오.

▶ IF와 COUNTIF 함수 사용

	A	B	C	D	E	F
1	컴퓨터 활용 능력 시험					
2	성명	컴퓨터일반	스프레드시트	실기	판정	
3	나영인	45	78	90		
4	김민탁	87	20	90		
5	연제식	98	89	90		
6	강철민	39	89	65		
7	소인영	78	90	34		
8	임인애	70	90	100		
9	보아라	80	70	90		
10	전보아	76	70	49		
11	성수진	70	45	67		
12						

▲ 'COUNTIF2(예제)' 시트

정답 [E3] 셀에 「=IF(COUNTIF(B3:D3,"<40")>=1,"탈락","본선출전")」를 입력하고 [E11] 셀까지 수식 복사

③ 1과목[B3:B12], 2과목[C3:C12], 3과목[D3:D12]이 각각 40 이상이면서 평균이 60 이상이면 "합격"을, 이외에
는 "불합격"을 합격여부[E3:E12]에 표시하시오.

▶ IF, AND, AVERAGE, COUNTIF 함수 사용

	A	B	C	D	E	F
1		필기시험결과				
2	수험번호	1과목	2과목	3과목	합격여부	
3	J786001	84	88	76		
4	J786002	90	91	93		
5	J786003	87	76	39		
6	J786004	88	80	81		
7	J786005	64	61	53		
8	J786006	33	50	62		
9	J786007	68	52	64		
10	J786008	57	38	61		
11	J786009	68	57	59		
12	J786010	72	71	76		
13						

▲ 'COUNTIF3(예제)' 시트

정답 [E3] 셀에 「=IF(AND(COUNTIF(B3:D3,">=40")=3,AVERAGE(B3:D3)>=60),"합격","불합격")」를 입력하고 [E12] 셀까지 수식 복사

⑭ **최빈값(MODE.SNGL)을 구하자.**

형 식	=MODE.SNGL(값1, 값2, …)	
사용방법	=MODE.SNGL(10,20,40,40,40)	40

경기별 골인수에서 가장 빈번하게 발생한 골인수를 [D11] 셀에 표시하시오.

▶ MODE.SNGL 함수 사용

▲	A	B	C	D	E
1			경기별 골인수		
2					
3	구분	잠실경기장	수원경기장	성남경기장	
4	제1경기	4	2	4	
5	제2경기	2	1	3	
6	제3경기	3	3	2	
7	제4경기	1	2	0	
8	제5경기	3	3	1	
9					
10				최빈수	
11					
12					

▲ 'MODE.SNGL(예제)' 시트

정답 [D11] 셀에 「=MODE.SNGL(B4:D8)」를 입력

⑮ **조건을 만족하는 모든 셀의 평균(AVERAGEIF)을 반환하자.**

형 식	=AVERAGEIF(범위, 조건, 평균을 구할 범위)	
사용방법	=AVERAGEIF(A2:A5,">250000",B2:B5)	[A2:A5] 영역에서 250000보다 큰 데이터의 [B2:B5] 영역에서 평균을 구함

출석이 8일 이상인 중간[C3:C9], 기말[D3:D9]의 평균을 구하여 [B12:C12]에 표시하시오.

▶ AVERAGEIF 함수 사용

▲	A	B	C	D	E
1					
2	이름	출석	중간	기말	
3	이주아	8	85	83	
4	김민주	9	79	86	
5	박예준	10	68	75	
6	이재원	7	91	86	
7	최준수	9	89	88	
8	강진욱	10	72	82	
9	황환빈	7	54	78	
10					
11	출석	중간	기말		
12	>=8				
13					

▲ 'AVERAGEIF(예제)' 시트

정답 [B12] 셀에 「=AVERAGEIF($B$3:$B$9,$A$12,C3:C9)」를 입력하고 [C12] 셀까지 수식 복사

⑯ 여러 조건을 만족하는 모든 셀의 평균(AVERAGEIFS)을 반환하자.

형 식	=AVERAGEIFS(평균범위, 조건범위1, 조건1, 조건범위2, 조건2, …)	
사용방법	=AVERAGEIFS(B2:B5,B2:B5,")70",B2:B5,"(90")	[B2:B5] 영역에서 70~90의 조건에 해당한 데이터의 평균을 구함

① 성별이 '남'이고, 신장이 170 이상인 데이터의 체중의 평균을 구하여 [D12] 셀에 표시하시오.

　▶ AVERAGEIFS 함수 사용

◢	A	B	C	D	E
1			비만도 측정		
2	성명	성별	신장	체중	
3	한장석	남	178	60	
4	오명희	여	152	58	
5	최철주	남	169	62	
6	마준희	여	162	45	
7	권길수	남	184	82	
8	장도애	여	175	68	
9	조서희	여	158	62	
10					
11		성별	신장	체중 평균	
12		남	>=170		
13					

▲ 'AVERAGEIFS1(예제)' 시트

　정답 [D12] 셀에 「=AVERAGEIFS(D3:D9,B3:B9,B12,C3:C9,C12)」를 입력

② 성별[B3:B12]이 "여"이면서 직위[C3:C12]가 "대리"인 사원들의 성과급 평균을 계산하여 [E13] 셀에 표시하시오.

　▶ ROUND, AVERAGEIFS 함수 사용
　▶ 성과급의 평균은 천의 자리는 반올림하여 만의 자리까지 표시[표시 예 : 4,853,000 → 4,850,000]

◢	A	B	C	D	E	F
1		성과급 지급 현황				
2	성명	성별	직위	호봉	성과급	
3	고회식	남	과장	4	4,800,000	
4	조광희	남	대리	5	4,000,000	
5	이진녀	여	대리	5	4,000,000	
6	최중성	남	과장	3	4,600,000	
7	권지향	여	과장	2	4,500,000	
8	김영택	남	대리	1	3,200,000	
9	조정휴	남	대리	3	3,600,000	
10	고인숙	여	과장	3	4,600,000	
11	변효정	여	대리	2	3,400,000	
12	정은경	여	대리	4	3,800,000	
13	직위가 대리인 여사원 성과급 평균					
14						

▲ 'AVERAGEIFS2(예제)' 시트

　정답 [E13] 셀에 「=ROUND(AVERAGEIFS(E3:E12,B3:B12,"여",C3:C12,"대리"),-4)」를 입력

⓱ 여러 범위에 걸쳐 조건을 적용하고 모든 조건에 만족하는 셀의 개수(COUNTIFS)를 반환하자.

형 식	=COUNTIFS(조건 범위1, 조건1, 조건 범위2, 조건2, ...)	
사용방법	=COUNTIFS(B5:D5,"=예",B3:D3,"=예")	모든 조건에 만족한 셀의 개수를 구함

근무점수가 60점대에 해당한 인원수를 COUNTIFS 함수를 이용하여 구하여 [D5] 셀에 표시하시오.

▶ COUNTIFS 함수 사용

	A	B	C	D	E	F
1		직원 근무 평가				
2	성명	입사일	근무점수			
3	박정호	2015-06-06	73			
4	신정희	2020-04-01	68	60점대		
5	김용태	2019-05-06	98			
6	김진영	2017-11-01	65			
7	유현숙	2021-01-01	69			
8	최정렬	2018-06-10	80			
9	강창희	2016-09-11	86			
10	천영주	2021-06-10	70			
11	박인수	2022-05-06	68			
12						

▲ 'COUNTIFS(예제)' 시트

정답 [D5] 셀에 「=COUNTIFS(C3:C11,">=60",C3:C11,"<70")」를 입력

⓲ 숫자, 텍스트, 논리 값 등 인수 목록에서 최대값(MAXA)을 반환하자.

형 식	=MAXA(값1, 값2, 값3 ...)	
사용방법	=MAXA(0,0,1,TRUE)	1 (True가 1임)

각 심사관별로 1차~5차까지의 평가 점수의 최대값[G3:G5]을 계산하시오.

▶ MAXA 함수 사용

	A	B	C	D	E	F	G	H
1			프로젝트-T 심사표					
2	심사관	1차평가	2차평가	3차평가	4차평가	5차평가	최대값	
3	1심사관	0.8	TRUE	0.5	미실시	TRUE		
4	2심사관	0.5	0	FALSE	0.2	중단		
5	3심사관	0.6	오류	0.3	0.1	0		
6								

▲ 'MAXA(예제)' 시트

정답 [G3] 셀에 「=MAXA(B3:F3)」를 입력하고 [G5] 셀까지 수식 복사

⓳ 숫자, 텍스트, 논리 값 등 인수 목록에서 최소값(MINA)을 반환한다.

형 식	=MINA(값1, 값2, 값3, ...)	
사용방법	=MINA(0,1, FALSE, 1)	0 (False가 0임)

자주 출제되는
계산작업

계산작업 문제 01회

작업파일 [2025컴활2급₩계산작업] 폴더의 '계산작업' 파일을 열어서 작업하시오.

	A	B	C	D	E	F	G	H	I	J	K
1	[표1]	문화센터 수강일					[표2]	학년별 동아리 지원 현황			
2	구분	이름	수강일자	요일 ②			학생명	학년	관현악부	독서클럽	밴드부
3	학생	정재윤	2025-09-07	주말반			전서윤	3학년	O		O
4	학생	김진산	2025-09-11	평일반			민지수	1학년		O	O
5	학생	박다올	2025-09-04	평일반			정혜성	2학년	O		O
6	일반	장하은	2025-09-13	주말반			윤여운	1학년	O	O	
7	일반	황현조	2025-09-19	평일반			강소라	3학년		O	O
8	일반	김예지	2025-09-08	평일반			김채연	1학년	O		
9	일반	황린	2025-09-25	평일반			이진희	2학년	O		
10							박소율	3학년		O	
11	[표3]	문화센터 등록자 인적사항					최나영	2학년		O	O
12	성명	성별	주민등록번호	프로그램	기간		공수지	3학년	O		
13	이주호	남자	950208-1******	피아노	3개월		관현악부에 지원한 3학년 학생수 ②				2
14	민지은	여자	030504-4******	드럼	6개월						
15	김서은	여자	960209-2******	바이올린	3개월		[표4]	센터등록 현황			
16	박정환	남자	040904-3******	포크기타	6개월		성명	성별	회원ID	이메일주소	
17	황성현	남자	011014-3******	보컬	3개월		이주호	남자	Juho1	Juho1@naver.net	
18	정소희	여자	941017-2******	난타	6개월		민지은	여자	JEMIN	JEMIN@daum.com	
19	구현우	남자	880409-1******	색소폰	3개월		김서은	여자	Seo91	Seo91@naver.net	
20	최사랑	여자	031124-4******	일렉기타	6개월		박정환	남자	jhpark	jhpark@daum.com	
21	성미란	여자	980106-2******	첼로	6개월		황성현	남자	hwang5	hwang5@daum.com	
22	장정호	남자	020807-3******	피아노	3개월		정소희	여자	dance1	dance1@naver.net	
23		③					구현우	남자	hyunw	hyunw@daum.com	
24	[표5]						최사랑	여자	lovechoi	lovechoi@naver.net	
25	선수명	소속팀	개인점수				성미란	여자	mimi	mimi@daum.com	
26	조현우	서울	85				장정호	남자	tiger2	tiger2@naver.net	
27	김혁진	부산	89					④			
28	민준수	광주	92								
29	성도경	서울	87								
30	곽승호	광주	92								
31	서현국	부산	91								
32	이정현	광주	89								
33	박정호	서울	95		전체 평균 - 서울 평균						
34	공필승	부산	95		1.555555556						
35					⑤						

① [표1]에서 수강일자[C3:C9]의 요일의 값을 이용하여 월~금은 '평일반', 토~일은 '주말반'으로 요일 [D3:D9] 영역에 표시하시오. (8점)

▶ WEEKDAY 함수는 '월요일'이 '1'로 반환되는 방식을 이용

▶ IF, WEEKDAY 함수 사용

02 [표2]에서 학년이 3학년에 해당한 관현악부의 학생수를 [K13] 셀에 표시하시오. (8점)

- ▶ 조건은 [M12:M13] 영역에 입력
- ▶ DCOUNTA 함수 사용

03 [표3]의 주민등록번호[C13:C22]를 이용하여 성별[B13:B22] 영역에 표시하시오. (8점)

- ▶ 주민등록번호의 8번째 숫자가 1 또는 3이면 '남자', 2 또는 4이면 '여자'로 표시
- ▶ IF, OR, MID 함수 사용

04 [표4]에서 이메일주소[J17:J26] 영역에서 @앞에 입력된 글자만을 추출하여 회원ID[I17:I26] 영역에 표시하시오. (8점)

- ▶ [표시 예 : Juho1@naver.net → Juho1]
- ▶ MID, SEARCH 함수 사용

05 [표5]에서 개인점수[C26:C34]의 평균에서 소속팀이 '서울'에 해당한 평균값을 뺀 차이값을 [D34] 셀에 표시하시오. (8점)

- ▶ AVERAGE, DAVERAGE 함수 사용

해설

01 요일[D3:D9]

[D3] 셀에 =IF(WEEKDAY(C3,2)<=5,"평일반", "주말반")를 입력하고 [D9] 셀까지 수식을 복사한다.

💬 **함수 설명**

=IF(WEEKDAY(C3,2)<=5,**"평일반"**,**"주말반"**)
       ①

① WEEKDAY(C3,2) : [C3] 셀의 요일 번호를 숫자로 반환 (월은 1, 화는 2, 수는 3, 목은 4... 로 반환됨)

=IF(①<=5,**"평일반"**,**"주말반"**) : ①의 값이 1~5는 '평일반', 그 외는 '주말반'으로 표시

02 관현악부에 지원한 3학년 학생수[K13]

[M12:M13] 영역에 다음과 같이 조건을 입력한 후, [K13] 셀에 =DCOUNTA(G2:K12,I2,M12:M13)를 입력한다.

	M	N
11		
12	학년	
13	3학년	
14		

💬 **함수 설명**

[G2:K12] 영역에서 [M12:M13] 영역의 조건에 만족한 데이터를 [I] 열에서 공백이 아닌 셀의 개수를 구함

03 성별[B13:B22]

[B13] 셀에 =IF(OR(MID(C13,8,1)="1",MID(C13,8,1)="3"),"남자","여자")를 입력하고 [B22] 셀까지 수식을 복사한다.

③
=IF(OR(MID(C13,8,1)="1",MID(C13,8,1)="3"),"남자","여자"
                ①   ②

① MID(C13,8,1)="1" : [C13] 셀에서 8번째부터 시작하여 1글자를 추출한 값이 '1'과 같은지 비교
② MID(C13,8,1)="3" : [C13] 셀에서 8번째부터 시작하여 1글자를 추출한 값이 '3'과 같은지 비교
③ OR(①,②) : ① 또는 ② 중에 하나라도 TRUE 값이 있다면 TRUE 값이 반환

=IF(③,"남자","여자") : ③의 값이 TRUE이면 '남자', 그 외는 '여자'로 표시

04 회원ID[I17:I26]

[I17] 셀에 =MID(J17,1,SEARCH("@",J17,1)−1)를 입력하고 [I26] 셀까지 수식을 복사한다.

=MID(J17,1,SEARCH("@",J17,1)−1)
                    ①

① SEARCH("@",J17,1) : '@'를 [J17] 셀에서 첫 번째 시작위치부터 찾아서 위치 값을 구함

=MID(J17,1,①−1) : [J17] 셀에서 첫 번째 시작하여 ①−1 값의 위치까지 값을 구함

05 전체 평균 − 서울 평균[D34]

[D34] 셀에 =AVERAGE(C26:C34)−DAVERAGE(A25:C34,C25, B25:B26)를 입력한다.

=AVERAGE(C26:C34)−DAVERAGE(A25:C34,C25,B25:B26)
        ①   ②

① AVERAGE(C26:C34) : [C26:C34] 영역의 평균값을 구함
② DAVERAGE(A25:C34,C25,B25:B26) : [A25:C34] 영역에서 소속팀이 '서울'에 해당한 개인점수의 평균값을 구함

계산작업 문제 02회

▶합격 강의

[표1] 교양과목 학점

학생명	중간시험	기말시험	학점 ❶
서정훈	95	85	A
김영서	85	80	B
민하림	100	95	A+
정수정	95	85	A
유진산	65	50	F
방소연	75	70	C
최수현	80	90	B

학점평가기준표

시험평균	0 이상	60 이상	70 이상	80 이상	90 이상	95 이상
	60 미만	70 미만	80 미만	90 미만	95 미만	100 이하
학점	F	D	C	B	A	A+

[표2] 리듬체조 경기성적

선수명	소속팀	개인전	단체전	총점
송수진	서울	48	47	95
양아영	경기	50	48	98
민초희	강원	43	42	85
김여진	서울	45	46	91
곽서진	강원	41	39	80
김정미	경기	49	45	94
최미영	강원	39	48	87
조정린	서울	42	38	80
박서연	강원	48	45	93
장아름	서울	34	39	73
경기/강원팀의 개인전 우수자 총점 평균 ❷				90.0

[표3] 특별상여금 지급 현황

사원명	소속팀	인사평가	기본급	특별상여금 ❸
지현우	마케팅	A	3,500,000	2,100,000
마영택	마케팅	S	3,000,000	3,000,000
전미영	마케팅	C	3,500,000	350,000
장미선	마케팅	A	3,000,000	1,800,000
이동성	마케팅	B	4,000,000	1,200,000
김정호	제조	C	3,000,000	300,000
민영란	제조	S	3,500,000	3,500,000
성장현	제조	X	4,000,000	평가오류
공세훈	제조	A	3,000,000	1,800,000
최선율	제조	B	3,500,000	1,050,000

<특별상여금 지급비율표>

인사평가	지급비율
S	100%
A	60%
B	30%
C	10%

[표4] 세계 주요 공항코드

국가	공항코드	공항명	공항코드(공항명)
Korea	icn	incheon	ICN(Incheon)
UK	lhr	London-heathrow	LHR(London-Heathrow)
UAE	dxb	dubai	DXB(Dubai)
Germany	ber	berlin	BER(Berlin)
Canada	yyz	pearson	YYZ(Pearson)
Brazil	gru	sao-paulo	GRU(Sao-Paulo)
China	pvg	pudong	PVG(Pudong)
USA	lax	Los-Angeles	LAX(Los-Angeles)
Australia	syd	sydney	SYD(Sydney) ❹

[표5] 전동킥보드 이용요금 계산

킥보드번호	운행시작	운행종료	이용요금계산 ❺
KB-21001	11:10	11:40	3,000
KB-21002	10:15	10:55	4,000
KB-21003	9:20	11:20	12,000
KB-21004	14:15	16:15	12,000
KB-21005	10:00	13:30	21,000
KB-21006	17:00	18:10	7,000
KB-21007	15:45	17:05	8,000
KB-21008	18:30	20:20	11,000

❶ **[표1]**의 중간시험, 기말시험의 평균값을 이용하여 학점평가기준표[B12:G14] 영역을 참조하여 학점[D3:D9] 영역에 표시하시오. (8점)

▶ 시험 평균 : (중간시험 + 기말시험) /2

▶ 시험 평균이 95 이상이면 A+, 90 이상이면 A, 80 이상이면 B, 70 이상이면 C, 60 이상이면 D, 0 이상일 경우 F로 표시

▶ HLOOKUP, AVERAGE 함수 사용

02 [표2]에서 소속팀[J3:J12]이 '서울'이 아니면서 개인전[K3:K12] 성적이 40 이상인 총점의 평균을 [M13] 셀에 표시하시오. (8점)

▶ 평균은 반올림하여 소수 이하 1자리로 표시
▶ ROUND, AVERAGEIFS 함수 사용

03 [표3]의 인사평가[C18:C27]을 이용하여 특별상여금 지급비율표[G19:H22]를 참조하여 특별상여금 계산하여 [E18:E27] 영역에 표시하시오. (8점)

▶ 특별상여금 = 기본급 × 지급비율
▶ 값에 오류가 있을 때에는 '평가오류'로 표시
▶ IFERROR, VLOOKUP 함수 사용

04 [표4]에서 공항코드[K18:K26]는 대문자, 공항명[L18:L26]은 첫 글자만 대문자로 [표시 예]와 같이 공항코드(공항명)[M18:M26] 영역에 표시하시오. (8점)

▶ [표시 예 : 공항코드(icn), 공항명(incheon) → ICN(Incheon)]
▶ UPPER, PROPER 함수와 & 연산자 이용

05 [표5]에서 운행시작[B31:B38], 운행종료[C31:C38] 시간을 이용하여 이용요금계산[D31:D38] 영역에 표시하시오. (8점)

▶ 이용요금은 10분당 1,000원
▶ HOUR, MINUTE 함수 사용

해설

01 학점[D3:D9]

[D3] 셀에 =HLOOKUP(AVERAGE(B3:C3),$B$12:$G$14,3,TRUE)를 입력하고 [D9] 셀까지 수식을 복사한다.

💬 함수 설명

=HLOOKUP(AVERAGE(B3:C3),$B$12:$G$14,3,TRUE)
            ①

① AVERAGE(B3:C3) : [B3:C3] 영역을 평균을 구함

=HLOOKUP(①,$B$12:$G$14,3,TRUE) : ①의 값을 [B12:G14] 영역의 첫 번째 행에서 값을 찾아 3번째 행에서 값을 찾아옴

02 총점 평균[M13]

[M13] 셀에 =ROUND(AVERAGEIFS(M3:M12, J3:J12,"〈〉서울",K3: K12,"〉=40"),1)를 입력한다.

💬 함수 설명

=ROUND(AVERAGEIFS(M3:M12,J3:J12,"〈〉서울",K3:K12,"〉= 40"),1)
             ①

① AVERAGEIFS(M3:M12,J3:J12,"〈〉서울",K3:K12,"〉=40")
: [J3:J12] 영역에서 '서울'과 같지 않고, [K3:K12] 영역에서 40 이상인 [M3:M12] 영역을 평균을 구함

=ROUND(①,1) : ①의 값을 반올림하여 소수 이하 1자리까지 표시

03 특별상여금[E18:E27]

[E18] 셀에 =IFERROR(D18*VLOOKUP(C18,$G$19:$H$22,2,FALSE),"평가오류")를 입력하고 [E27] 셀까지 수식을 복사한다.

> 💬 함수 설명
>
> =IFERROR(D18*VLOOKUP(C18,$G$19:$H$22,2,FALSE),"평가오류")
>   ①
>
> ① VLOOKUP(C18,$G$19:$H$22,2,FALSE) : [C18] 셀의 값을 [G19:H22] 영역의 첫 번째 열에서 값을 찾아 2번째 열에서 정확하게 일치하는 값을 찾아옴
>
> =IFERROR(D18*①,"평가오류") : [D18]*①의 값에 오류가 있을 때는 '평가오류'를 표시

04 공항코드(공항명)[M18:M26]

[M18] 셀에 =UPPER(K18)&"("&PROPER(L18)&")"를 입력하고 [M26] 셀까지 수식을 복사한다.

> 💬 함수 설명
>
> =UPPER(K18)&"("&PROPER(L18)&")"
>   ①   ②
>
> ① UPPER(K18) : [K18] 셀을 대문자로 표시
> ② PROPER(L18) : [L18] 셀은 첫 글자만 대문자로 표시
>
> =①&"("&②&")" : ①(②) 형식으로 표시

05 이용요금계산[D31:D38]

[D31] 셀에 =(HOUR(C31-B31)*60+MINUTE(C31-B31))/10*1000를 입력하고 [D38] 셀까지 수식을 복사한다.

> 💬 함수 설명
>
> =(HOUR(C31-B31)*60+MINUTE(C31-B31))/10*1000
>   ①   ②
>
> ① HOUR(C31-B31) : [C31-B31] 계산한 시간에서 시(HOUR)만 추출함
> ② MINUTE(C31-B31) : [C31-B31] 계산한 시간에서 분(MINUTE)만 추출함
>
> (①*60+②)/10*1000 : ((시간은 60분이라서 *60) + (분))을 구한 값에 10분당 1000원씩 계산하기 위해서 /10으로 계산

계산작업 문제 03회

▶합격 강의

작업파일 [2025컴활2급\계산작업] 폴더의 '계산작업' 파일을 열어서 작업하시오.

	A	B	C	D	E	F	G	H	I	J	K	L
1	[표1]	단체전 최종점수				[표2]	마라톤 결과					
2	소속팀	성명	연령	점수		가슴번호	연령	기록				
3	GER	K. 미셸	25	55		1199	31	2시간12분				
4	ROC	G. 스베틀라나	23	54		2776	36	2시간08분				
5	KOR	A. 산	20	50		3584	29	2시간11분				
6	GER	U. 리사	33	55		1731	23	2시간14분				
7	KOR	J. 민희	22	56		3024	32	2시간09분				
8	ROC	O. 엘레나	28	53		2176	32	2시간16분				
9	KOR	K. 채영	25	54		1749	27	2시간13분		가장 빠른 기록	❷		
10	GER	S. 카롤라인	20	53		1188	32	2시간10분		2시간8분38초			
11	ROC	P. 크세니아	32	51		2425	24	2시간15분					
12						3104	31	2시간17분				
13	조건			❶								
14	소속팀	팀 KOR 평균 점수		53.33								
15	KOR											
16												
17	[표3]	키즈카페 이용 현황				[표4]	청약가점 현황					
18	이용자	나이	입장시간	퇴장시간	이용요금 ❸	가입자	무주택기간	부양가족수	청약통장 가입기간	가점등급 ❹		
19	김지우	8	11:00	12:30	9,000	김호명	28	30	15	A		
20	민송희	7	11:00	12:30	9,000	정우진	30	25	14	B		
21	정현수	9	11:10	13:10	12,000	성경호	28	20	16	B		
22	박종성	10	11:10	13:40	15,000	장수호	18	30	15	B		
23	임우주	8	11:30	13:30	12,000	민지수	26	20	12	C		
24	강나희	8	11:40	13:50	13,000	염의지	32	35	17	A		
25	곽민준	7	11:50	14:00	13,000	이정우	20	15	10	D		
26	장사랑	6	11:50	14:30	16,000	박마음	16	25	15	C		
27	최성수	9	12:00	14:00	12,000	최수형	26	30	16	A		
28												
29	[표5]	월간 초과근무시간 현황				<가점등급표>						
30	지점명	매니저명	시급	초과근무시간	월지급액	가점	0 이상	40 이상	50 이상	60 이상	70 이상	
31	강남점	이주형	15,000	18	270,000		40 미만	50 미만	60 미만	70 미만		
32	대학로점	송선우	18,500	24	444,000	가점등급	E	D	C	B	A	
33	명동점	민채윤	16,500	15	247,500							
34	강남점	장하나	18,500	9	166,500							
35	명동점	공민선	15,000	12	180,000							
36	대학로점	박서은	18,500	14	259,000							
37	강남점	김정우	16,500	10	165,000							
38	대학로점	박윤서	15,000	21	315,000							
39	명동점	정현성	16,500	15	247,500							
40												
41	지점명	초과근무시간 ❺										
42	강남점	37										
43	명동점	42										
44	대학로점	59										

① [표1]에서 소속팀이 'KOR'인 점수의 평균을 반올림하여 소수 이하 2자리까지 [D14] 셀에 표시하시오. (8점)

▶ 조건은 [A14:A15] 영역에 입력

▶ [표시 예 : 101.276 → 101.28]

▶ ROUND, DAVERAGE 함수 사용

02 [표2]에서 기록[H3:H12]이 가장 빠른 선수의 기록을 찾아 [J10] 셀에 표시하시오. (8점)

▶ [표시 예 : 2:11:46 → 2시간11분46초]

▶ HOUR, MINUTE, SECOND, SMALL 함수와 & 연산자 사용

03 [표3]의 입장시간[C19:C27]과 퇴장시간[D19:D27]을 이용하여 이용요금을 계산하여 [E19:E27] 영역에 표시하시오. (8점)

▶ 이용요금은 10분당 1,000원으로 계산

▶ HOUR, MINUTE 함수 사용

04 [표4]의 무주택기간, 부양가족수, 청약통장 가입기간을 이용하여 가점을 계산하여 〈가점등급표〉를 참조하여 가점등급[K19:K27] 영역에 표시하시오. (8점)

▶ 가점 = 무주택기간 + 부양가족수 + 청약통장 가입기간

▶ 가점등급은 가점이 0이상 40미만이면 'E', 40이상 50미만이면 'D', 50이상 60미만이면 'C', 60이상 70미만은 'B', 70이상은 'A'

▶ HLOOKUP, SUM 함수 사용

05 [표5]를 이용하여 지점명[A31:A39]별 초과근무시간[D31:D39] 합계를 계산하여 [B42:B44] 영역에 표시하시오. (8점)

▶ SUMIF, SUMIFS, COUNTIF, COUNTIFS 함수 중 선택하여 사용

해설

01 평균 점수[D14]

① [A14:A15] 영역에 조건을 입력한다.

	A
13	조건
14	소속팀
15	KOR
16	

② [D14] 셀에 =ROUND(DAVERAGE(A2:D11, D2,A14:A15),2)를 입력한다.

💬 **함수 설명**

=ROUND(DAVERAGE(A2:D11,D2,A14:A15),2)
                       ①

① DAVERAGE(A2:D11,D2,A14:A15) : [A2:D11] 영역에서 [A14: A15] 영역의 조건에 만족한 D열에서 평균을 구함

=ROUND(①,2) : ①의 값을 반올림하여 소수 이하 2자리까지 표시함

02 가장 빠른 기록[J10]

[J10] 셀에 =HOUR(SMALL(H3:H12,1))&"시간"&MINUTE(SMALL(H3:H12,1))&"분"&SECOND(SMALL(H3:H12,1))&"초"를 입력한다.

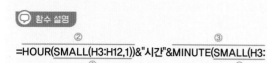
함수 설명

②   ③
=HOUR(SMALL(H3:H12,1))&"시간"&MINUTE(SMALL(H3:
      ①   ①

④
H12,1))&"분"&SECOND(SMALL(H3:H12,1))&"초"
                        ①

① SMALL(H3:H12,1) : [H3:H12] 영역에서 첫 번째 빠른 기록을 가져옴
② HOUR(①) : ①에서 '시' 부분만 추출함
③ MINUTE(①) : ①에서 '분' 부분만 추출함
④ SECOND(①) : ①에서 '초' 부분만 추출함

=②&"시간"&③&"분"&④&"초" : ②시간③분④초 형식으로 표시

03 이용요금[E19:E27]

[E19] 셀에 =(HOUR(D19−C19)*60+MINUTE(D19−C19))/10*1000를 입력하고 [E27] 셀까지 수식을 복사한다.

함수 설명

=(HOUR(D19−C19)*60+MINUTE(D19−C19))/10*1000
        ①   ②

① HOUR(D19−C19) : [D19−C19] 계산한 시간에서 시(HOUR)만 추출함
② MINUTE(D19−C19) : [D19−C19] 계산한 시간에서 분(MINUTE)만 추출함

((①*60+②)/10*1000 : ((시간은 60분이라서 *60) + (분))을 구한 값에 10분당 1000원씩 계산하기 위해서 /10으로 계산

04 가점등급[K19:K27]

[K19] 셀에 =HLOOKUP(SUM(H19:J19),$H$30:$L$32,3,TRUE)를 입력하고 [K27] 셀까지 수식을 복사한다.

함수 설명

=HLOOKUP(SUM(H19:J19),$H$30:$L$32,3,TRUE)

① SUM(H19:J19) : [H19:J19] 영역의 합계를 구함

=HLOOKUP(①,$H$30:$L$32,3,TRUE) : ①의 값을 [H30:L32] 영역의 첫 번째 행에서 값을 찾아 3번째 행에서 값을 찾아옴

05 초과근무시간[B42:B44]

[B42] 셀에 =SUMIF($A$31:$A$39,A42,$D$31:$D$39)를 입력하고 [B44] 셀까지 수식을 복사한다.

함수 설명

[A31:A39] 영역에서 [A42] 셀(강남점)을 찾아 같은 행의 [D31:D39] 셀의 합계를 구함

계산작업 문제 04회

작업파일 [2025검활2급₩계산작업] 폴더의 '계산작업' 파일을 열어서 작업하시오.

	A	B	C	D	E	F	G	H	I	J	K
1	[표1]	차량판매 현황					[표2]	차량5부제		<운행제한 요일표>	
2	영업사원명	근무년수	2023년	2024년	비고 ❶		차량번호	운휴일 ❷		끝번호	요일
3	민정호	9	45	42	★		2하2005	금요일		1	월요일
4	정우진	16	51	60			3다7709	목요일		2	화요일
5	한성준	8	28	34			2부2893	수요일		3	수요일
6	김수철	12	45	55			8더5562	화요일		4	목요일
7	오희연	9	42	58	★		4머8681	월요일		0	금요일
8	민종선	7	35	39							
9	박성훈	6	40	43	★						
10											
11	[표3]	빌딩 입주기업 하계휴가 일정표					[표4]	청약 가입자 현황			
12	기업명	휴가시작일	일수	출근일 ❸			신청순서	가입자	가입지역	청약가입일자	가입코드 ❹
13	케이전자	2025-07-26	5	2025-08-01			1	김호명	seoul	2006-03-05	1Se2006
14	미래유통	2025-08-02	7	2025-08-12			2	정우진	busan	2007-04-06	2Bu2007
15	나라기업	2025-08-16	4	2025-08-21			3	성경호	ulsan	2005-10-13	3Ul2005
16	월드비전	2025-08-02	5	2025-08-08			4	장수호	incheon	2011-04-05	4In2011
17	스카이무역	2025-07-26	7	2025-08-05			5	민지수	daejeon	2010-08-02	5Da2010
18	정호정공	2025-08-02	4	2025-08-07			6	염의지	seoul	2011-04-05	6Se2011
19	합동상사	2025-08-02	5	2025-08-08			7	이정우	incheon	2009-10-04	7In2009
20	영남기업	2025-07-26	4	2025-07-31			8	박마음	busan	2007-02-10	8Bu2007
21	사랑재단	2025-08-09	5	2025-08-15							
22											
23	[표5]	선택과목 평균									
24	학년	영역구분	선택과목명	평균							
25	2	사탐	윤리	90.51	2학년 사탐 최대최저						
26	3	과탐	생명과학	78.16	90.51(최저75.24)						
27	2	사탐	역사	75.24	❺						
28	2	과탐	물리학	86.45							
29	3	과탐	화학	65.89							
30	2	사탐	일반사회	84.32							
31	3	사탐	윤리	90.12							
32	2	과탐	지구과학	78.56							
33	2	사탐	지리	79.58							
34	3	사탐	일반사회	91.54							
35	3	과탐	물리학	89.41							
36	3	사탐	역사	85.32							
37	2	과탐	화학	89.54							
38	3	사탐	일반사회	75.95							
39	2	과탐	생명과학	78.54							
40											

01 [표1]에서 근무년수가 10년 미만이고, 2023년, 2024년 중에서 40 이상이 1회 이상이면 '★' 그 외는 공백으로 비고[E3:E9] 영역에 표시하시오. (8점)

▶ IF, AND, COUNTIF 함수 사용

② [표2]에서 〈운행제한 요일표〉를 참조하여 차량번호[G3:G7]의 마지막 숫자가 1 또는 6이면 '월요일', 2 또는 7이면 '화요일', 3 또는 8이면 '수요일', 4 또는 9이면 '목요일', 5 또는 0이면 '금요일'로 운휴일[H3:H7] 영역에 표시하시오. (8점)

    ▶ VLOOKUP, MOD, RIGHT 함수 사용

③ [표3]의 휴가시작일[B13:B21]에 일수[C13:C21]을 더하여 출근일[D13:D21]에 표시하시오. (8점)

    ▶ WORKDAY 함수 사용

④ [표4]의 신청순서[F13:F20], 가입지역[H13:H20], 청약가입일자[I13:I20]을 참조하여 가입코드[J13:J20]을 표시하시오. (8점)

    ▶ 가입코드는 신청순서, 가입지역은 왼쪽 2글자를 첫 글자만 대문자, 청약가입일자의 년도를 연결하여 표시

    ▶ [표시 예 : 신청순서1, 가입지역 seoul, 청약가입일자 2006-03-05 → 1Se2006]

    ▶ PROPER, LEFT, YEAR 함수와 & 연산자 사용

⑤ [표5]를 이용하여 학년이 2학년이고 영역구분이 사탐에 해당한 평균의 최대값과 최소값을 [표시 예]와 같이 [E26] 셀에 표시하시오. (8점)

    ▶ [표시 예 : 최대값 85.05, 최소값 60.12 → 85.05(최저60.12)]

    ▶ 조건은 [A24:B25] 영역을 참조

    ▶ DMAX, DMIN 함수와 & 연산자 사용

해설

① 비고[E3:E9]

[E3] 셀에 =IF(AND(B3〈10,COUNTIF(C3:D3,"〉=40"))>=1),"★","")를 입력하고 [E9] 셀까지 수식을 복사한다.

함수 설명

=IF(AND(B3〈10,COUNTIF(C3:D3,"〉=40")〉=1),"★","")

① COUNTIF(C3:D3,"〉=40") : [C3:D3] 영역에서 40 이상인 셀의 개수를 구함
② AND(B3〈10,①〉=1) : [B3] 셀의 값이 10보다 작고 ①의 값이 1이상이면 TRUE 값이 반환

=IF(②,"★","") : ②의 값이 TRUE이면 '★', 그 외는 공백으로 표시

② 운휴일[H3:H7]

[H3] 셀에 =VLOOKUP(MOD(RIGHT(G3,1),5),$J$3:$K$7,2,FALSE)를 입력하고 [H7] 셀까지 수식을 복사한다.

함수 설명

=VLOOKUP(MOD(RIGHT(G3,1),5),$J$3:$K$7,2,FALSE)

① RIGHT(G3,1) : [G3] 셀에서 오른쪽에서 1글자를 추출함
② MOD(①,5) : ①의 값을 5로 나눈 나머지 값을 구함

=VLOOKUP(②,$J$3:$K$7,2,FALSE) : ②의 값을 [J3:K7] 영역의 첫 번째 열에서 찾아 정확하게 일치하는 값을 2번째 열의 값을 찾아옴

03 출근일[D13:D21]

[D13] 셀에 =WORKDAY(B13,C13)를 입력하고 [D21] 셀까지 수식을 복사한다.

함수 설명

[B13] 셀의 날짜에 평일 일수로 [C13] 셀의 값을 더한 날짜를 구함

04 가입코드[J13:J20]

[J13] 셀에 =F13 & PROPER(LEFT(H13,2)) & YEAR (I13)를 입력하고 [J20] 셀까지 수식을 복사한다.

함수 설명

=F13 & PROPER(LEFT(H13,2)) & YEAR(I13)

① LEFT(H13,2) : [H13] 셀에서 왼쪽에서부터 시작하여 2글자를 추출함
② PROPER(①) : ①의 값을 첫 글자는 대문자로 표시
③ YEAR(I13) : [I13] 셀의 년도를 구함

05 2학년 사탐 최대최저[E26]

[E26] 셀에 =DMAX(A24:D39,D24,A24:B25)& "(최저"&DMIN(A24:D39,D24,A24:B25)&")"를 입력한다.

함수 설명

=DMAX(A24:D39,D24,A24:B25)&"(최저"&DMIN(A24:D39, D24,A24:B25)&")"

① DMAX(A24:D39,D24,A24:B25) : [A24:D39] 영역에서 [A24: B25] 영역의 조건에 만족한 데이터의 [D]열에서 최대값을 구함
② DMIN(A24:D39,D24,A24:B25) : [A24:D39] 영역에서 [A24: B25] 영역의 조건에 만족한 데이터의 [D]열에서 최소값을 구함

=①&"(최저"&②&")" : ①(최저②) 형식으로 표시

계산작업 문제 05회

작업파일 | [2025컴활2급₩계산작업] 폴더의 '계산작업' 파일을 열어서 작업하시오.

	A	B	C	D	E		F	G	H	I	J
1	[표1]	매출분석					[표2]	동아리 활동 현황			
2	대리점명	사원명	매출금액	순위			성명	동아리명	가입일	활동일수 ❷	
3	서울	민정호	23,545,850				민지희	테니스	2018-03-05	2,030	
4	대전	정우진	34,545,721	3위			성미진	배드민턴	2019-04-15	1,624	
5	서울	한성준	45,689,420	1위			김성훈	탁구	2020-05-24	1,219	
6	대전	김수철	12,587,120				최민정	테니스	2018-02-22	2,041	
7	서울	오희연	32,123,480				김창훈	탁구	2019-07-12	1,536	
8	부산	민종선	42,189,420	2위			이수현	테니스	2021-01-01	997	
9	대전	박성훈	32,978,140				김광림	탁구	2020-12-20	1,009	
10	서울	최우성	21,487,450				최미정	배드민턴	2020-05-04	1,239	
11											
12	대리점명		대전점 합계								
13	대전		80,111,000								
14			❶								
15	[표3]	2학기 성적표					[표4]	청약가입현황			
16	성명	중간고사	기말고사	평균	비고 ❸		성명	청약통장가입기간	청약금액	결과	
17	전서윤	78	95	86.5	면담		김호명	12	9,000,000		
18	민지수	89	79	84	면담		정우진	8	10,000,000		
19	정혜성	92	94	93			성경호	10	12,000,000	평균보다큼	
20	윤여운	88	91	89.5			장수호	9	7,000,000		
21	강소라	65	78	71.5	면담		민지수	11	11,000,000	평균보다큼	
22	김채연	95	82	88.5			염의지	13	10,000,000	평균보다큼	
23	이진희	96	89	92.5			이정우	7	6,000,000		
24	박소율	82	75	78.5	면담		박마음	5	7,000,000		
25	최나영	76	65	70.5	면담						
26	공수지	64	75	69.5	면담						
27	전연승	96	90	93							
28											
29	[표5]	안전교육 참석 현황									
30	참석자명	1회차	2회차	3회차	4회차	이수여부 ❺					
31	마영택		O		O						
32	전미영	O	O	O	O	이수					
33	장미선		O		O						
34	이동성	O	O	O		이수					
35	김정호	O	O		O	이수					
36	안진성	O		O							
37	기소영	O	O		O	이수					
38											

01 [표1]에서 대리점명이 대전에 해당한 매출금액의 합계를 백 단위에서 올림하여 [표시 예]와 같이 [C13] 셀에 표시하시오. (8점)

- ▶ [A12:A13] 영역에 조건을 입력하여 사용
- ▶ [표시 예 : 79,812,320 → 79,813,000]
- ▶ DSUM, DAVERAGE, ROUNDUP, ROUNDDOWN 함수 중 알맞은 함수 사용

02 [표2]에서 가입일[H3:H10]에서 오늘 날짜까지 활동일수를 계산하여 [I3:I10] 영역에 표시하시오. (8점)

- ▶ DAYS, TODAY 함수 사용

03 [표3]에서 평균이 전체 평균의 중간값 이하이면 '면담', 그 외는 공백으로 비고[E17:E27] 영역에 표시하시오. (8점)

- ▶ IF, MEDIAN, MODE.SNGL, STDEV.S 함수 중 알맞은 함수 사용

04 [표4]에서 청약통장가입기간이 전체 청약통장가입기간 평균보다 크고, 청약금액이 전체 청약금액 평균보다 큰 경우 '평균보다큼'을 표시하고, 그 외는 공백으로 [J17:J24] 영역에 표시하시오. (8점)

- ▶ IF, AND, AVERAGE 함수 사용

05 [표5]를 이용하여 안전교육 3회 이상이면 '이수', 그 외는 공백으로 이수여부[F31:F37] 영역에 표시하시오. (8점)

- ▶ 안전교육에 이수한 부분에 'O'가 표시됨
- ▶ IF, COUNTBLANK 함수 사용

해설

01 대전점 합계[C13]

[A12:A13] 영역에 다음과 같이 조건을 입력한 후, [C13] 셀에 =ROUNDUP(DSUM(A2:D10,C2,A12:A13),−3)를 입력한다.

	A	B
11		
12	대리점명	
13	대전	
14		

💬 **함수 설명** =ROUNDUP(DSUM(A2:D10,C2,A12:A13),−3)
　　　　　　　　　　　　　　　　①

① DSUM(A2:D10,C2,A12:A13) : [A2:D10] 영역에서 [A12:A13]의 조건에 만족한 데이터의 C열 매출금액의 합계를 구함

=ROUNDUP(①,−3) : ①의 값을 백의 자리에서 올림하여 표시

02 활동일수[I3:I10]

[I3] 셀에 =DAYS(TODAY(),H3)를 입력하고 [I10] 셀까지 수식을 복사한다.

> 🗨 함수 설명
>
> =DAYS(<u>TODAY()</u>,H3)
>   ①
>
> ① TODAY() : 오늘 날짜를 구함
>
> =DAYS(①,H3) : [H3]의 날짜부터 오늘 날짜까지의 일수를 구함

※ 실습하는 날짜에 따라 결과가 다름

03 비고[E17:E27]

[E17] 셀에 =IF(D17<=MEDIAN($D$17:$D$27), "면담"," ")를 입력하고 [E27] 셀까지 수식을 복사한다.

> 🗨 함수 설명
>
> =IF(D17<=<u>MEDIAN($D$17:$D$27)</u>,"면담","")
>   ①
>
> ① MEDIAN($D$17:$D$27) : [D17:D27] 영역의 중간값을 구함
>
> =IF(D17<=①,"면담","") : [D17] 셀의 값이 ①의 값 이하이면 '면담', 그 외는 공백으로 표시

04 결과[J17:J24]

[J17] 셀에 =IF(AND(H17>AVERAGE($H$17:$H $24),I17>AVERAGE($I$17:$I$24)),"평균보다 큼"," ")를 입력하고 [J24] 셀까지 수식을 복사한다.

> 🗨 함수 설명
>
>   ③
> =IF(AND(H17><u>AVERAGE($H$17:$H$24)</u>,I17><u>AVERAGE</u>
>   ①   ②
> (<u>$I$17:$I$24)</u>),"평균보다큼","")
>
> ① AVERAGE($H$17:$H$24) : [H17:H24] 영역의 평균값을 구함
> ② AVERAGE($I$17:$I$24) : [I17:I24] 영역의 평균값을 구함
> ③ AND(H17>①,I17>②) : [H17] 셀의 값이 ①보다 크고 [I17] 셀의 값이 ②보다 크면 TRUE 값이 반환
>
> =IF(③,"평균보다큼","") : ③의 값이 TRUE이면 '평균보다큼', 그 외는 공백으로 표시

05 이수여부[F31:F37]

[F31] 셀에 =IF(COUNTBLANK(B31:E31)<=1,"이 수"," ")를 입력하고 [F37] 셀까지 수식을 복사한다.

> 🗨 함수 설명
>
> =IF(<u>COUNTBLANK(B31:E31)</u><=1,"이수","")
>   ①
>
> ① COUNTBLANK(B31:E31) : [B31:E31] 영역의 비어 있는 셀의 개수를 구함
>
> =IF(①<=1,"이수","") : ①의 값이 1이하이면 '이수', 그 외는 공백으로 표시

작업파일 [2025컴활2급\계산작업] 폴더의 '계산작업' 파일을 열어서 작업하시오.

	A	B	C	D	E
1	[표1]	급여현황			
2	사원명	소속팀	직위	기본급	상여금
3	민선아	재무팀	선임	3,300,000	1,155,000
4	최민지	마케팅팀	팀장	4,500,000	1,575,000
5	여서연	홍보팀	주임	2,800,000	980,000
6	김성원	마케팅팀	선임	3,300,000	1,155,000
7	강호성	마케팅팀	책임	3,900,000	1,365,000
8	성나영	홍보팀	선임	3,400,000	1,190,000
9	이정훈	마케팅팀	주임	2,700,000	945,000
10	정호성	재무팀	책임	3,800,000	1,330,000

	A	B	C	D	E
12	상여금이 1,300,000원 보다 크면서,				❶ 3명
13	평균기본급이상인 사원수				

[표2] 자동차 주행 기록

	H	I	J	K	L
1	[표2]	자동차 주행 기록			
2	소속	선수명	출발시간	도착시간	주행기록 ❷
3	노원마스터	강소라	15:24:32	16:18:24	0:55:52
4	강남자동차	정민지	15:55:24	16:11:55	0:16:31
5	강동마스터	한여선	13:35:33	14:43:37	1:10:04
6	강북자동차	김소회	14:18:16	17:49:02	3:30:46
7	서초마스터	이정후	14:32:41	14:59:21	0:28:40
8	사당자동차	최인선	17:12:29	18:28:21	1:15:52
9	용산자동차	박성훈	14:58:02	15:15:32	0:17:30

	A	B	C	D	E
15	[표3]	택배 요금표			
16		서울	수도권	타지역	제주도
17	서울	5,000	5,000	6,000	9,000
18	수도권	5,000	5,000	6,000	9,000
19	타지역	6,000	6,000	5,000	9,000
20	제주도	9,000	9,000	9,000	5,000

	C	D	E
22	출발지	도착지	택배요금 ❸
23	서울	타지역	6,000

[표4] 실비보험 청구 구비서류

	H	I	J	K	L
12	[표4]	실비보험 청구 구비서류		기본공제액	8,000
13	환자명	환자ID	공단부담금	본인부담금	구비서류 ❹
14	최영호	C09121	154,800	98,500	영수증
15	민백훈	C10122	12,540	5,600	
16	안영미	C08231	252,400	152,400	진단서
17	정호환	C09873	85,760	35,680	영수증
18	김선영	C08620	198,560	125,000	진단서
19	이미선	C07320	8,590	3,500	
20	최은수	C20003	105,700	102,000	영수증
21	우서연	C21921	198,560	124,500	진단서
22	박민준	C08201	985,600	86,420	영수증

	A	B	C
25	[표5]	인사평가결과	
26	사번	성별	점수
27	C0702	여	91.2
28	C0703	여	95.4
29	C0704	남	92.4
30	C0705	여	89.3
31	C0706	여	88.7
32	C0707	남	93.1
33	C0708	여	89.4
34	C0709	남	88.7
35	C0710	여	94.1
36	C0711	남	79.5

	D	E
32	성별	평균 ❺
33	남	88.5
34	여	91.4

❶ **[표1]**에서 상여금이 1,300,000 보다 크고, 기본급이 기본급의 전체 평균 이상인 사원수를 계산하여 [표시 예]와 같이 [E12] 셀에 표시하시오. (8점)

▶ [표시 예 : 2 → 2명]
▶ COUNTIFS, AVERAGE 함수와 & 연산자 이용

❷ **[표2]**에서 소속[H3:H9], 출발시간[J3:J9], 도착시간[K3:K9]를 이용하여 주행기록[L3:L9]을 계산하시오. (8점)

▶ 주행기록 = 도착시간 − 출발시간
▶ 소속의 오른쪽 세 글자가 "마스터"이면 주행기록에 2분을 추가할 것
▶ IF, TIME, RIGHT 함수 사용

03 [표3]의 택배요금표를 참조하여 출발지와 도착지 번호를 찾아 [표3]의 택배요금표에서 값을 찾아 [E23] 셀에 표시하시오. (8점)

   ▶ INDEX, MATCH 함수 사용

04 [표4]에서 본인부담금에서 기본공제액을 뺀 차액이 100000 이상이면 '진단서', 차액이 1000 이상이면 '영수증', 그 외는 공백을 구비서류[L15:L23] 영역에 표시하시오. (8점)

   ▶ IFS 함수 사용

05 [표5]를 이용하여 성별별 점수의 평균을 올림하여 소수 이하 1자리로 [F33:F34] 영역에 표시하시오. (8점)

   ▶ ROUNDUP, AVERAGEIF 함수 사용

해설

01 사원수[E12]

[E12] 셀에 =COUNTIFS(E3:E10,")1300000", D3:D10,")="&AVERAGE(D3:D10))&"명"를 입력한다.

> 💬 **함수 설명**

=COUNTIFS(E3:E10,")1300000",D3:D10,")="&AVERAGE(D3:D10))&"명"
                                                    ①

① AVERAGE(D3:D10) : [D3:D10] 영역의 평균을 구함

=COUNTIFS(E3:E10,")1300000",D3:D10,")="&①)&"명" :
[E3:E10] 영역에서 1,300,000보다 크고, [D3:D10] 영역의 값이 ①의 값 이상인 셀의 개수를 구한 후에 '명'을 붙여서 표시

02 주행기록[L3:L9]

[L3] 셀에 =IF(RIGHT(H3,3)="마스터",(K3-J3)+TIME(,2,),K3-J3)를 입력하고 [L9] 셀까지 수식을 복사한다.

> 💬 **함수 설명**

=IF(RIGHT(H3,3)="마스터",(K3-J3)+TIME(,2,),K3-J3)
        ①   ②

① RIGHT(H3,3) : [H3] 셀에서 오른쪽에서 3글자를 추출함
② (K3-J3)+TIME(,2,) : [K3-J3] 값이 2분을 더함

=IF(①="마스터",②,K3-J3) : ①이 마스터와 같으면 ②, 그 외는 [K3-J3] 셀의 결과 값을 표시

03 택배요금[E23]

[E23] 셀에 =INDEX(B17:E20,MATCH(C23,A17:A20,0),MATCH(D23,B16:E16,0))를 입력한다.

=INDEX(B17:E20,<u>MATCH(C23,A17:A20,0)</u>,<u>MATCH(D23,</u>
                          ①   ②
<u>B16:E16,0)</u>)

① MATCH(C23,A17:A20,0) : [C23] 셀의 값을 [A17:A20] 영역에서 상대적인 위치 값을 구함
② MATCH(D23,B16:E16,0) : [D23] 셀의 값을 [B16:E16] 영역에서 상대적인 위치 값을 구함

04 구비서류[L15:L23]

[L15] 셀에 =IFS(K15-$L$13>=100000,"진단서",K15-$L$13>=1000,"영수증",TRUE,"")를 입력하고 [L23] 셀까지 수식을 복사한다.

=IFS(<u>K15-$L$13</u>>=100000,"진단서",<u>K15-$L$13</u>>=1000,
          ①   ①
"영수증",TRUE,"")

① K15-$L$13 : (본인부담금 − 기본공제액) 값을 구함

=IFS(①>=100000,"진단서",①>=1000,"영수증",TRUE,"") : ①의 값이 100000 이상이면 '진단서', ①의 값이 1000 이상이면 '영수증', 그 외는 공백으로 표시

05 평균[F33:F34]

[F33] 셀에 =ROUNDUP(AVERAGEIF($B$27:$B$36,E33,$C$27:$C$36),1)를 입력하고 [F34] 셀까지 수식을 복사한다.

=ROUNDUP(<u>AVERAGEIF($B$27:$B$36,E33,$C$27:$C$36)</u>,1)
                                ①

① AVERAGEIF($B$27:$B$36,E33,$C$27:$C$36) : [B27:B36] 영역에서 [E33] 셀의 값을 찾아 같은 행의 [C27:C36] 영역의 평균값을 구함

▶ 합격 강의

작업파일 [2025컴활2급₩계산작업] 폴더의 '계산작업' 파일을 열어서 작업하시오.

[표1]   1학기 등록현황

등록번호	학생명	주민등록번호	성별❶
Y2100201	최진영	980405-13XXXX	남
Y2100202	민호진	010612-34XXXX	남
Y2100203	박사랑	020804-41XXXX	여
Y2100204	김미영	020505-42XXXX	여
Y2100205	주진수	991228-15XXXX	남
Y2100206	안수연	010130-42XXXX	여
Y2100207	강나영	980607-21XXXX	여
Y2100208	이수영	011218-42XXXX	여

[표2]   청소년문학상 수상내역

참가자명	문장력	참신성	총점	수상내역❷
인지선	92	89	181	장려상
정수현	89	96	185	동상
박민주	92	98	190	금상
최소현	96	93	189	은상
연정훈	88	91	179	장려상
강미소	91	89	180	장려상
송소희	89	93	182	장려상
이정연	97	98	195	대상
김선	94	94	188	동상

<수상내역 표>

순위	수상
1	대상
2	금상
3	은상
4	동상
6	장려상

[표3]   직업체험관 이용현황

체험일자	학생명	희망직업	성별	근무처	체험관 닉네임❸
06월 20일	정우진	chef	남	종로	종로CHEF
06월 20일	최민혁	dancer	남	강남	강남DANCER
06월 20일	정여진	doctor	여	대전	대전DOCTOR
06월 20일	공서연	engineer	여	울산	울산ENGINEER
06월 20일	성정훈	farmer	남	충주	충주FARMER
06월 20일	김현수	rider	남	송파	송파RIDER
06월 20일	민지우	nurse	여	인천	인천NURSE
06월 20일	안정연	teacher	여	강서	강서TEACHER
06월 20일	서정희	soldier	여	철원	철원SOLDIER
06월 20일	이정훈	fisher	남	남해	남해FISHER

[표4]   추석선물세트 주문현황

주문코드	주문일자	가격	세트분류❹
FR0903A	2025-09-03	56,000	과일세트
MT0905B	2025-09-05	98,000	고기세트
HS0905A	2025-09-05	36,000	기타세트
MT0908C	2025-09-08	78,000	고기세트
RS0908B	2025-09-08	45,000	기타세트
FR0910C	2025-09-10	45,000	과일세트
FR0910B	2025-09-10	55,000	과일세트
SR0913A	2025-09-13	42,000	기타세트

[표5]   볼링동아리 현황

학생명	성별	학년	평균점수
정우진	남	1학년	75
최민혁	남	2학년	128
정여진	여	3학년	142
공서연	여	1학년	135
성정훈	남	2학년	132
김현수	남	1학년	110
민지우	여	3학년	154
안정연	여	2학년	104
서정희	여	1학년	125
이정훈	남	3학년	175
전인지	여	3학년	163
한혜진	여	2학년	142
권상우	남	3학년	172

<수준표>

평균점수	수준
80	초보
110	중급
145	고급

학년별 볼링수준

학년	평균수준❺
3학년	고급
2학년	중급
1학년	중급

01 [표1]의 주민등록번호[C3:C10]의 8번째 숫자가 1 또는 3이면 '남', 2 또는 4 이면 '여'를 성별[D3:D10] 영역에 표시하시오. (8점)

▶ CHOOSE, MID 함수 사용

02 [표2]의 총점[I3:I11]의 순위를 구하여 〈수상내역 표〉를 참조하여 수상내역을 찾아 [J3:J11] 영역에 표시하시오. (8점)

▶ 순위가 1등은 '대상', 2등은 '금상', 3등은 '은상', 4 ~ 5등은 '동상', 6등부터는 '장려상'으로 표시

▶ VLOOKUP, RANK.EQ 함수 사용

03 [표3]의 근무처와 희망직업의 공백을 제거하고 대문자로 연결하여 체험관 닉네임[F15:F24] 영역에 표시하시오. (8점)

▶ [표시 예 : 근무처가 '종로'와 희망직업 ' chef' → 종로CHEF]

▶ UPPER, TRIM 함수와 & 연산자 사용

04 [표4]의 주문코드[H15:H22]의 왼쪽의 2글자가 'FR'이면 '과일세트', 'MT'이면 '고기세트', 그 외는 '기타세트'를 세트분류[K15:K22] 영역에 표시하시오. (8점)

▶ IFS, LEFT 함수

05 [표5]의 학년별 평균점수의 평균값을 구하여 〈수준표〉를 참조하여 [G34:G36] 영역에 평균수준을 표시하시오. (8점)

▶ 평균값이 80 이상 110 미만이면 '초보', 110 이상 145 미만이면 '중급', 145 이상이면 '고급'으로 표시

▶ VLOOKUP, AVERAGEIF 함수 사용

해설

01 성별[D3:D10]

[D3] 셀에 =CHOOSE(MID(C3,8,1),"남","여","남","여")를 입력하고 [D10] 셀까지 수식을 복사한다.

💬 함수 설명

=CHOOSE(MID(C3,8,1),"남","여","남","여")
                ①

① MID(C3,8,1) : [C3] 셀의 8번째부터 시작하여 1글자를 추출

=CHOOSE(①,"남","여","남","여") : ①의 값이 1이면 '남', 2이면 '여', 3이면 '남', 4이면 '여'

02 수상내역[J3:J11]

[J3] 셀에 =VLOOKUP(RANK.EQ(I3,$I$3:$I$11),$L$6:$M$10,2,TRUE)를 입력하고 [J11] 셀까지 수식을 복사한다.

💬 함수 설명

=VLOOKUP(RANK.EQ(I3,$I$3:$I$11),$L$6:$M$10,2,TRUE)
                ①

① RANK.EQ(I3,$I$3:$I$11) : [I3] 셀의 값을 [I3:I11] 영역에서 순위를 구함

=VLOOKUP(①,$L$6:$M$10,2,TRUE) : ①의 값을 [L6:M10] 영역의 첫 번째 열에서 찾아 2번째 열에서 값을 찾아옴

03 체험관 닉네임[F15:F24]

[F15] 셀에 =E15&UPPER(TRIM(C15))를 입력하고 [F24] 셀까지 수식을 복사한다.

💬 함수 설명

$$\text{=E15\&}\underset{①}{\underline{\text{UPPER}(\overset{②}{\overline{\text{TRIM(C15)}}})}}$$

① TRIM(C15) : [C15] 셀의 공백을 제거
② UPPER(①) : ①의 값을 대문자로 표시

=E15&② : [E15] 셀과 ②을 연결하여 표시

04 세트분류[K15:K22]

[K15] 셀에 =IFS(LEFT(H15,2)="FR","과일세트", LEFT(H15,2)="MT","고기세트",TRUE,"기타세트")를 입력하고 [K22] 셀까지 수식을 복사한다.

💬 함수 설명

$$\text{=IFS(}\underset{①}{\underline{\text{LEFT(H15,2)}}}\text{="FR","과일세트",}\underset{①}{\underline{\text{LEFT(H15,2)}}}\text{="MT","고}$$
기세트",TRUE,"기타세트")

① LEFT(H15,2) : [H15] 셀에서 왼쪽에서부터 2글자를 추출함

=IFS(①="FR","과일세트",①="MT","고기세트",TRUE,"기타세트") : ①의 값이 'FR'이면 '과일세트', ①의 값이 'MT'이면 '고기세트' 그 외는 '기타세트'로 표시

05 평균수준[G34:G36]

[G34] 셀에 =VLOOKUP(AVERAGEIF($C$28: $C$40,F34,$D$28:$D$40),$F$28:$G$30,2)를 입력하고 [G36] 셀까지 수식을 복사한다.

💬 함수 설명

$$\text{=VLOOKUP(}\underset{①}{\underline{\text{AVERAGEIF($C$28:$C$40,F34,$D$28:$D$40)}}}\text{,$F$28:$G$30,2)}$$

① AVERAGEIF($C$28:$C$40,F34,$D$28:$D$40) : [C28:C40] 영역에서 [F34] 셀의 값을 찾아 같은 행의 [D28:D40] 영역의 평균값을 구함

=VLOOKUP(①,$F$28:$G$30,2) : ①의 값을 [F28:G30] 영역의 첫 번째 열에서 값을 찾아 2번째 열에서 값을 추출함

계산작업 문제 08회

작업파일 [2025컴활2급₩계산작업] 폴더의 '계산작업' 파일을 열어서 작업하시오.

	A	B	C	D	E	F	G	H	I	J	K	L	M
1	[표1]		1학기 평가결과					[표2]		반찬 만들기 실습 일정		<코드별 실습요일>	
2	학과코드	성명	중간평가	기말평가	출석점수	결과 ❶		반찬코드	분류	실습요일 ❷		끝번호	요일
3	T1	오민수	70	65	72			D4207	김치반찬	수요일		1	월요일
4	T2	정지영	95	95	95	장학생		C0105	밑반찬	월요일		2	화요일
5	S2	남궁연	85	85	71			B3702	국/찌개	화요일		3	수요일
6	S1	백석희	90	95	100			D4508	찜요리	목요일		4	목요일
7	T2	서은혁	60	55	60			C0916	조림요리	화요일		5	월요일
8	D2	강이수	100	90	95	장학생		B2104	무침요리	목요일		6	화요일
9	T1	신경숙	90	95	89			A2013	죽	수요일		7	수요일
10	T1	이문영	85	80	65			A1011	나물	월요일		8	목요일
11													
12	[표3]		동호회 멤버					[표4]		꽃배달 주문현황			
13	성명	성별	주민등록번호	생년월일 ❸				상품코드	주문자	상품명	구분 ❹		
14	고재경	남	920222-104****	1992년02월22일				M-120	이민수	순간	분재		
15	구혜란	여	851019-225****	1985년10월19일				N-082	김병훈	비양카	화분		
16	김비승	여	991111-222****	1999년11월11일				S-035	최주영	러브 블라썸	꽃상자		
17	김상균	남	000105-357****	2000년01월05일				M-072	길미라	하이라이트	분재		
18	김양미	여	820202-215****	1982년02월02일				S-141	나태후	사랑데이	꽃상자		
19	김연규	남	970920-179****	1997년09월20일				N-033	전영태	첫사랑	화분		
20	김영숙	여	011211-465****	2001년12월11일				M-037	조영선	빛이나	분재		
21	공익균	남	810409-145****	1981년04월09일				A-028	박민혜	비올레타	코드오류		
22	김자윤	여	921121-262****	1992년11월21일									
23	김주현	여	020521-447****	2002년05월21일				<구분표>					
24								상품코드	S	N	M		
25	[표5]		회원 관리 현황					구분	꽃상자	화분	분재		
26	회원코드	구매횟수	총결제액	고객등급 ❺									
27	MV-501	5	1,760,000	일반									
28	MV-502	12	4,230,000	일반									
29	MV-503	24	7,800,000	골드									
30	MV-504	8	2,820,000	일반									
31	MV-505	11	3,880,000	일반									
32	MV-506	22	7,750,000	골드									
33	MV-507	16	5,640,000	일반									
34	MV-508	27	9,510,000	MVG									
35	MV-509	24	8,450,000	MVG									
36	MV-510	18	6,340,000	골드									
37													

01 [표1]에서 중간평가, 기말평가의 합이 190 이상이고, 출석점수 90 이상이면 '장학생', 그 외는 공백으로 결과[F3:F10] 영역에 표시하시오. (8점)

▶ IF, AND, SUM 함수 사용

02 [표2]의 반찬코드[H3:H10]의 마지막 숫자를 이용하여 〈코드별 실습요일〉 표를 참조하여 실습요일을 [J3:J10] 영역에 표시하시오. (8점)

▶ VLOOKUP, RIGHT 함수 사용

03 [표3]에서 주민등록번호[C14:C23]에서 하이픈(−)의 다음 문자가 2 이하이면 '19', 그 외는 '20'을 년도에 붙여서 생년월일을 [D14:D23] 영역에 표시하시오. (8점)

▶ [표시 예 : 920222−104**** → 1992년02월22일]

▶ IF, MID, LEFT 함수와 & 연산자 사용

04 [표4]의 상품코드[H14:H21] 왼쪽의 한 글자를 이용하여 〈구분표〉를 참조하여 구분[K14:K21] 영역에 표시하시오. (8점)

▶ 상품코드의 'S'로 시작하면 '꽃상자', 'N'으로 시작하면 '화분', 'M'으로 시작하면 '분재'로 표시

▶ S, N, M으로 시작하지 않는 경우에는 '코드오류'로 표시

▶ IFERROR, HLOOKUP, LEFT 함수 사용

05 [표5]의 총결제액[C27:C36] 영역의 순위를 구하여 고객등급을 [D27:D36] 영역에 표시하시오. (8점)

▶ 순위가 1~2등은 'MVG', 3~5등은 '골드', 그 외는 '일반'으로 표시

▶ CHOOSE, RANK.EQ 함수 사용

해설

01 결과[F3:F10]

[F3] 셀에 =IF(AND(SUM(C3:D3)>=190,E3>=90), "장학생","")를 입력하고 [F10] 셀까지 수식을 복사한다.

💬 함수 설명

=IF(AND(SUM(C3:D3)>=190,E3>=90),"장학생","")

① SUM(C3:D3) : [C3:D3] 영역의 합계를 구함

② AND(①>=190,E3>=90) : ①의 값이 190 이상이고, [E3] 셀의 값이 90 이상이면 TRUE 값이 반환

=IF(②,"장학생","") : ②의 값이 TRUE 이면 '장학생', 그 외는 공백으로 표시

02 실습요일[J3:J10]

[J3] 셀에 =VLOOKUP(RIGHT(H3,1),$L$3:$M$10,2,FALSE)를 입력하고 [J10] 셀까지 수식을 복사한다.

💬 함수 설명

=VLOOKUP(RIGHT(H3,1),$L$3:$M$10,2,FALSE)
①

① RIGHT(H3,1) : [H3] 셀에서 오른쪽에서 한 글자를 추출함

=VLOOKUP(①,$L$3:$M$10,2,FALSE) : ①의 값을 [L3:M10] 영역의 첫 번째 열에서 찾아 2번째 열에서 정확하게 일치하는 값을 찾아옴

⑬ 생년월일[D14:D23]

[D14] 셀에 =IF(MID(C14,8,1)<="2","19","20")&LEFT(C14,2)&"년"&MID(C14,3,2)&"월"&MID(C14,5,2)&"일"를 입력하고 [D23] 셀까지 수식을 복사한다.

> **함수 설명**
>
> =IF(MID(C14,8,1)<="2","19","20")&LEFT(C14,2)&"년"&MID&
>   ①   ②
>
> MID(C14,3,2)&"월"&MID(C14,5,2)&"일"
>   ③   ④
>
> ① MID(C14,8,1) : [C14] 셀에서 8번째부터 시작하여 1글자를 추출
> ② LEFT(C14,2) : [C14] 셀에서 왼쪽에서 2글자를 추출
> ③ MID(C14,3,2) : [C14] 셀에서 3번째부터 시작하여 2글자를 추출
> ④ MID(C14,5,2) : [C14] 셀에서 5번째부터 시작하여 2글자를 추출
>
> =IF(①<="2","19","20")&②&"년"&③&"월"&④&"일" : ①의 값이 문자 2이하이면 '19②년③월④일', 그 외로 '20②년③월④일' 으로 표시

⑭ 구분[K14:K21]

[K14] 셀에 =IFERROR(HLOOKUP(LEFT(H14,1),$I$24:$K$25,2,FALSE),"코드오류")를 입력하고 [K21] 셀까지 수식을 복사한다.

> **함수 설명**
>
>   ①
> =IFERROR(HLOOKUP(LEFT(H14,1),$I$24:$K$25,2,FALSE),
>   ②
>
> "코드오류")
>
> ① LEFT(H14,1) : [H14] 셀에서 왼쪽에서부터 1글자를 추출함
> ② HLOOKUP(①,$I$24:$K$25,2,FALSE) : ①의 값을 [I24:K25] 영역의 첫 번째 행에서 찾아 2번째 행에서 정확하게 일치하는 값을 찾음
>
> =IFERROR(②,"코드오류") : ②의 값에 오류가 있다면 '코드오류'로 표시

⑮ 고객등급[D27:D36]

[D27] 셀에 =CHOOSE(RANK.EQ(C27,$C$27:$C$36),"MVG","MVG","골드","골드","골드","일반","일반","일반","일반","일반")를 입력하고 [D36] 셀까지 수식을 복사한다.

> **함수 설명**
>
> =CHOOSE(RANK.EQ(C27,$C$27:$C$36),"MVG","MVG",
>   ①
>
> "골드","골드","골드","일반","일반","일반","일반","일반")
>
> ① RANK.EQ(C27,$C$27:$C$36) : [C27] 셀의 값이 [C27:C36] 영역에서 몇 등인지 순위를 구함
>
> =CHOOSE(①,"MVG","MVG","골드","골드","골드","일반","일반","일반","일반","일반") : ①의 값이 1이면 'MVG', 2이면 'MVG', 3이면 '골드', 4이면 '골드', 5이면 '골드', 6이면 '일반', …. 으로 10등까지 표시

계산작업 문제 09회

▶ 합격 강의

작업파일 [2025컴활2급₩계산작업] 폴더의 '계산작업' 파일을 열어서 작업하시오.

	A	B	C	D	E	F	G	H	I	J
1	[표1]	온라인 요리 수강 현황				[표2]	가구제품 구매등록 현황			
2	과목	분류	결제방법	총수강료		제품코드	가구명	가격	기타	구매등록일
3	디자인케이크	제과제빵	카드	1,250,000		220628D	독서실 책상	369,000	E0(친환경)	2022-06-28
4	건강쿠키	제과제빵	현금	1,000,000		210405B	헤이즐 침대	745,000	E0목재	2021-04-05
5	혼밥요리	한식	카드	1,340,000		210513S	3인 소파	1,860,000	패브릭	2021-05-13
6	쌀베이킹	제과제빵	카드	1,090,000		230122B	수납형 침대	419,000	E0(친환경)	2023-01-22
7	나만의커피	음료	현금	1,290,000		191230D	5단 책상세트	499,000	E0(친환경)	2019-12-30
8	매일반찬	제과제빵	카드	1,150,000		201206C	알렉스 의자	189,000	헤드레스트포함	2020-12-06
9	홈샌드위치	한식	카드	1,320,000		241210D	그로잉 책상	149,000	책상단품	2024-12-10
10	홈칵테일	음료	현금	1,330,000		220312B	침대 프레임 SS	315,000	E0(친환경)	2022-03-12
11	제과제빵 카드 수강료 합계			3,490,000		241223D	슬라이딩책장	249,000	E0(친환경)	2024-12-23
12					❶					❷
13	[표3]	반려견 간식 판매현황				[표4]	한가위 선물세트 판매현황			
14	간식명	분류	판매수량	통조림 비율		선물세트명	판매량			기타
15	닭가슴살 캔	통조림	121	42%			22년	23년	24년	
16	페디그리 캔	통조림	88		❸	곶감 세트	186	198	193	편차큼
17	굿프랜드	개껌	104			한과 세트	184	187	192	
18	헬로도기	통조림	82			멸치 세트	188	187	197	편차큼
19	연근오리칩	비스킷	79			조미김 세트	187	188	193	
20	덴탈라이프	개껌	93			사과/배 세트	191	190	194	
21	퍼피프랜드	통조림	113			굴비 세트	190	191	193	
22	말티즈 펫웃	육포	90			갈비 세트	186	188	205	편차큼
23	우유껌	개껌	103							
24	칼슘본 사사미	비스킷	85							
25										
26	[표5]	도서 할인 가격								
27	출판일	도서명		정가	판매가	❺				
28	2021-06-08	완전한 행복		15,800	14,220					
29	2020-07-08	달러구트 꿈 백화점		13,800	12,420					
30	2019-10-04	부의 인문학		13,500	12,015					
31	2014-11-17	미움받을 용기		14,900	12,963					
32	2016-02-22	미라클모닝		12,000	10,560					
33	2021-04-28	소크라테스 익스프레소		18,000	16,200					
34	2021-04-28	미드나잇 라이브러리		15,800	14,220					
35	2020-06-30	기분이 태도가 되지 않게		14,000	12,600					
36	2015-11-24	사피엔스		22,000	19,360					
37	2018-10-20	이기적 유전자		20,000	17,800					
38										
39	<할인율표>									
40	출판	2013년 이상	2015년 이상	2018년 이상	2020년 이상					
41	연도	2015년 미만	2018년 미만	2020년 미만						
42	할인율	13%	12%	11%	10%					

❶ **[표1]에서 분류가 '제과제빵'이고, 결제방법이 '카드'인 총수강료의 합계를 [D11] 셀에 표시하시오. (8점)**

▶ SUMIFS 함수 사용

02 [표2]의 제품코드[F3:F11]의 왼쪽의 6글자를 이용하여 구매등록일을 [J3:J11] 영역에 표시하시오. (8점)

▶ 제품코드드의 왼쪽 6글자는 년도(2자리), 월(2자리), 일(2자리)를 표시

▶ 년도에 2000을 더하여 표시

▶ DATE, LEFT, MID 함수 사용

03 [표3]에서 분류가 '통조림'에 해당한 판매수량의 비율을 [D15] 셀에 표시하시오. (8점)

▶ 통조림비율 = '통조림'의 합계/전체 합계

▶ SUMIF, SUM 함수 사용

04 [표4]에서 선물세트명별 22~24년 판매량의 표준편차 값이 전체 판매량의 표준편차 값보다 크면 '편차큼', 그 외는 공백으로 기타[J16:J22] 영역에 표시하시오. (8점)

▶ IF, STDEV.S 함수 사용

05 [표5]에서 출판일의 년도를 이용하여 〈할인율표〉를 참조하여 할인율을 찾아 정가에서 할인율을 뺀 금액을 판매가[E28:E37] 영역에 표시하시오. (8점)

▶ 출판년도가 2013년~2015년 미만은 13%, 2015년~2018년 미만은 12%, 2018년~2020년 미만은 11%, 2020년 이상은 10% 할인

▶ HLOOKUP, YEAR 함수 사용

해설

01 수강료 합계[D11]

[D11] 셀에 =SUMIFS(D3:D10,B3:B10,"제과제빵", C3:C10,"카드")를 입력한다.

> **함수 설명**
>
> [B3:B10] 영역에서 '제과제빵'이고, [C3:C10] 영역에서 '카드' 인 데이터의 같은 행의 [D3:D10] 영역에서 합계를 구함

02 구매등록일[J3:J11]

[J3] 셀에 =DATE(2000+LEFT(F3,2),MID(F3,3, 2),MID(F3,5,2))를 입력하고 [J11] 셀까지 수식을 복사한다.

> **함수 설명**
>
> =DATE(2000+<u>LEFT(F3,2)</u>,<u>MID(F3,3,2)</u>,<u>MID(F3,5,2)</u>)
>   ①   ②   ③
>
> ① LEFT(F3,2) : [F3] 셀에서 왼쪽의 2글자를 추출
> ② MID(F3,3,2) : [F3] 셀의 왼쪽에서 3번째에서 시작하여 2 글자를 추출
> ③ MID(F3,5,2) : [F3] 셀의 왼쪽에서 5번째에서 시작하여 2 글자를 추출
>
> =DATE(2000+①,②,③) : 년(2000+①), 월(②), 일(③)을 넣 어 날짜 형식으로 표시

03 통조림 비율[D15]

[D15] 셀에 =SUMIF(B15:B24,"통조림",C15:C24)/
SUM(C15:C24)를 입력한다.

=SUMIF(B15:B24,"통조림",C15:C24)/SUM(C15:C24)
        ①   ②

① SUMIF(B15:B24,"통조림",C15:C24) : [B15:B24] 영역에서
'통조림'을 찾아 [C15:C24] 영역에서 합계를 구함
② SUM(C15:C24) : [C15:C24] 영역의 합계를 구함

04 기타[J16:J22]

[J16] 셀에 =IF(STDEV.S(G16:I16)>STDEV.S($G
$16:$I$22),"편차큼","")를 입력하고 [J22] 셀까지
수식을 복사한다.

=IF(STDEV.S(G16:I16)>STDEV.S($G$16:$I$22),"편차큼","")
          ①   ②

① STDEV.S(G16:I16) : [G16:I16] 영역의 표준편차를 구함
② STDEV.S($G$16:$I$22) : [G16:I22] 영역의 표준편차를
구함

=IF(①>②,"편차큼","") : ①의 값이 ② 보다 클 경우 '편차큼'을
표시하고, 그 외는 공백으로 표시

05 판매가[E28:E37]

[E28] 셀에 =D28*(1-HLOOKUP(YEAR(A28),
$B$40:$E$42,3,TRUE))를 입력하고 [E37] 셀까
지 수식을 복사한다.

                       ①
=D28*(1-HLOOKUP(YEAR(A28),$B$40:$E$42,3,TRUE))
                          ②

① YEAR(A28) : [A28] 셀에서 연도를 구함
② HLOOKUP(①,$B$40:$E$42,3,TRUE) : ①의 값을 [B40:
E42] 영역의 첫 번째 행에서 값을 찾아 3번째 행에서 값
을 추출함

=D28*(1-②) 또는 D28-D28*② 으로 작성해도 계산의 결과
는 동일

계산작업 문제 10회

작업파일 [2025컴활2급\계산작업] 폴더의 '계산작업' 파일을 열어서 작업하시오.

	A	B	C	D	E	F	G	H	I	J	K	L	M
1	[표1]	사무실 근무현황					[표2]	모의고사 성적표					
2	사원명	결근	지각	조퇴	비고		학생명	성별	영어	수학	국어	평균	
3	박성령	0	1	1			전성훈	남	85	90	88	87.7	
4	지우진	0	2	0			민서윤	여	94	88	92	91.3	
5	민서라	1	2	1	주의		강한나	여	80	78	92	83.3	
6	정아영	0	2	1			정채희	여	90	92	85	89.0	
7	안영재	0	0	1			이중환	남	96	89	91	92.0	
8	이석훈	2	1	1	주의		김선영	여	75	96	85	85.3	
9	김우회	1	2	0			이서연	여	80	87	75	80.7	
10	박초온	0	1	2			박종훈	남	90	93	87	90.0	
11	성미령	1	1	2	주의		최희정	여	87	78	92	85.7	
12	최성훈	0	2	1			남학생 최고-최저 평균차이					4.4	
13						❶							
14													
15	[표3]	직원 근무시간 집계					[표4]	가전제품 판매현황		(단위:천원)			
16	근무일	근무시간	초과근무시간	초과근무누적합계			제품코드	제품명	판매량	판매금액			<제품 단가표>
17	02월 01일	145	10				WAS-20	세탁기A	100	75,000		제품번호	단가
18	02월 02일	160	25				DRY-20	건조기B	100	80,000		WAS-A	750
19	02월 03일	150	25	보통			WSM-15	세탁기C	100	85,000		DRY-B	800
20	02월 04일	160	30	보통			WAS-30	세탁기A	125	93,750		WSM-C	850
21	02월 05일	155	35	과다			WSM-25	세탁기C	110	93,500			
22	02월 06일	170	40	과다			DRY-40	건조기B	125	100,000			
23	02월 07일	165	45	경고			WAS-40	세탁기A	105	78,750			
24						❸					❹		
25	[표5]	신입사원 연수평가결과											
26	사원명	연수점수	평가등급	소속팀평가	❺ 총점		<가산비율표>						
27	전수민	90	A	인사팀=15점	114		평가등급	A	B	C	D		
28	이규진	89	B	영업팀=10점	106		가산비율	10%	8%	5%	2%		
29	임지호	78	C	개발팀=20점	102								
30	서민준	92	A	인사팀=15점	116								
31	고우람	89	C	개발팀=20점	113								
32	민설현	92	B	영업팀=10점	109								
33	최중호	88	C	개발팀=20점	112								
34	박정환	94	A	영업팀=10점	113								
35	김민지	87	D	인사팀=15점	104								
36													

❶ [표1]에서 결근, 지각, 조퇴가 1회 이상 모두 있다면 '주의', 그 외는 공백으로 비고[E3:E12] 영역에 표시하시오. (8점)

▶ IF, COUNTIF 함수 사용

❷ [표2]에서 남학생의 평균의 최고 점수와 최저 점수의 차이값을 올림하여 소수 이하 1자리로 [L12] 셀에 표시하시오. (8점)

▶ 조건은 [H2:H3] 영역을 참조
▶ ROUNDUP, DMAX, DMIN 함수 사용

03 [표3]의 초과근무시간[D17:D23]의 누적 초과근무시간의 합이 50 이상이면 '보통', 120 이상이면 '과다', 200 이상이면 '경고', 50 미만이면 공백으로 초과근무누적합계[D17:D23] 영역에 표시하시오. (8점)

　▶ IF, SUM 함수 사용

04 [표4]의 제품코드[G17:G23]의 왼쪽의 4글자와 제품명[H17:H23]의 마지막 문자를 조합하여 제품번호를 만들어 〈제품 단가표〉를 참조하여 판매금액[J17:J23] 영역에 표시하시오. (8점)

　▶ 판매금액 = 판매량 × 단가
　▶ VLOOKUP, LEFT, RIGHT 함수와 & 연산자 사용

05 [표5]의 연수점수[B27:B35]에 가산비율과 소속팀평가[D27:D35]를 더하여 총점[E27:E35] 영역에 표시하시오. (8점)

　▶ 가산비율은 평가등급이 'A'이면 10%, 'B'이면 8%, 'C'이면 5%, 'D'이면 2%
　▶ 소속팀평가는 '인사팀=15점'에서 15를 의미함
　▶ 총점=연수점수×(1+가산비율)+소속팀평가 점수
　▶ HLOOKUP, MID 함수 사용

해설

01 비고[E3:E12]

[E3] 셀에 =IF(COUNTIF(B3:D3,")=1")=3,"주의", " ")를 입력하고 [E12] 셀까지 수식을 복사한다.

> **함수 설명**

=IF(COUNTIF(B3:D3,")=1")=3,"주의","")
　　　　　①

① COUNTIF(B3:D3,")=1") : [B3:D3] 영역에서 1 이상인 셀의 개수를 구함

=IF(①=3,"주의","") : ①의 값이 3이면 '주의', 그 외는 공백으로 표시

02 평균차이[L12]

[L12] 셀에 =ROUNDUP(DMAX(G2:L11,6,H2:H3)−DMIN(G2:L11,6, H2:H3),1)를 입력한다.

> **함수 설명**

=ROUNDUP(DMAX(G2:L11,6,H2:H3)−DMIN(G2:L11,6,H2:
　　　　　　　①　　　　　　　　　　　②
H3),1)

① DMAX(G2:L11,6,H2:H3) : [G2:L11] 영역에서 [H2:H3] 조건에 만족한 데이터를 6번째 열(평균)의 최대값을 구함
② DMIN(G2:L11,6,H2:H3) : [G2:L11] 영역에서 [H2:H3] 조건에 만족한 데이터를 6번째 열(평균)의 최소값을 구함

=ROUNDUP(①−②,1) : ①−②의 값을 올림하여 소수 이하 1자리까지 표시

03 초과근무누적합계[D17:D23]

[D17] 셀에 =IF(SUM($C$17:C17)>=200,"경고", IF(SUM($C$17: C17)>=120,"과다",IF(SUM($C $17:C17)>=50,"보통"," ")))를 입력하고 [D23] 셀 까지 수식을 복사한다.

=IF(SUM($C$17:C17)>=200,"경고",IF(SUM($C$17:C17)>=120,
         ①   ①
"과다",IF(SUM($C$17:C17)>=50,"보통",""))))
              ①

① SUM($C$17:C17) : [C17] 셀부터 시작하여 [C17] 셀까지 합계를 구함(수식을 복사하면 [C17] 셀은 고정이 되어 있어서 [C17:C18], [C17:C19], … 으로 누적 합계를 구함)

=IF(①>=200,"경고",IF(①>=120,"과다",IF(①>=50,"보통","")))
: ①의 값이 200 이상이면 '경고', 120 이상이면 '과다', 50 이상이면 '보통', 그 외는 공백으로 표시
(50부터 비교하면 '보통', '공백'만 표시되고, 120과 200은 50 보다 크거나 같은 값이라서 모두 '보통'으로 표시됨)

04 판매금액[J17:J23]

[J17] 셀에 =VLOOKUP(LEFT(G17,4)&RIGH T(H17,1),$L$18: $M$20,2,0)*I17를 입력하고 [J23] 셀까지 수식을 복사한다.

             ①   ②
=VLOOKUP(LEFT(G17,4)&RIGHT(H17,1),$L$18:$M$20,2,
0)*I17
                                  ③

① LEFT(G17,4) : [G17] 셀에서 왼쪽에서부터 4글자를 추출함
② RIGHT(H17,1) : [H17] 셀에서 오른쪽에서부터 1글자를 추출함
③ VLOOKUP(①&②,$L$18:$M$20,2,0) : ①&②의 값을 [L18:M20] 영역의 첫 번째 열에서 찾아 2번째 열에서 정확하게 일치하는 값을 찾아옴

=③*I17 : ③(단가)*[I17] 판매량

05 총점[E27:E35]

[E27] 셀에 =B27*(1+HLOOKUP(C27,$H$27: $K$28,2,FALSE))+ MID(D27,5,2)를 입력하고 [E35] 셀까지 수식을 복사한다.

=B27*(1+HLOOKUP(C27,$H$27:$K$28,2,FALSE))+MID
                             ①

(D27,5,2)
   ②

① HLOOKUP(C27,$H$27:$K$28,2,FALSE) : [C27] 셀의 값을 [H27:K28] 영역의 첫 번째 행에서 찾아 2번째 행에서 정확하게 일치하는 값을 찾아옴
② MID(D27,5,2) : [D27] 셀에서 5번째부터 시작하여 2글자를 추출함

=B27*(1+①)+② 또는 =B27+(B27*①)+②로 계산이 가능함

모두들 당신이 해낼 수 없다고 여기는
무언가를 해내는 것은
인생의 커다란 기쁨이다.

월터 게이저트(Walter Gagehot)

흐뭇..